国家社会科学基金项目
山东省社会科学规划研究项目

俄共理论与政策主张研究

ERGONG LILUN YU
ZHENGCE ZHUZHANG YANJIU

李亚洲 著

中国社会科学出版社

图书在版编目（CIP）数据

俄共理论与政策主张研究／李亚洲著 . —北京：中国
社会科学出版社，2010.10
ISBN 978 - 7 - 5004 - 9171 - 2

Ⅰ.①俄⋯　Ⅱ.①李⋯　Ⅲ.①俄罗斯联邦共产党 - 研究
Ⅳ.①D351.2

中国版本图书馆 CIP 数据核字（2010）第 195225 号

出版策划　任　明
责任编辑　官京蕾
责任校对　郭　娟
技术编辑　李　建

出版发行　中国社会科学出版社
社　　址　北京鼓楼西大街甲 158 号　　　　邮　编　100720
电　　话　010 - 84029450（邮购）
网　　址　http：//www.csspw.cn
经　　销　新华书店
印　　刷　北京奥隆印刷厂　　　　　　　　装　订　广增装订厂
版　　次　2010 年 10 月第 1 版　　　　　　印　次　2010 年 10 月第 1 次印刷
开　　本　710×1000　1/16
印　　张　17　　　　　　　　　　　　　　插　页　2
字　　数　284 千字
定　　价　35.00 元

目　录

导　言

俄罗斯联邦共产党（以下简称"俄共"①）成立于 1990 年 6 月。其成立的背景是，当时苏联各加盟共和国离心倾向进一步加剧，俄罗斯民族意识不断增强，俄罗斯共产党人对苏共中央总书记戈尔巴乔夫产生了强烈的不满情绪。俄共的建立，结束了自 1925 年以来一直没有单独的俄罗斯共产党组织的历史，但它仍然宣布自己是苏共的一部分。1991 年 "8·19" 事件后，大权在握的叶利钦趁打击苏共之机，同时宣布解散俄共的组织机构，停止俄共在俄罗斯境内的活动，并没收俄共的财产。但是，俄共不仅没有被叶利钦一棍子打倒，相反它借助叶利钦亲手建立起来的民主机制又很快重新取得了合法地位并迅速崛起。1993 年 2 月，俄共第二次（非常）代表大会在莫斯科召开，会议通过了《纲领性声明》等决议，选举出由89 人组成的中央执委会，俄共得以重建。

与俄其他政党相比，俄共从 1993 年重建以来，以其强烈的意识形态色彩、广泛的群众基础和严密的组织结构，发展成为俄罗斯政治舞台上一支举足轻重的力量和对执政当局最具威胁的左翼反对派政党。俄共在1995 年和 1999 年两届杜马选举中的得票率都领先于其他政党，获得了杜马第一大党的地位，杜马因而成为俄共与执政当局进行斗争的坚固阵地。然而普京执政后，俄共一方面受到杜马中支持普京政权的中右翼势力的联合挤压，另一方面又因党内不同派别之间的斗争而出现分化。在 2003 年12 月 7 日举行的俄第四届国家杜马选举中，俄共受到重创，得票率仅为12.7%，比 1999 年几乎减少一半，沦为杜马第二大党。俄共竞选失败引发了严重的党内危机。2004 年 7 月，俄共发生分裂，党内两派分别举行了俄共第 10 次代表大会。此次分裂虽然最后以久加诺夫为首的多数派获胜而告终，却使俄共元气大伤。在 2007 年 12 月 2 日举行的俄第五届国家杜马选举中，俄共经过不懈努力，保住了第二大党的地位。但是与上届杜

---

① 俄罗斯联邦共产党，一般可以简称为"俄共"或"俄联邦共产党"，但不能简称为"俄罗斯共产党"或其他形式，否则很容易引起歧义。

马选举结果相比，俄共得票率尽管仍位居第二，但与主要对手"统一俄罗斯"党（第一大党）得票率的差距拉得更大，同时面临来自侧翼两个对手——俄罗斯自由民主党（第三大党）和"公正俄罗斯"党（第四大党）的严峻挑战。

尽管如此，迄今为止俄共仍然是俄罗斯社会政治生活中最有影响的左翼反对派政党。它的兴衰、起伏几乎贯穿了苏东剧变以来俄罗斯的整个历史时期，并从一个侧面反映了俄罗斯十多年社会政治发展的现实。由被禁止活动到重新崛起，由体制外政党到成为议会第一大党，尤其是在它发展的极盛时期，俄共对现政权发起了强有力的挑战，而且几乎改变了俄罗斯社会的发展进程。然而普京执政后，由于多方面因素的综合作用，在与现政权的较量中俄共的影响逐渐衰弱。尤其是在 2003 年 12 月举行的第四届国家杜马选举中，俄共受到重创，沦为杜马第二大党。对此，人们不禁要问，导致俄共迅速崛起却又迅速走向衰弱的主客观因素是什么？它的存在对俄罗斯社会产生了什么样的影响？作为共产党，它承认多党制并参加议会选举是否符合马克思主义理论？应当如何评价它的理论创新和政策主张？它将何去何从？要回答这些问题，就必须对俄共进行深入的研究，加强对俄共的研究具有重大的理论意义和现实意义。

首先，加强对俄共的研究具有重大的理论意义。

政党理论是科学社会主义与国际共产主义运动专业非常重要的一个研究领域。马克思主义认为，政党是代表一定阶级、阶层或集团的利益，通过执掌或参与国家政权以实现其政纲的组织，政党是阶级一部分，是阶级斗争的产物，是一定阶级的政治发展达到一定成熟程度的标志。马克思主义的政党理论，是研究无产阶级政党产生、发展和自身建设规律的科学。它不是僵死的教条，而是随着实践不断发展的科学。随着国际共产主义运动的深入发展，马克思主义的政党理论也必将得到发展和完善。目前，俄共作为前苏东地区党员人数最多、影响最大的共产党组织，它的活动是国际共产主义运动的重要组成部分，它的理论探索是马克思主义政党理论发展的重要组成部分。

俄共中央主席久加诺夫曾说过，俄共的目标是在俄罗斯建成真正的社会主义，而非简单的倒退到过去，其基本途径就是通过赢得总统与议会选举的方式夺取政权。众所周知，马克思主义认为，虽然暴力革命始终是共产党夺权的基本途径，但不排除和平取得政权的可能性。第二次世界大战结束后，东欧个别国家的共产党曾通过选举上台，但最终仍靠苏联的"军事支援"来镇压了反对派，因而不能称为真正意义上的"和平过渡"。上个世纪六七十年代，欧洲共产主义兴起，其中以意共与法共为代表，意共更长期处于该国第二大党的地位，但始终未获得上台执政的机会。纵观历史，由于种种原因共产党试图以民主选举方式上台的尝试均以失败告终。苏东剧变后，国际共运进入调整时期，许多国家的共产党都深刻总结了各种经验教训，彻底清除斯大林主义的影响，并且随着和平与发展成为时代的主题，暴力革命已不符合现实，通过选举夺取政权成为包括俄共在内的各国共产党的基本目标。当然赢得选举胜利与建成社会主义也还有一大段距离，但这种努力是不应该被抹杀的。值得注意的是，1995 年名不见经传的尼泊尔共产党赢得了大选的胜利，虽说是不到一年的短命内阁，但也预示着某种趋势的产生。2008 年 4 月，尼泊尔共产党（毛主义）在举世瞩目的尼泊尔制宪会议选举中取得重大胜利，获得组阁权。同样引人注目的是摩尔多瓦共产党。苏联解体后，摩尔多瓦共产党不仅由被禁止活动到重新崛起，由体制外政党到成为议会第一大党，而且在 2001 年和 2005 年两度问鼎政权，摩尔多瓦因而成为苏联解体后在前加盟共和国中出现的第一个由共产党重新执政的国家，同时也成为欧洲大陆上唯一由共产党连续掌权的国家，这在独联体以至全世界都引起了强烈震动。此外，塞浦路斯劳动人民进步党在苏东剧变后，不仅守住了原有阵地，而且迅速崛起为塞浦路斯第一大党，并在 2008 年 2 月举行的总统大选中获胜，赢得执政权。其总书记赫里斯托菲亚斯成为欧盟诞生的首位共产党人国家元首，同时塞浦路斯也成为欧洲大陆上继摩尔多瓦之后第二个由共产党执掌政权的国家，这同样在欧洲以至全世界都引起了强烈反响。纵观上述事例可以发现，虽然这些共产党的执政生命力有待于时间来验证，但苏东剧变以来共产党通过赢得总统与议会选举方式夺取政权的趋势在不断得到加强。我们也有理由相信，在不远的将来，重整旗鼓的俄共会重新赢得人民的信任，俄共将以自己的实际行动和理论创新为发展和完善马克思主义作出自己的贡献。

其次，加强对俄共的研究具有重大的现实意义。

第一，要把握世界社会主义运动发展的最新动态，就不能忽略对俄共的研究。俄共不仅是前苏东地区最大的共产党组织，而且是体系完整、坚定地坚持社会主义的政党。衡量一个政党的性质，不仅要看它的名称和口号，更要看它的行动。俄共的可贵之处就在于它的名副其实，在于它的口号与行动保持一致。2001 年 7 月 18 日，时任俄罗斯总统普京在记者招待会上谈到左翼运动时，建议俄共改名为"社会民主工党"，对于当局的意图，俄共领导层是心中有数的。对于更名问题，涉及党的原则问题，俄共从政治原则上拒绝了普京的易名建议。2003 年 8 月，在纪念俄国社会民主工党二大 100 周年之际，久加诺夫代表俄共中央重申，俄共是坚持社会主义的党，绝不实行社会民主化，鲜明地表达了俄共的政治立场。因此，俄共作为世界社会主义运动的重要组成部分，应当引起我们的重视。

第二，研究俄共是把握俄罗斯政治局势的一个关键方面。俄共作为一个组织体系健全的党，在俄罗斯政治生活中起着举足轻重的作用。普京总统说过，"俄共是唯一形成了体系的党"。俄共在 1995 年和 1999 年两届国家杜马选举中都占据了第一大党的地位，俄罗斯多个联邦主体的行政长官曾由俄共党员或俄共同情者担任，俄共在国家政治生活中拥有较深厚的群众基础和广泛的政治影响。据全俄社会舆论研究中心 2003 年 4 月 24—28 日进行的一次民意调查结果显示，俄共的支持率为 28%，远远高于其他政党（"统一俄罗斯"党为 21%、自由民主党为 7%、右翼力量联盟为 6%、亚博卢为 6%）。[1] 即使在接连遭受外部攻击和内部多次分裂之后，俄共依然拥有 21% 的民众支持率，稳居第二大党的地位。[2] 2006 年 2 月 7 日，时任俄罗斯总统普京接受西班牙记者采访时承认，俄共是"一个稳固的政党"。[3] 因此，要把握俄罗斯这个在世界上举足轻重的大国的政治局势，没有对俄共的深入研究是不行的。

第三，俄共是一支健康的社会力量，它维护的是广大中下层平民的利益，它的健康发展有利于人类文明的进步。并且俄共作为坚持社会主义的政党，它的兴衰成败和经验教训对包括中国共产党在内的同样坚持社会主义的各国共产党，尤其是那些尚在为夺取政权而奋斗的共产党来说，具有重大的借鉴意义。2003 年 9 月，笔者在供中央党政主要领导参阅的《世界社会主义研究动态》上发表了题为《久加诺夫重申俄共绝不更名为社会民主党》的文章，引起了我党对俄共的发展和未来动向的关注。

---

[1] http：//www. gazeta. ru/06. 05. 2003.

[2] http：//www. gazeta. ru/20. 05. 2005.

[3] 参见 ［俄］《俄罗斯总统网》2006 年 2 月 7 日。

　　鉴于此，笔者从 2003 年初开始对俄共的研究予以特别的关注，通过多种方式搜集有关俄共的资料，首先检索了清华同方资料数据库和人大复印资料数据库，同时，在山东大学图书馆、北京国家图书馆、中央编译局等单位搜集相关文献，并向有关的专家、学者进行了多方面请教。2006—2007 学年笔者作为访问学者赴俄罗斯莫斯科大学进行为期一年的学术交流。留俄期间，笔者在俄罗斯国家图书馆、莫斯科大学图书馆等搜集到大量有关俄共的第一手原文资料，并深入俄罗斯社会，多次亲临现场观摩了俄共举行的一系列活动，与俄罗斯民众和俄共成员进行了深入交流，还访问了俄罗斯科学院东方学研究所、俄罗斯和平基金会等机构，与一些俄罗斯知名学者和专家就俄共研究问题进行了深入交流。通过实地调查和研究相关的文献，对这一问题的基本情况有所了解，可以说国内外各界对这一问题都很关注，但是到目前为止，国外（包括俄罗斯）学术界多从政治斗争的角度来研究俄共，侧重于对俄共动态的现状描述，而进行深入理论分析的较少。在我国，近年来有关俄共的译作、学术论文也纷纷发表，这些成果大大拓宽了有关俄共研究的领域，一些重大问题的研究也因此得以不断深化，但在研究中同样存在上述问题。并且据笔者多方了解，到目前为止，国内外（包括俄罗斯）理论界尚没有一部全面、系统地评介俄共的专著面世，有关俄共的研究仅散见于一些学术论文和一些著作的个别段落。并且在对俄共的研究中也存在着一些问题，主要表现为：一是认识上的片面倾向。从 2001 年以来，俄共接连遭受打击，国内外发表的有关俄共研究的多数文章倾向于认为俄共状况江河日下，前景不妙，似乎俄共已成明日黄花，但事实并非如此。如何正确认识俄共的现状及其前景，很值得我们去关注和研究。与此同时，在一些具体问题上，对俄共的认识也存在误解。例如，多数研究者认为，俄共是老人、领养老金者的党，随着老一代人的去世，俄共队伍必然趋于萎缩。事实上，俄共党员的平均年龄在 55 岁以下，近些年来，俄共领导层非常注重党员干部年轻化问题。俄共中央副主席梅利尼科夫在一次谈话中提到，俄共 2003 年上半年吸纳的 1.1 万名新党员中绝大多数是青年人，俄共的支持者中 55 岁以上的仅占 1/3。俄共领导层的年轻化也是非常明显的。一批 40 岁以下的年轻人逐步走上领导岗位，阿尔泰边疆区主管青年工作的书记阿·埃尔卡特年仅 29 岁。2003 年 10 月 20 日，年仅 27 岁的图拉州主管意识形态的书记、州杜马俄共党团主席之一尤·阿福宁当选为共青团第一书记，在 2004 年 7 月召开的俄共十大上，他又当选为中央书记。总之，要客观、实事求是地评价俄共，正确认识俄共，对俄共进行深入研究是很必要的。二是对俄共个别的、具体的研究多，而由具体上升到理论的较少。当然，对其某些方面研究和专题研究是深入研究俄共所必需的，也是必要的，但仅仅停留在这个层次上则是不够的。要对俄共的理论探索及其政策主张作出客观公正的评介，不仅需要对其各个方面进行个案的、专题的具体研究，也需要在此基础上的整理、归纳、总结，并从中抽象出一般性的理论，因为只有如此，才能从总体上、本质上认识和把握俄共的理论探索及其实践活动。

正是由于这种研究现状，笔者在通过多种方式搜集有关俄共的资料、向有关的专家和学者进行请教的同时，在国家级核心期刊上发表了多篇有关俄共问题的学术论文。但笔者仍感到对一些重大问题的研究有待于进一步完善，理论上也有待于进一步深化，所以才结合自己博士研究生毕业专业（科学社会主义与国际共产主义运动）及个人优势（熟练掌握俄语），选择《俄共理论与政策主张研究》作为课题名称申请了国家社会科学基金项目。本书也正是在汲取了前人研究成果的基础上作进一步研究的。

本书的研究首先坚持马克思主义思想方法论的研究原则。这一原则也是我们研究任何问题、把握其实质的前提。实事求是、辩证分析是这一方法论的精髓。坚持实事求是，即要从马克思主义的一系列基本观点的"实事"中，从对俄共公开发表的文件和言论"实事"中，尤其是对俄共的具体行动"实事"中，去"求"即研究把握俄共的性质及其前途命运。坚持辩证分析，即要用全面的、相互联系的和发展的观点去研究事物，既要看到俄共探索中的成就，也要看到其不足和缺点，从而全面地把握俄共现状及前景。其次，运用实证的方法对俄共进行跟踪研究。因为笔者的本科和硕士阶段攻读专业都是俄语，可以充分利用原版资料和网络资源，尽量运用最新的第一手材料，使论点言之有据。再次，运用定量分析和定性分析相结合的方法，使对俄共的研究上升到理论高度。定量分析法即对俄共的思想理论、行动指导原则及其具体的政策主张等诸方面的实际状况给予具体的分析。在此基础之上，去把握其基本性质，对俄共作出定性分析。

本书的研究力图达到以下目标：一是运用以实证为主的多种方法，依据最新的第一手材料，对俄共进行多方位、系统的跟踪研究，形成对俄共全面、系统的认识。二是按照三个有利于的标准，即"是否有利于世界社会主义力量的壮大、是否有利于俄罗斯社会稳定发展、是否有利于人类文明的进步"这一标准去衡量俄共的理论和政策主张，对俄共的理论和行动给予客观评价，并就俄共的进一步发展进行理论思考，探讨俄共应如何创新理论，摆脱历史包袱，并不断调整斗争策略以适应国内外不断发展变化的客观环境，逐步壮大自己的队伍，达到在俄罗斯复兴社会主义的目标等问题。三是总结出俄共的兴衰成败和经验教训对包括中国共产党在内的各国共产党，尤其是那些尚在为夺取政权而奋斗的共产党的借鉴意义。

　　本书共分为十一章，各章基本内容如下：第一章主要分阶段对俄共的发展过程进行了历史回顾，并对俄共发展阶段的划分提出了自己的见解。第二章主要分阶段回顾了俄共艰难的理论探索过程，介绍了俄共理论探索的标志性成果——《俄罗斯联邦共产党纲领》的主要内容以及俄共"俄罗斯社会主义"理论的主要观点，并给予了评析，本章最后对俄共理论探索中的两难及前景进行了分析和前瞻。第三章主要对俄共的社会基础定位作了粗略的介绍，对俄共定位社会基础的理论依据进行了分析，最后就俄共巩固并扩大社会基础存在的问题及出路阐述了自己的初步看法。第四章主要就俄共的基本政治、经济和社会主张及其理论依据进行了阐述，并对其基本主张给予了评价。第五章对俄共与俄政党政治发展的相互影响给予了阐述，并就俄共在政党政治问题上的两难及前景努力作出前瞻性分析。第六章主要介绍了俄共参加五届国家杜马选举的情况，尤其重点叙述了俄共参加 2003 年第四届杜马选举的详细过程，结论是，杜马是俄共表达自己政策主张的主要阵地，本章最后评介了俄共参加杜马的困境及前景。第七章分别综述了叶利钦时期和普京时期俄共对执政当局的策略方针，并努力就俄共对执政当局的策略方针作出客观的评价。第八章主要对俄共统一战线的形成和发展进行了历史回顾，说明了俄共建立统一战线的理论基础，并对俄共建立统一战线存在的问题及前景作了初步的探讨。第九章首先强调了宗教问题对俄共发展的重要性，然后对俄共在宗教问题上的政策和主张及其理论基础进行了分析，最后力图对俄共的宗教政策给予客观评价。第十章首先论述了俄共的国际政策及其理论基础，并作了简短的初步评价，其后详细阐述了俄共对当今世界两大热点问题——全球化和国际恐怖主义的认识及其基本主张，本章最后着重论述了俄共与中国共产党及其领导下的中国的关系。第十一章介绍了 2007 年第五届杜马竞选以来俄共的详细状况，论述了影响俄共今后发展的主要因素，并就俄共的发展前景提出了几点个人看法：1. 俄共仍将是一个坚持社会主义的政党，不会朝社会民主党方向发展；2. 俄共仍将是俄罗斯政治舞台上的一支重要力量；3. 俄共的分裂既导致了自身的衰弱，同时也成为其进一步发展的契机；4. 俄共作为唯一真正反对派政党的地位没有哪一政治力量、哪个党派能撼动；5. 俄共的选民结构和基本依靠力量将会有积极的根本改变；6. 俄共将在较长的一个时段内处于其发展的低潮中前行时期；7. 如何正确处理与执政当局的关系仍是俄共面临的一个重大问题。

最后需要指出的是，俄共从成立发展到今天，它也仅仅存在了 18 个年头，18 年的时光对于一个政党，尤其是像俄共这样一个影响较大的世界性社会主义大党的成长来说，依然是童年期。并且由于多方面因素的综合作用，今天它仍然处于不断变动之中。面对这样一个不断变化的客体以及出现的大量新情况和新问题，其研究难度可想而知。尤其是对有关俄共最新研究资料的整理，并把这些资料提升到理论的高度来研究，需要一个相对长一些的周期，为此，一般情况下，本书所采用最新资料截至 2008年 8 月。由于本人能力有限，书中还存在许多不足之处，有待于专家学者斧正。

第一章　俄共的发展历程

俄共成立于苏联时期的 1990 年 6 月，发展到今天，它也仅仅存在了 18 个年头。在这短暂的时段内，俄共由被禁止活动到重新崛起、由体制外政党到成为议会第一大党，成为俄罗斯政治舞台上举足轻重的力量。然而在短暂的辉煌后，它又走入低谷。尽管如此，俄共仍然是迄今为止俄罗斯社会政治生活中最有影响的左翼反对派政党。它的兴衰、起伏几乎贯穿了苏东剧变以来俄罗斯的整个历史时期，并对俄罗斯的社会政治发展产生了重大影响。本章拟以俄共艰难曲折的历程为线索，来把握其发展的基本脉络。俄共的发展可分为以下几个时期。

一　俄共初创、被禁止活动时期

这一时期的时间从 1990 年 6 月俄共成立，到 1993 年 2 月俄共二大召开为止。众所周知，在前苏联的 15 个加盟共和国中，俄罗斯联邦共和国由于是苏共中央所在地，所以，虽然俄罗斯的共产党员占苏共党员的 60%，但自 1925 年俄共（布）第十四次代表大会将党名改为苏联共产党（布）以来，一直没有自己共和国一级的党组织。20 世纪 80 年代中后期，伴随着苏共领导人戈尔巴乔夫的改革，苏共党内围绕改革问题的分歧越来越深，派别活动越来越盛。与此同时，随着各加盟共和国离心倾向加剧，俄罗斯民族意识增强和俄罗斯共产党人对苏共总书记戈尔巴乔夫产生不满的背景下，1989 年 7 月至 9 月间，俄罗斯境内一些激烈反对戈尔巴乔夫民主改革的共产党人和无党派人士开始筹备建立俄罗斯联邦自己的共产党组织。

1990 年对苏联来说是灾难性的一年。这一年，戈尔巴乔夫发动的政治体制改革逐步走入歧途，引发了苏联社会和苏共党内的大分化。1990 年 2 月苏共中央全会决定修改 1977 年苏联宪法第六条关于"苏联共产党是苏联社会的领导力量和指导力量，是苏联社会政治制度以及国家和社会组织的核心"等规定。同年 3 月苏联第三次（非例行）人民代表大会决定取消宪法中的原第六条，把它修改为"苏联共产党、其他政党以及工会、共青团、其他社会团体和群众运动通过自己选入人民代表苏维埃的代表并以其他形式参加制定苏维埃国家的政策，管理国家和社会事务"。修改后的第六条，从法律上取消了苏共的领导地位。7 月苏共召开第二十八次代表大会，在这次代表大会上，苏共对党的纲领和章程进行了修订，党的性质、奋斗目标、指导思想和组织原则等方面都发生了重大变化，苏共开始向社会民主党的方向转变。在这一过程中，苏共内部分裂为三派："民主纲领派"（或称激进派）、"马克思主义纲领派"（或称传统派）和"苏共中央纲领派"（或称主流派），各派之间主张各异，斗争尖锐。会上叶利钦等激进民主派头面人物公开宣布退出苏共。与此同时，各加盟共和国离心倾向日益加剧，到该年年底，在苏联 15 个加盟共和国中，有包括俄罗斯在内的 13 个相继发表了各自的主权宣言。在这样的政治背景下，俄共的筹建引起了苏联全社会的广泛关注，各界对此的反应很不一致。社会舆论普遍认为，在拥有 60% 苏共党员的俄罗斯联邦共和国内建立一个新的共产党组织无异于宣告苏共的彻底分裂，而苏共党内激进民主派则希望通过建立俄共从而增加自己与苏共中央对抗的砝码。但是，绝大多数支持成立俄共的人（包括极端保守派）还是从俄罗斯联邦共和国主权和俄罗斯人日益强烈的民族意识出发，希望改变近 70 年来在苏联各加盟共和国中唯有俄罗斯联邦没有自己的共产党组织的现状，即要在建党的权利上争取与其他加盟共和国的平等地位，借以维护俄罗斯民族的权益。

1990 年 6 月 19—23 日，俄共召开了成立大会，来自俄罗斯联邦各个地区的 2700 多名代表参加了这次代表会议。由于在俄共建党的准备时期并没有形成统一的建党思想，也没有出现一位公认的领袖，所以在俄共成立大会上，代表们在确定建党方针与选举党的领袖问题上发生了严重分歧。经过几天的激烈争论，最终保守派势力占了上风。在投票选举党的领袖时，素以忠于传统而闻名的克拉斯诺达尔边疆区委第一书记波洛兹科夫当选为俄共中央第一书记，伊里因当选为第二书记，安东诺维奇、久加诺夫、卡申、梅利尼科夫、希尔科夫和索科洛夫当选为书记。① 波洛兹科夫表示，俄共应该坚持社会主义选择、忠于"十月革命"和马列主义理论，他指责戈尔巴乔夫的改革方针严重偏离了社会主义方向，是对社会主义的

---

① Осадчий И. *Как рождалась компартия РСФСР*. Диалог，2000，№6.

背叛。俄共的建立，结束了自 1925 年以来一直没有单独的俄罗斯联邦共和国一级共产党组织的历史，但它仍宣布自己是苏共的一部分。正如大会发表的《俄罗斯联邦共产党成立宣言》所指出：作为苏共"不可分割的一部分"，俄共不追求在苏共内部起特殊作用。应该说，波洛兹科夫的当选在一定程度上决定了俄共从成立之时起就被打上了保守式政党的烙印。俄共成立后不到一个月，在苏共第二十八次代表大会上激进民主派公开与苏共决裂，随即在全苏范围内掀起了一股退党风潮。很快，俄共内部也有大批党员宣布退党，留在党内的基本上属于倾向波洛兹科夫保守派的人。① 相应地，俄共党内保守派与"民主改革派"的斗争也转到了党外。

在第一届俄罗斯联邦人民代表大会上，以俄共代表为主组成了左派党团，而"民主派"则组成了"民主俄罗斯"党团，由于两大党团各自占据了 1068 个代表席位中的近 500 个席位，力量不相上下，从而成为代表大会的两大对手。代表大会之后的历次会议也基本上是在这两大党团间的争斗中进行的。其中双方最严重的一次对抗是在 1991 年 3 月由俄共发起组织的一场反对时任俄罗斯最高苏维埃主席叶利钦的政治活动。

根据俄共党团的提议，俄罗斯联邦人民代表大会决定于 3 月 28 日召开特别会议，专门讨论由俄共提出的对叶利钦的信任案问题。然而一起意想不到的事件改变了此次会议的议程，就在代表大会召开前夕，叶利钦的支持者决定在莫斯科举行游行示威以示抗议。为阻止示威者的抗议活动，戈尔巴乔夫命令内务部部队封锁街道，试图以武力相威胁。戈尔巴乔夫事与愿违的行为甚至激怒了参加人民代表大会的代表们，结果这次人民代表大会的内容由准备讨论是否罢免叶利钦变成了对戈尔巴乔夫和联盟中央的声讨。为了避免触犯众怒以致引火烧身，俄共党团主动撤销了提交代表大会讨论的对叶利钦的不信任案。在会上叶利钦不仅牢牢保住了自己的权力，而且还获得了人民代表大会赋予他的其他补充权力，他在民众中的威望反倒有了进一步提高。随后，在 1991 年 6 月 12 日举行的俄罗斯总统选举中，叶利钦又以绝对优势当选第一届俄罗斯总统。②

当时，俄共创始人的基本目标是与资本主义复辟的企图和资产阶级意

① ［俄］列·姆列钦著，徐葵等译：《权力的公式——从叶利钦到普京》，新华出版社 2001 年版，第 244—245 页。
② 潘德礼主编：《俄罗斯十年——政治·经济·外交》，世界知识出版社 2003 年版，第 186 页。

识形态作斗争。他们经常批评苏共和苏联国家领导人在改革中的种种失误，因此遭到种种责难和非议，被认为是保守派和顽固势力的代表，党的威望很低。到 1991 年 7 月，就有 7 万余人宣布退出俄共。同年 8 月 2—3 日，以俄罗斯联邦副总统、俄共中央委员鲁茨科伊为首的部分俄共党员在莫斯科开会，宣布成立"俄罗斯共产党人民主党"，① 从而导致俄共发生分裂。面对这种情况，俄共中央举行例会，由苏共中央书记库普佐夫接任第一书记。很快，"8·19"事件爆发，叶利钦借机发布禁共令，俄共同苏共一样横遭厄运，被迫停止活动。

　　严格地说，在俄共成立到被禁止活动这一时期，俄共还不能称为真正意义上的政党。它的成立只是为了满足部分俄罗斯共产党人希望在俄罗斯联邦共和国内拥有自己共产党组织的愿望。在俄共成立大会上，除了发表成立宣言和选举党的领袖外，俄共并没有提出自己具体的行动纲领，它的作用还仅限于扮演苏共党内反对戈尔巴乔夫式改革的派别角色。

　　"8·19"事件后，大权在握的叶利钦趁打击苏共之机，对俄共也进行了报复。8 月 23 日、25 日，叶利钦连续颁布"有关中止俄罗斯联邦共产党活动"和"关于苏联共产党和俄罗斯联邦共产党财产"的总统令。② 11 月 6 日，叶利钦又发布"关于停止苏共和俄共活动的命令"。③ 根据以上总统令，苏共和俄共在俄罗斯境内的活动被完全停止，其财产转归俄罗斯国家机关支配。很显然，叶利钦是想用强制手段首先在组织上取缔共产党，最终把共产党人从俄罗斯社会政治生活中彻底排挤出去。

　　俄共被禁止活动后，它的影响并没有因此消失。俄共领导人公开表示，要为恢复党的队伍而工作。1991 年 11 月 16 日，俄共 8 名中央书记发表声明，呼吁社会各界支持他们关于在法律的基础上决定苏共和俄共命运的要求。与此同时，俄罗斯人民代表大会中近 1/3 的代表席位依然被共产党人代表占据着，他们利用各种合法手段为俄共的重建进行着积极的活动。1991 年 12 月，巴布林等 36 位俄罗斯人民代表联名向宪法法院提出申诉，要求审议叶利钦的禁共令是否符合宪法。叶利钦反守为攻，授意俄联邦宪法委员会责任秘书鲁缅采夫出面，向宪法法院提出"关于承认苏

---

①　唐修哲：《俄罗斯联邦共产党召开中央全会》，《瞭望》1991 年第 33 期，第 42 页。

②　参见［俄］《俄罗斯人民代表大会和最高苏维埃公报》1991 年第 35 期。

③　参见［俄］《俄罗斯人民代表大会和最高苏维埃公报》1991 年第 45 期。

共违反宪法，从而证明俄总统令符合宪法"的另一申诉。

1992年5月26日，宪法法院开庭同时审理两个申诉。久加诺夫、利加乔夫、雷日科夫等人为维护共产党人的荣誉和权利，在法庭上据理力争。同年11月30日，俄罗斯宪法法院作出"折中性"的判决，宣布总统禁止共产党上层机构符合宪法，但解散按区域成立的基层组织违法，基层组织具有社会性，它有权在法律范围内活动。[①] 显然，这一判决是折中主义的；但它毕竟给俄共的合法权利和组织重建提供了依据。俄共虽然对此判决深表不满，但也从中看到复兴的机会：既然基层党组织被认为是合法的，那么共产党人就可以从恢复基层组织开始，合法地联合起来。

在俄共被禁的1991—1992年间，俄罗斯境内又相继出现了几个新的共产党组织，其中包括"共产党人联盟"、"社会主义劳动党"、"俄罗斯共产党人党"、"俄罗斯共产主义工人党"和"全苏布尔什维克共产党"等。这些组织原属于苏共或俄共中的不同派别，虽都称为共产党组织，但他们彼此的主张和纲领却各有不同，其规模与影响也相对较小。俄共的命运促使他们联合起来，希望重新建立一个统一的俄罗斯联邦共产党。1992年年底，未等宪法法院对"苏共案"的审理作出结论，这些共产党组织的代表就联合成立了一个倡议组织委员会，负责筹备召开新的俄共代表大会。这个委员会的主席由当时的俄共中央第一书记库普佐夫担任，时任政府反对派联合组织——民族救国阵线主席的久加诺夫也被推荐为组委会的领导人之一。1992年11月30日宪法法院宣布了对俄共的解禁决定，库普佐夫、久加诺夫等人立即采取行动，成立了复兴俄罗斯联邦共产党委员会。同年年底，基层组织开始重新登记，只要出示党证并同意将名字写进花名册即成为俄共党员，同时积极筹备召开俄共第二次（非常）代表大会（又称俄共重建与联合大会）。

二　俄共重建、复兴时期

这一时期的时间从1993年2月俄共二大召开，到1995年年底第二届国家杜马选举为止。1993年2月13—14日，俄共第二次（非常）代表大

---

① 参见万成才《俄宪法法院结束审理苏共案》，新华社莫斯科1992年11月30日电；王宪举《世纪案审理结束，俄共将恢复活动》，《中国青年报》1992年12月2日。

会在莫斯科召开，会议批准了党的章程及一系列决议，通过了《纲领性声明》，声明首先对苏共的历史进行了反思，认为它歪曲了社会主义的基本原则，同时对现政权推行的社会经济政策提出了批评。在谈到俄共的任务时，声明强调，重建后的俄共将吸取苏共的教训，"利用各种符合宪法的手段、方法以及政治斗争的形式来争取国家政权"。[①] 这是俄共自成立以来第一次非常明确地提出要以合法手段夺取政权的思想。大会还提出了"忠于社会主义和人民政权的理想，阻止国家的资本主义化，建立有计划的市场经济，在独联体各国之间缔结新的国家间条约"的基本行动方针。从而为俄共恢复和建立各级党组织及动员共产党人同现行制度作斗争指明了方向。此外，大会选举出由89人组成的中央执委会，久加诺夫当选为主席团主席，库普佐夫、别洛夫、戈里亚切娃、拉普申、佐尔卡利采夫、雷布金当选为副主席。[②] 从主席团的构成可以看出，当时的俄共内部各种思想流派的代表都有，有社会民主主义派的，正统派的，改革派的。但这次代表大会具有里程碑的意义。它标志着由执政党转为在野党的俄共谋求生存和斗争的艰苦历程的开始。

此次代表大会之后，俄共领导人立即按照法律程序到俄罗斯司法部门申请注册登记。同年3月31日，俄共获准在司法部登记，注册党员50万人，取得了合法存在的资格。[③] 大会之后，俄共在组织上得到迅速发展，到1995年1月，根据俄共三大公布的资料：该党有55万多党员，2万多个基层党组织，分布在88个俄属共和国、边疆区、州、民族区的2000多个区和城市，是俄罗斯境内最大的党。

俄共的重建和恢复活动，标志着俄罗斯社会主义运动开始复兴，也标志着俄罗斯左翼力量进入发展壮大的新阶段。二大后，俄共立即开展工作。在加紧重建党组织的同时，俄共向各派共产主义组织发出呼吁，建议召开协商会议，商谈合作和联合行动问题。俄共还同其他左派组织一起，发动群众进行反对现政权的斗争，等等。

1993年初，正当俄共重新恢复活动之时，时值俄国内社会政治经济危机全面加深。经济上，盖达尔政府在叶利钦支持下实施激进的"休克

---

① 参见［俄］《苏维埃俄罗斯报》1993年3月2日。

② *Есть такая партия.* Советская Россия，16.02.1993.

③ 据俄塔社莫斯科1993年2月14日和3月31日电。

疗法",社会经济危机进一步加剧;政治上,因政府经济政策的接连失误,支持激进改革的叶利钦与反对这种改革的议长哈斯布拉托夫、副总统鲁茨科伊等人之间的矛盾日益激化。起初,俄共领导人公开站在议会派一边,指责政府的内外政策。在 1993 年 4 月 25 日的全民公决中,俄共中央还以党的名义呼吁共产党人对叶利钦投不信任票。但到了 10 月,当对抗双方——总统权力与议会权力之间发生流血冲突时,俄共却采取了中立态度,未参加武装对抗。其间,久加诺夫还发表谈话,希望双方能保持克制,不要采取暴力行为。然而,"十月流血事件"发生后,政府仍将俄共作为此次事件的参与者对待,勒令其停止活动。后经据理力争,俄共才重新取得合法地位,被允许参加新的议会——国家杜马的竞选。

1993 年 10 月 26 日,俄共召开了一次全俄代表大会,大会的主要议题就是讨论俄共是否参加即将举行的议会选举问题。讨论的结果,大会决定参加于 12 月 12 日举行的国家杜马选举,并很快提出了参加全联邦选区竞选的候选人名单。代表大会后,久加诺夫在一项声明中对俄共准备参加议会选举的决定作了如下解释,他说:"消极抵制选举对反对派并没有好处。俄共通过竞选可以达到四个目的,即揭露当局的非法行为和此次选举的虚伪性;要求举行新的选举;通过竞选保存、发展和巩固共产党组织;争取在 12 月 12 日举行的全民公决中否决总统的宪法草案。"① 应该说,在当时一些共产党组织被禁、另一些共产党组织又拒绝参选的情况下,俄共领导人表现出的这种比较务实的态度是俄共取胜的主要原因之一。在竞选过程中,俄共作为唯一获得竞选资格的共产党组织备受选民关注。

1993 年 12 月 12 日,俄罗斯第一届国家杜马选举举行。选举结果,俄共获得杜马 450 个席位中的 65 席,成为议会第三大党。俄共与具有极端民族主义倾向的日里诺夫斯基的俄罗斯自由民主党(获 70 席)所获的选票相加竟包揽了国家杜马中的近 1/3 席位,在议会中几乎与"民主派"政党("俄罗斯选择"、"亚博卢"集团和"俄罗斯统一和谐党")形成对抗之势,令"民主派"极为震惊和失望。

但是,这一选举结果对俄共来说却意义重大。其一,它标志着曾受到现政权打压的俄共以合法身份又重新回到了政治舞台,找到了发挥自己影响力的场所和机会,同时也让俄共领导人看到了利用合法手段夺取政权的

---

① 据新华社莫斯科 1993 年 12 月 7 日电。

可能性。议会选举后，俄共、农业党等左翼反对派开始联合，并以议会为舞台在俄罗斯政治生活中发挥着实际作用。在斗争方式上，俄共也逐渐放弃了街头斗争和大规模游行示威，转向主要在议会范围内活动，即通过选举和议会斗争的方式实现党的政治目标，这样也就同那些激进的共产党组织拉开了距离。

其二，它反映了1993年前后俄罗斯民众情绪的变化：因激进变革而出现的庞大社会贫困阶层开始倾向左翼反对派或带有民族主义情绪的政党和组织，社会上出现了否定叶利钦政权政策路线的倾向和怀旧情绪。"十月流血事件"虽然结束了政权上层因改革政策上的分歧而导致的权力争斗，但并没有为激进民主派扫清所有政治障碍，以俄共为主的议会反对派作为社会贫困阶层的代表，同总统权力集团之间的对抗成为俄罗斯国内政治的主要内容。①

在杜马选举中获得胜利后，俄共中央随即召开会议，认真总结这次大选的经验，探讨了如何利用议会进行合法斗争的新课题。根据这次会议的精神，1994年2月，以俄共为核心的反对派在国家杜马中提出了对"8·19"事件、1993年"十月事件"的组织者和参与者实行大赦的议案，这个议案获得通过并得以执行。事实上，由于议会反对派的存在，1993年以后俄罗斯政府对各项政策都进行了适度调整：盖达尔等激进民主派代表人物纷纷被解职，以切尔诺梅尔金为代表的温和民主派开始占据政府的主导地位，这标志着俄罗斯政府最终放弃实行了将近两年的"休克疗法"式激进经济改革政策，代之以内容没变但方式较为温和的渐进性改革方案；俄罗斯的外交政策由向西方的"一边倒"逐渐转向"全方位"外交。与此同时，俄共在议会内积极开展斗争，同时也在议会外发动群众进行斗争。每逢重要节日，俄共都同其他左派组织一起，组织群众举行针对现政权的集会和游行。

以俄共为首的左派力量不仅在国家杜马选举中取得重大胜利，而且在地方杜马选举中也旗开得胜。在1994年举行的地方选举中，甚至有多个联邦主体选出的地方杜马，全是俄共成员及其盟友。正如俄共中央主席久加诺夫在1995年1月俄共三大政治报告中所指出，在地方杜马"当选的

① 李雅君：《俄罗斯共产党：发展历程及其势衰原因》，《东欧中亚研究》2002年第6期，第7页。

代表中，公开亮明其党派属性的，共产党员占 46%。甚至当局也不得不承认，今天反对派力量在多数地方杜马和议会中占据了优势。'红色地带'越来越紧地围住莫斯科，从南方开始，越来越向东伸展"。①

为了迎接 1995 年 12 月举行的俄罗斯第二届国家杜马选举以及 1996 年 6 月举行的总统选举，早在 1995 年初俄共就拉开了架势，开始为年底的议会选举进行精心准备。1995 年 1 月 21—22 日，俄共召开了第三次代表大会。这次代表大会为俄共明确提出了参加竞选的三个阶段性目标：第一阶段是"争取在议会选举中取胜。进入议会后力争在议会组成'人民爱国'多数派，同时提出合适的总统候选人"；第二阶段是"在总统选举中确保爱国力量代表获胜，此后组成人民信任的政府"；第三阶段是"在'爱国主义者'当选总统后，在俄罗斯各地区进行地方立法和执行权力机关的选举。这三个阶段的过渡时期结束后，将召开制宪会议，筹备宪法草案，自下而上地以苏维埃形式恢复人民政权"。②

按照这三个阶段性目标，在竞选活动中，与其他政党和选举联盟相比，俄共的竞选策略更具有针对性。这些策略包括：1. 利用现政权内外政策的失误抨击"民主派"的改革方针；2. 打出"强国思想、爱国主义和国家统一"的旗号吸引广泛的同盟者；3. 发动地方基层组织开展对普通选民的宣传鼓动工作，利用各种舆论工具宣传俄共主张。几年来，俄罗斯政府执行的激进经济改革政策导致物价上涨、失业率上升、社会贫富悬殊加剧以及犯罪活动猖獗等一系列严重社会问题，加上车臣战争的旷日持久，民众对现政权的不满情绪也越来越强烈。而俄共在竞选活动中采取的具有平民主义色彩的宣传攻势也勾起了部分选民对苏联时期社会安定与温饱生活的怀恋，在俄罗斯民众中引发了一股颇为强烈的怀旧情绪。③俄共有声有色、有条不紊的准备工作为取得竞选的胜利打下了良好的基础。

三　俄共崛起、辉煌时期

这一时期的时间从 1995 年年底第二届国家杜马选举，到 2002 年杜马

---

① 参见《俄共三大政治报告》，载［俄］《真理报》1995 年 1 月 24 日。
② 参见《俄罗斯联邦第二届议会党团》，白山出版社 1999 年版，第 40—51 页。
③ 李雅君：《俄罗斯共产党：发展历程及其势衰原因》，《东欧中亚研究》2002 年第 6 期，第 7 页。

风波为止。1995年12月，俄罗斯举行了第二届国家杜马选举。选举结果，俄共异军突起，得票率为22.3%，加上在单席位选区中赢得的席位，俄共共获得157个议席，占450个杜马议席中的1/3强，一跃成为国家杜马第一大党团。俄共的议席加上其盟友"政权属于人民"议员团和农业党议员团，左派议员已占全部议员450人的一半左右。同时，俄共的谢列兹尼奥夫还当选为国家杜马主席。总之，以俄共为首的左派力量已在国家杜马中占有明显的优势。可以说，以俄共为代表的左派力量在这次杜马选举中取得了大胜利。作为反对派政党，俄共的影响进一步扩大，成为现政权强有力的竞争者。这标志着俄共进入了其发展的崛起、辉煌时期。

俄共在此次议会选举中取胜的原因，一方面是由于俄罗斯仍未摆脱经济危机，生产继续下降，人民生活进一步恶化，广大居民对现政权的内外政策强烈不满，多数群众的政治态度向左倾斜；另一方面是由于俄共组织健全、纪律严密、竞选纲领面向平民，竞选工作做得出色，策略也比较得当，因此得到很多选民的支持。而"民主派"已经四分五裂，分成激进民主派和几个温和民主派组织，其群众基础已大大减弱。总之，这次杜马选举表明，左派力量大增，群众基础扩大，政治影响加深。而民主派则大失人心。

经过此届国家杜马选举，俄共已经从复兴走向崛起。俄共在国家杜马中的优势地位也使它成了现政权最大的反对派。然而，俄共并不想就此停住脚步，他们希望继续赢得总统大选的胜利。

1996年6月的总统选举，是关系俄罗斯命运和发展道路的重大事件。为此，以俄共为代表的左派同"民主派"之间展开了全力拼搏。从年初开始，俄共就乘杜马选举大胜之势，展开声势浩大的竞选运动，同叶利钦争夺总统职位。当时的俄罗斯，左、中、右三派的选民大体上各占1/3，但左右两派政党的实力雄厚，选民比较稳定，而中间势力不成气候，代表人物众多，选民也动摇不定。在这种情况下，面对咄咄逼人的左翼反对派，为了保住"民主派"政权和防止"共产主义势力"重新上台，叶利钦利用总统职权，通过撤换不得人心的外交部长安·科济列夫和第一副总理阿·丘拜斯、调整社会经济政策、下令补发拖欠工资、提高退休金和助学金等办法，几乎动用了一切竞选手段与以俄共为首的左翼反对派进行了一场面对面的政治决战。尽管当时有11位总统候选人参加了竞选，但实际竞争始终是在叶利钦和俄共领导人久加诺夫之间进行的。经过两轮激烈的较量，叶利钦终以微弱优势击败久加诺夫，成功蝉联第二届总统职位。俄共也由此失去了一次最有希望执掌政权的机会。

在这次总统选举中，俄共领导人久加诺夫遭到了失败。但是，俄共既有"失"，也有"得"。同过去几年相比，从选民支持率来看，俄共还是可以说取得了巨大的胜利。作为反对派政党，俄共的影响进一步扩大，不仅成为现政权强有力的竞争者，而且几乎改变了俄罗斯政治进程的发展轨迹。事实上，久加诺夫和叶利钦处在完全不同的起点。1993 年前俄共尚处在非法地位，被禁止活动。俄共重建后不到一年，就在 1993 年国家杜马选举中获得 12.35% 的选票，尔后又在 1995 年国家杜马选举中获得 22.3% 的选票。这次总统选举，在第一轮投票时，久加诺夫得票率为 32.04%，在第二轮投票时，得票率为 40.31%。由此可见，俄共的得票率是在不断地、大幅度地上升的。相反，同前几年相比，叶利钦的得票率却在大幅度地下降。正如久加诺夫在 1996 年 7 月 4 日所说："谈论失败是毫无意义的，因为考虑到我们党的条件，我认为我们已经取得很好的结果。"①

1996 年总统选举的失利打断了俄共分阶段夺取政权的计划，一向以"不妥协的政权反对派"自居的俄共走到了它发展的十字路口。为适应选举后俄罗斯新的社会政治形势，避免再次同现政权发生直接政治对抗，从 1996 年年中至 1999 年年底，以久加诺夫为首的俄共领导层适度调整了自己的斗争策略，暂时放弃"夺取政权"、"改变国家发展方向"等激烈的政治口号，对现政权采取既对抗又妥协的方针。一方面，俄共利用自己在国家杜马中的优势，对现政权的政策措施以及人事安排提出批评和反对意见。另一方面也适可而止，不愿同现政权发生激烈的对抗，寻找机会进行妥协。例如在 1997 年冬季，俄共一方面反对政府的预算方案，要求丘拜斯下台，还扬言要对政府提出不信任议案；另一方面接受叶利钦的倡议，同意参加由总统、总理、议会上下两院议长参加的"四方会谈"和由议会各党派参加的协商性"圆桌会议"，在许多问题上同现政权达成妥协。又如在 1998—1999 年的政府危机中，俄共联合议会其他各派力量，以通过否决案的方式迫使总统作出了部分让步，并在叶利钦执政后期，利用日益加深的社会矛盾，发起组织了对叶

---

① 据美联社莫斯科 1996 年 7 月 4 日电。

利钦的弹劾案和有关限制总统权力的修宪运动；另一方面利用执政集团内部在国家发展战略和利益分配问题上的分歧，在议会表决中支持主张采取稳健经济政策的切尔诺梅尔金政府和普里马科夫政府的各项提案。由此可见，俄共对现政权的态度，实际上已由不妥协的反对派变成"建设性的反对派"。

1998 年 9 月普里马科夫出任总理以后，俄共继续调整其策略，支持并参加这个政府，作新政府的合作者。当时，普里马科夫组成一个联合政府，由俄共的马斯柳科夫担任第一副总理，而农业党的库利克则担任副总理。人们普遍认为，这个政府带有"中左"色彩。这就说明，俄共对现政权的态度发生了重大的转变。一方面，俄共仍然要求叶利钦总统辞职下台；另一方面，俄共又表示基本上支持普里马科夫政府。俄共的目的，是要组成以议会多数派为基础的联合政府，以便架空叶利钦，甚至力图通过"弹劾"把叶利钦搞下台。① 由于以俄共为首的左翼力量实行了顽强而不失灵活的斗争策略，从而使叶利钦元气大伤，进入"没落"时期。

然而，俄共领导人针对现政权的这一政策调整却遭到了俄共党内来自"左"、"右"两派势力的激烈反对。党内激进派指责俄共领导人是在搞机会主义和妥协主义；而持"右"倾观点的一派则主张在目前形势下俄共应放弃对抗思想，继续扩大与政府的合作。这期间，观点对立的两派还在俄共党内相继成立了各自的政治派别。这些党内派别的出现不仅在俄共内部造成了意识形态上的混乱，同时还引发了俄共组织上的分化。俄共力量因此大受损伤。与此同时，由俄共领导的左翼"人民爱国力量联盟"也出现了分裂，在议会中一部分党派愿意通过"圆桌会议"或"四方会晤"与叶利钦政府合作，另一部分党派则坚决反对。

由于内部的分化与组织上的分裂，这一时期以俄共为首的左翼反对派影响力开始萎缩。尽管如此，在 1999 年俄罗斯第三届国家杜马选举中，俄共仍然取得了不小的成就，得票率为 24.29%，加上单席位选举中当选的席位，俄共共获得 110 个议席，虽然与上届相比席位数有所减少，但保住了议会第一大党的地位，俄共的谢列兹尼奥夫也顺利蝉联杜马主席，在杜马 28 个委员会中有 11 个委员会的主席职务由俄共党团及其盟友农工议

---

① 王正泉主编：《剧变后的原苏联东欧国家》，东方出版社 2001 年版，第 70—71 页。

员团成员担任。① 在 2000 年 3 月举行的总统选举中，俄共候选人久加诺夫虽然败给了声望如日中天的代总统普京，但也得到 2200 万张选票，占总数的 29.21%，可谓战绩不俗。

普京执政后，对俄共采取了"外松内紧"的策略。一方面，以"强国富民"的口号赢得俄共的合作，在议会中与俄共党团开展建设性对话，以期在一系列内外政策上寻求俄共等左派党团的支持。另一方面，利用各种手段挤压俄共。如促成议会多数通过《俄罗斯政党法》；推动中右翼政党——"统一俄罗斯"党的建立，力图使该党取代俄共成为议会第一大党。

这一阶段的后期，俄共对政权的挑战能力逐渐减弱，党内开始分化，但仍然对俄罗斯社会政治生活产生了相当大的影响力。

四　俄共势衰、遭受重创时期

这一时期的时间从 2002 年 4 月杜马风波，到 2005 年 10 月俄共十一大召开为止。2002 年 4 月，议会中支持普京政权的中右派势力向以俄共为首的左翼反对派发动了"政变"，要求剥夺由俄共控制的一些议会委员会主席职位。在这场议会左、右两大派别的争斗中，俄共不仅失去了几乎所有由其控制的议会委员会主席职位，而且俄共中央委员、杜马主席谢列兹尼奥夫等俄共上层领导人因拒不执行俄共中央《有关俄共党员自动放弃所有担任的议会职位的决议》被开除出党。这一事件在俄共党内引起了轩然大波，表明俄共内部矛盾进一步公开化。杜马事件的发生，表明俄共对俄罗斯政局的影响大幅减弱，其发展进入势衰期。

此后，俄共所面临的形势更加严峻。如前所述，普京执政后，俄共一方面受到杜马中支持普京政权的中右翼势力的联合挤压，另一方面又因党内不同派别之间的斗争而出现分化。面对接连不断的挫折，俄共欲借第四届国家杜马选举之机精心准备，一举夺回失去的阵地。为此，俄共全力以赴迎接杜马大选，力图获得杜马第一大党的地位。

① Головлев В. И. , Нефедова Т. И. *Государственная дума второго созыва: роль и место в политическом переломе.* Москва, 2000, стр. 26, 182; *Доклад заместителя председателя ЦК КПРФ И. И. Мельникова на XV пленуме ЦК КПРФ.* http://www.kprf.ru/27.03.2004.

　　2003 年 9 月 6 日，俄共举行了第九次（非常）代表大会第一阶段会议，会议提出其竞选的主要政纲是对自然资源重新国有化，国家预算内工作人员的月工资达到 7000—8000 卢布，恢复免费教育和免费医疗，降低能源价格，进行宪法改革，取消"总统自行其是"等。尽管久加诺夫与俄共第一副主席库普佐夫存在分歧，但大会还是比较顺利地产生了俄共竞选名单。其中排在第一位的是久加诺夫，第二位是克拉斯诺达尔边疆区前行政长官孔德拉坚科，第三位是农业党领导人哈里托诺夫。至此俄共杜马竞选活动进入最后冲刺阶段。

　　俄共经过一年多的精心准备，取得了不菲的成绩。全俄社会舆论研究中心的民意调查结果揭示了这一点。统计数据显示，远远将其他政党抛在后边，属于"第一梯队"的俄共与"统一俄罗斯"党在 2003 年的支持率相差无几，并且在大多数月份，俄共的支持率要略高于"统一俄罗斯"党。① 而且全俄社会舆论研究中心 2003 年 7 月 8—13 日在俄罗斯的六个大城市——新西伯利亚、伊尔库茨克、特维尔、乌兰乌德、赤塔和巴尔瑙尔进行的调查结果也显示，在百万人口以上的大城市"统一俄罗斯"党正输给俄共，并且输得很惨。②

　　然而事与愿违，在 2003 年 12 月 7 日如期举行的俄罗斯联邦第四届国家杜马选举中，全力以赴的俄共不仅没有夺回失去的阵地，反而受到重创，得票率仅为 12.7%，比 1999 年几乎减少一半，沦为杜马第二大党。

　　俄共在此次杜马选举中遭受重创，究其原因，其中既有社会、政治多方面的客观因素影响，也有俄共自身策略方面的严重失误。俄共失利的外部原因在于，向俄共发难的是 56 个自治共和国总统、州长、部长和市长加入到"统一俄罗斯"党队伍中去，动员起所有的资源，形成强大的力量来反对俄共。俄共此次杜马选举失利的内部原因在于，首先，俄共对社会形势的判断已经严重地脱离了俄罗斯目前的现实。俄共在此次杜马竞选中，依然像叶利钦时代那样，将现政权作为打击的目标，对普京执政几年来的巨大成就视而不见。俄共没有根据目前俄罗斯的现实提出新的主张和政策去吸引选民，导致了一部分此前还支持俄共的选民转向了支持现政权。其次，竞选策略错误。普京采取了一系列措施严厉打击寡头权贵，深

　　① http://www.levada.ru/reitingi.html.

　　② http://www.gazeta.ru/19.07.2003.

得民心，而俄共作为坚持社会主义、维护社会公正和劳动人民利益的党，却将那些寡头权贵作为其候选人。自认为代表劳动人民，尤其是无产者利益的俄共与寡头结盟，严重地损害了自身形象，再加上新闻媒体铺天盖地的宣传和煽风点火，造成俄共传统支持选民的严重流失。再次，俄共领导层不团结，搞派别活动，以及左翼队伍的内部竞争，最终使俄共受到削弱，造成此次俄共杜马选举的失利。先是以俄共中央委员舍宁为代表的激进派在 2000 年退党，接着以谢列兹尼奥夫为代表的温和派在 2002 年 4 月"杜马风波"后与俄共分裂。此次杜马选举前不久，以格拉济耶夫为代表的一部分人离开俄共，另组"祖国"竞选联盟，拉走了原本属于俄共的许多选票。总之，各方面因素结合在一起，导致了俄共此次杜马选举的失利。

2003 年 12 月第四届国家杜马选举的失利把俄共推向了十字路口，使俄共面临自 1993 年重建以来最严重的危机和挑战：是继续萎缩直至最后消亡，还是痛定思痛通过改革重新走向复兴之路。如果是前者，那就意味着俄罗斯最后一支对执政当局起强劲牵制作用的社会力量遭到毁灭，这对俄罗斯的社会主义运动乃至整个俄罗斯国家而言，都将是一场真正的悲剧。俄罗斯选举制度发展研究所的负责人尤林说："如果俄共不复存在，那留给我们的实际上将是一个一党制。俄共是唯一系统化的反对党，单单出于这个原因，这个社会也需要它的存在。"如果是后者，则意味着俄共需要一场真正的改革。正如俄罗斯独立的左倾智囊机构全球化问题研究所所长鲍·卡加尔利茨基所言："俄共只有两条路可以走，要么改革，要么消亡。它所需要的也许就是一场真正的大变革。"① 但是俄共究竟何去何从，归根到底还是取决于俄共自身。

2003 年 12 月 28 日，俄共在莫斯科召开（非常）九大第二阶段会议。在这次会议上，俄共不仅深刻分析了此次杜马选举失利的原因，而且对俄共目前的状况作了实事求是的评价，并确定了下一步急需完成的任务。会议认为，在这次杜马选举中俄共遭到重创、损失巨大。尽管受到史无前例的谎言攻击和诽谤，但党的中坚力量得以保存。成千上万共产党员在竞选期间表现了极大的自我牺牲精神。俄共取得了丰富的斗争经验。一些党组

---

① 弗雷德·韦尔：《俄罗斯共产党的演变》，载于［美］《基督教科学箴言报》2003 年 12 月 2 日。

织在最艰难的条件下取得了良好的成果，一些有才能、诚实勇敢的积极分子发挥了首要作用，这是党的近卫军。俄共下一步的任务是：要保护和支持党的积极分子；党的工作重心应当转移到群众中去，转移到地方上去，俄共必须和人民在一起，正是他们的积极性决定着党和国家的命运，俄共应当避免议会贵族习气、官僚习气以及把党的工作局限于无休止的会议的做法；明确民众关心的问题并组织斗争，抑制人民生活的恶化，只有这样，俄共才能得到人民的支持和信任；吸收青年人入党，吸收青年人加入各级党组织，根据他们对斗争的贡献、坚决性和积极性来提拔任用；必须对工会工作倾注极大精力，建立左翼工会不仅是党的要求，而且是时代的要求；必须从根本上重建与妇女组织的工作，必须大胆提拔妇女进入党组织领导层担任首要角色；应当改变对理论工作的态度，理论必须指导行动，必须学会把爱国主义和社会公正思想结合在一起；在联合所有爱国力量方面要有一个质的飞跃。所有这一切将改变俄共的工作风格，使它富于进攻性、战斗性和首创性，能够吸收新选民加入到俄共队伍中来。

与此同时，俄共要利用杜马作为讲坛揭露当局的行为，在杜马讨论制定反人民的法律时，要动员全社会力量与之斗争，告知选民每一个议员的立场；必须立即研制法律草案，保证每月大学生奖学金1000卢布、儿童补助1500卢布、退休金3000—4000卢布、由预算支付的工资最低7000—8000卢布。为了提高杜马俄共党团工作效率，必须详细确定每个议员责任。就社会经济、保健教育、科学、文体、家庭和青年、对外关系和军事战略问题等主要领域建立5—7个工作小组。每个小组必须就相关领域成为独特的全俄总部，在自己的职责范围内直接与地区组织和地方议员一起开展工作。与此同时，要让每个议员负责2—3州，委托他们监督这些州的单席位选区工作。①

此次会议还决定，由尼古拉·哈里托诺夫代表俄共参加定于2004年3月14日举行的总统选举。2004年3月14日，俄罗斯总统选举如期举行，共有6名候选人参加。普京以71.2%的高支持率再次蝉联总统，俄共推举的候选人哈里托诺夫获得13.7%的选票。考虑到全俄社会舆论研

---

① *О политических итогах выборов в Государственную Думу Российской Федерации и задачах КПРФ. Доклад председателя ЦК КПРФ Г. А. Зюганова на IX внеочередном съезде КПРФ.* http://www.kprf.ru/09.01.2004.

究中心于 2004 年 1 月 23—26 日所作的民意调查结果显示，由于受俄共杜马选举失利的影响，哈里托诺夫当时的支持率只有 2% ,① 此次获得 13.7% 的选票，远高于除普京之外的其他候选人，如此结果对俄共而言，可以说虽败犹荣，显示了自己的存在和影响。

2004 年 3 月 17 日，俄共中央主席久加诺夫发表了告选民书。在告选民书中，久加诺夫承诺，俄共将认真面对 21 世纪的新挑战，根据时代的变化对党的纲领性文件作出必要的修改，提拔那些在党务工作、劳动组织和社会活动方面成绩突出的年轻党员进入领导层。② 3 月 27 日，俄共召开中央全会。这次全会的引人注目之处不在于全会内容的重要性，而在于一个不同于以往的变化：作主题报告的是以温和派著称的俄共中央副主席梅利尼科夫，而不是久加诺夫。对此久加诺夫解释说："我们正在考虑如何组建一支年轻化、知识化、强有力的新型队伍。例如，今天这个非常重要的主题报告不是由我，而是由非常有发展前途的梅利尼科夫来做。一批精干的、知识化的新人正在逐步成长起来，我们的任务是引领他们进入领导机关，保证领导机构的平稳过渡和更新，其中包括高层领导的更替。"③ 不言而喻，俄共正在考虑接班人问题。

2004 年 4 月 20 日，以中央主席久加诺夫为团长的俄共代表团访问了中国，此行的主要目的是学习中国共产党改革的经验。久加诺夫认为中国共产党成功的公式是：社会主义 + 中国民族传统 + 国家调控的市场 + 现代化技术和管理。尽管遇到发展的困难和问题，中国共产党正在成功地领导着这一独特的世界规模的社会主义实验。久加诺夫还指出，"我相信，不仅俄罗斯共产党，整个俄罗斯社会都应当从我们的近邻中国的发展中汲取社会主义建设经验。这对理解 15 年来世界发生的根本变化（俄罗斯在这个过程中为放弃社会主义现代化建设，进行所谓的自由化改革而受到'惩罚'）至关重要"。④ 由此可见，俄共确实正处于变革之中。

与此同时，俄共党内围绕着路线的分歧正在进行着一场激烈的斗争。对于一个健康的政党，发生在党内的政治分歧、派别斗争以及对领袖地位的竞争本是一件非常正常的事，问题的关键是，这种分歧和斗争应该在维

---

① http：//www.gazeta.ru/31.01.2004.

② http：//www.kprf.ru/17.03.2004.

③ http：//www.vesti.ru/27.03.2004.

④ http：//www.kprf.ru/27.04.2004.

护党的团结和统一的前提下，争取党内绝大多数党员的支持，采用正当的方式予以解决，而不能采取分裂党的方式来进行。2004 年 3 月 19 日，俄共党内主张与普京妥协的亲克里姆林宫派首领、俄人民爱国联盟执委会主席谢米金因不同意以久加诺夫为首的俄共领导层的政策，倡议召开了有 15 个政党和 60 个组织参加的俄罗斯爱国者大会，会上决定开始组建新的左翼爱国力量竞选联盟以替代俄人民爱国联盟，并由他充当人民爱国反对派的领导人。① 具有讽刺意味的是，在 2001 年 9 月举行的俄人民爱国力量代表大会上，谢米金还和久加诺夫一起号召与会者努力把联盟建成一个旨在拯救国家于危机中的爱国者的新团体。针对选举中俄共的选票被分散的情况，谢米金甚至提议说："任何在选举活动中从事破坏的人应被列为严重的罪行，应被判处 15 年监禁。"然而，时过境迁，大概谢米金早已忘记了自己说过的话。5 月 18 日，俄共中央主席团召开会议，认为谢米金的行为破坏了党的威信，搞的是分裂活动，决定把谢米金开除出俄共。② 在谢米金的唆使下，5 月 31 日，又有 6 名俄共中央委员发表公开信，指责久加诺夫造成了党在议会和总统选举中的失利，要求他在 7 月 3 日召开的第十次代表大会上辞职。③ 6 月 2 日，俄共中央主席团郑重声明，谴责分裂分子，决心维护党的团结与统一。④ 6 月 7 日，俄共中央第一副主席库普佐夫证实，他将在 7 月 3 日俄共第十次代表大会上辞职。库普佐夫是俄共二号人物，同时身兼国家杜马副主席，是俄共党内传统派的代表。他解释说，自己要辞去党内职务是"为了专心从事议会事务"。⑤ 这一切表明，俄共党内确实在进行着一场尖锐的内部斗争。

　　2004 年 7 月 1 日，被俄共开除的谢米金以"人民爱国力量联盟"执委会主席的身份，操纵该联盟免去久加诺夫联盟主席的职务，随后又在记者招待会上要求久加诺夫辞去俄共主席的职务。当天下午，俄共内部的谢米金派在莫斯科召开中央全会，宣布另立中央，决定提前罢免久加诺夫等俄共主要领导，推举伊万诺沃州州长吉洪诺夫为"俄共中央主席"，并单独筹备召开十大。

---

① http：//www. vesti. ru/20. 03. 2004.
② http：//www. kprf. ru/19. 05. 2004.
③ 据俄塔社莫斯科 2004 年 6 月 7 日电。
④ http：//www. kprf. ru/02. 06. 2004.
⑤ 据俄塔社莫斯科 2004 年 6 月 7 日电。

2004 年 7 月 3 日，久加诺夫主持的俄共第十次代表大会在莫斯科一家饭店里举行。久加诺夫在大会上谴责谢米金派的分裂行径，同时作了自我批评，承认由于自己的失误，使俄共处于分裂的边缘。他呼吁加强党内团结，制定新的行动路线。在随后进行的表决中，他顺利当选为党中央主席团主席。此后，大会开除了伊万诺沃州州长吉洪诺夫的党籍，并将俄共杜马议员团的 5 名谢米金派议员开除出议员团。针对分裂，俄共十大强调，必须强化党的组织建设，新党员要经过 6 个月的预备期才可以被正式接纳入党。几乎就在同时，俄共内部的谢米金派召集部分党代表，在莫斯科河的一艘游船上也召开了十大，推举已被开除出党的吉洪诺夫为俄共领袖。一时间，俄罗斯出现了两个俄共并存的局面。

7 月 6 日，俄共中央书记拉什金表示，"俄共所有的地区分支机构都支持久加诺夫"。与此同时，俄农工联盟领袖哈里托诺夫、"亚博卢"领导人亚夫林斯基等许多俄社会知名人士都声援支持久加诺夫，他们表示"对久加诺夫的攻击就是对俄罗斯政治和社会生活名誉的破坏"。新当选的俄共中央第一副主席梅利尼科夫在回答国际文传电讯社记者提问时也说："俄共已经进行了 40 多次全会和党的地区分支机构积极分子会议。所有与会者都表示支持久加诺夫。最近，俄共还要在其他地区分支机构中举行相应会议。"

8 月 3 日，俄司法部正式宣布：由俄共反对派领导人吉洪诺夫主持召开的俄共代表大会不足法定人数，被认定为不合法。这一裁决意味着久加诺夫领导的俄共仍被确认为合法政党，从而结束了一个月来两个俄共并存的局面。但是，分裂对俄共自身发展造成巨大的负面影响已经无法避免了。

9 月 11 日，俄共反对派成立了自己的党——"全俄罗斯未来共产党"，伊万诺沃州州长吉洪诺夫当选为党的主席。① 虽然这个新成立的党宣称，将以列宁原则为基础，制定一个真正"现代的和进步的"党的纲领，在现有法律范围内"捍卫劳动者的利益"，绝对是现政权的"铁杆反对派"，并谴责久加诺夫推行迎合普京的政策，但事实上，相比之下，吉洪诺夫对普京的态度比较温和，他作为俄联邦一个州的行

---

① Костюков А. *Необольшевики побили Зюганова Марксом. Создана новая партия "ленинского типа"*. Независимая газета，13. 09. 2004.

政长官，不可能采取与普京总统完全对抗的立场，否则他根本保不住自己的州长职位。因此，吉洪诺夫的新党不愿意过分得罪普京，强调在法律许可的条件下进行和平的合法活动。所以，尽管反对派打着恢复"列宁式的共产党"传统的旗号，谴责久加诺夫"背弃科学社会主义"，推行"机会主义"政策，但他们建立的新党"全俄罗斯未来共产党"并不比俄共更加激进。① 由于该党的成立，俄共党内一些对久加诺夫不满的党员准备加入吉洪诺夫的政党，② 此举势必对俄共的发展构成一定的威胁。

2004 年 11 月，"全俄罗斯未来共产党"获司法部登记，注册党员人数 51000 名，这使俄共损失了至少 5 万人。③ 谢米金本人没有加入"全俄罗斯未来共产党"，而是借助"俄罗斯人民爱国联盟"与久加诺夫的俄共争夺对左翼反对派的领导权。2004 年 10 月，谢米金倡议成立了"俄罗斯爱国者"政治联盟，加入其中的有 9 个政党和三十几个社会组织。④ 2005 年 4 月，谢米金又将"俄罗斯爱国者"政治联盟改组为"俄罗斯爱国者"党，并于 7 月获准注册，登记党员为 81000 人。⑤ 虽然无法确切知晓谢米金的"俄罗斯爱国者"党中有多少党员来自俄共，但至少有一点可以肯定：俄共原来的一些盟友已被谢米金拉走并改造成俄共的竞争对手。

经历了以上这些内部分裂和外部瓦解，俄共元气大伤，进入其发展的低潮期。虽然党的组织结构基本保存下来，仍不失为俄罗斯最大的反对派政党，但组织规模大大缩小，基层组织受到一定程度的削弱，选民支持率大大下降。在 2003 年年初，即俄共重建十周年时，俄共尚有 50 万党员，而到 2005 年 10 月，即俄共召开十一大时，俄共的党员人数减至 18.8 万。⑥

---

① 李兴耕：《俄共的危机及其出路》，《国外理论动态》2004 年第 10 期，第 3 页。
② 参见《东方早报》2004 年 9 月 13 日。
③ 2005 年 7 月，该党由于没有能够按照《政党法》的要求在规定时间内向司法部提交至少 45 个地区分部的资料，被撤销注册资格。
④ http：//www.patriot-rus.ru.
⑤ http：//www.cikrf.ru.
⑥ Зюганов Г. А. Народный подъем в России и задачи партии. Доклад ЦК КПРФ XI (внеочередному) съезду партии. http：//www.kprf.ru/29.10.2005.

五　俄共低潮中前行时期

　　这一时期的时间从 2005 年 10 月俄共十一大召开以来至今。2005 年 10 月 29 日，俄共召开了第十一次（非常）代表大会。此次大会是根据 2004 年 12 月新修改的俄联邦《政党法》的相关规定召开的，大会的议题之一是修改党章的有关内容，以适应新的政党法和选举法。大会主要议题是：（1）当前形势与党目前的任务；（2）章程的修改；（3）中央监察和检察委员会条例的确定；（4）组织问题。出席会议的有 252 名代表。久加诺夫代表俄共中央向大会作了题为《俄国人民的情绪高涨和党的任务》的报告，进一步明确提出了俄共在当前形势下的主要任务，他指出："近十年来，'社会防御的党'的名声被牢牢地固定在俄共身上。但与此同时，社会需要一个'采取行动的党'，'社会进攻的党'。因此俄共要克服表现在口号和行动中的不坚定性，从社会防御转向社会进攻。"① 大会还通过了关于修改党章、中央监察和检察委员会条例的决定。修改后的新党章在扩大基层党组织权限的同时，强化了俄共中央的统筹领导权力，并取消了原党章中关于团结在行动立场上持不同意见人等条款，以保持党在思想上和行动上的统一。鉴于这次代表大会是俄共在 2004 年 7 月发生分裂后召开的第一次代表大会，因此，此次大会传递的有关俄共的信息引人注目。它反思和总结了近年来俄共经受接连不断重大挫折的教训，为俄共今后的斗争指明了方向，标志着俄共进入发展低潮期后艰难前行的开始。

　　其实，如前所述，早在 2003 年杜马选举遭受惨败之后，俄共针对形势的变化，采取了一系列措施和行动。十大以后，仍沿用俄罗斯联邦共产党名称的久加诺夫的俄共要求各级地方组织召开全体党员大会，统一思想，整顿组织。截至 2004 年 10 月下旬，俄共撤销了 24 个地区组织领导人的职务并进行了改选。② 在分裂后的一年多里，俄共在提高党内士气、巩固和扩大队伍、更新党的领导层和使党的队伍年轻化等方面作了很大努力。这一年多里俄共发展了 8900 名党员。

---

　　① Зюганов Г. А. *Народный подъем в России и задачи партии. Доклад ЦК КПРФ XI (внеочередному) съезду партии.* http：//www. kprf. ru/29. 10. 2005.

　　② *О новой ситуации в стране и задачах по выполнению решений X съезда КПРФ. Доклад Г. Зюганова пленуму ЦК КПРФ 23 октября 2004 года.* http：//www. kprf. ru/23. 10. 2004.

　　与此同时，在 2004—2005 年的俄罗斯地区选举中，俄共参加了 20 几个地区的选举，其中在两个地区——涅涅茨自治区和科里亚克自治区得票率第一；另在 10 个地区获得 15%—20% 的选票，包括在车臣共和国议会选举中得到 17% 的选票，在议会中占 3 个席位。但俄共的少数地区分部也有得票率下降甚至放弃参选的情况。俄共要求各级党组织借竞选运动，恢复党的影响，使党在选民中的支持率恢复到 1999—2000 年的水平，即争取得到 25% 的得票率。但必须看到，俄共在地区选举中得到的最好成绩（20% 左右的得票率）也无法与"统一俄罗斯"党相比，后者几乎占据所有地区立法机构的绝对多数席位。[①]

　　同样，俄共在国家杜马中的处境也很不利。截至 2004 年年底，俄共党团在国家杜马中仅剩 47 席（与一年前进入这届议会时的 52 席相比又减少了 5 席），根本无法与占据议会多数席位（306 席）的"统一俄罗斯"党抗衡。一年中，俄共党团提交了 39 份新提案，并继续为前几届党团提交的 181 份提案呼吁，但仅有 9 份提案获得议会通过。[②] 正因为如此，这一年，俄共斗争的重心主要放到议会外，发动和组织民众进行抗议活动。

　　众所周知，2004 年普京进入自己的第二个总统任期后，抛出了酝酿已久的社会领域和政治体制改革计划。其中最引人注目的当属福利制度改革，2004 年 8 月 5 日，俄国家杜马通过《关于以津贴取代优惠》法案，该法案主要内容包括 2005 年 1 月 1 日起取消免费医疗、免费乘坐公共交通工具、免费打电话、免费疗养等优惠政策，代之对享受福利的公民进行现金补贴。改革措施出台后，引起了城市低收入者和社会弱势群体的强烈反对，他们的理由是所发现金不足以抵偿原有的优惠和通货膨胀，同时也不相信补贴能及时足额发放。民众纷纷走上街头，抗议政府的决定。面对这种情况，俄共从 2004 年夏天开始参与反对福利货币化法案的通过。俄共与所有采取反对派立场的左翼、中派，甚至部分右翼一道抗议政府的改革方案。2005 年初抗议运动掀起高潮。第一季度有 150 万人上街抗议。俄共中央组建了由中央副主席卡申领导的抗议行动司令部，吸引 26 个政党和工、青、妇、老战士等组织参加。俄共通过其地方组织、互联网在全

---

　　① 刘淑春等：《当代俄罗斯政党》，中央编译出版社 2006 年版，第 145 页。

　　② Зюганов Г. А. Народный подъем в России и задачи партии. Доклад ЦК КПРФ XI （внеочередному）съезду партии. http：//www. kprf. ru/29. 10. 2005.

国掀起反对福利货币化的抗议集会和游行，抗议运动不仅波及贫困落后的边远地区，也波及一些相对富裕的大城市。①

正是在上述背景下，俄共召开了十一大，为今后的斗争指明了方向。此后不久，令俄共振奋的消息传来。在 2005 年 12 月 4 日举行的莫斯科市杜马的选举中，以俄共第一副主席梅利尼科夫为首的候选人名单得到 16.75% 的选票，比 2003 年国家杜马选举时俄共在莫斯科市 7.8% 的支持率多了一倍以上，获得 4 个议会席位，使俄共有了零的突破，因为这是俄共近 15 年来首次进入首都的议会。②

2006 年年初，俄共针对政府推行的住房及公共事业改革方案，再次发动群众掀起抗议浪潮。与此同时，俄共继续坚持就社会领域问题举行自己的"全民公决"，以此宣传俄共的主张。到 2006 年 3 月底，俄共宣称有 700 多万人对俄共的问卷作出回应，其中的 96% 赞成俄共提出的每一个方案。③ 抗议运动对政府出台的社会领域改革方案产生了压力，政府被迫重新审议有关福利货币化的 122 号法律的预算，不得不追加 3500 亿卢布来提高货币补偿标准，仓促出台的福利货币化改革被迫推延。与此同时，政府承诺将在医疗、教育、住房和农业四大领域拨款实施"国家项目"，以解决社会保障问题。

2006 年 10 月，在时任总统普京的支持下，由俄罗斯议会上院议长米罗诺夫领导的、被称为另一个政权党的"公正俄罗斯"党宣布成立。该党是俄罗斯生活党、退休者党和祖国党三个中左翼政党合并组建的，宣称以"新社会主义——21 世纪社会主义"为指导思想。它在支持普京政策路线的同时，打着中左翼政党的旗号，提出了以"捍卫劳动者利益、维护社会公正"为宗旨的平民主义方针，其主要目的在于扩大在社会中下层群体中的影响，继而与俄共争夺这部分选民。④ 如此一来，俄共不仅要面对来自当局以及"统一俄罗斯"党的强大压力，而且面临自称社会主义政党的"公正俄罗斯"党的激烈竞争。"公正俄罗斯"党成立后不久，

① 刘淑春：《从社会防御转向社会进攻——俄共十一大简介》，《国外理论动态》2006 年第 2 期，第 28 页。

② http://www.vesti.ru/05.12.2005.

③ *Наказ народа—Программа действий КПРФ.* http://www.kprf.ru/29.03.2006.

④ 郑羽、蒋明君主编：《普京八年：俄罗斯复兴之路（2000—2008）》（政治卷），经济管理出版社 2008 年版，第 232 页。

米罗诺夫曾宣称，已有一些共产党员退出俄共并加入了"公正俄罗斯"党。例如，俄共杜马党团成员伊琳娜·德拉佩卡已退出俄共并加入了"公正俄罗斯"党杜马党团。① 形势对俄共极为不利。

2007 年 3 月 11 日，俄罗斯 14 个联邦主体同时进行了地方立法机构的选举。由于这轮地方选举被视为年底国家杜马大选的预演，所以俄各派政治力量对此都格外投入，将其看作新一轮较量的开始。俄共对此轮地方选举更是极为重视。经过不懈努力，俄共在这轮地方选举中表现不俗，取得了较好的战绩。俄共的得票率基本上在 15%—20% 区间内。有些地区已经突破了 20%，例如奥廖尔州和鄂木斯克州分别达到了 23.78%、22.41%。俄共得票率最低的地区是秋明州（因为该州是自由民主党占优势的传统选区，也是俄罗斯共产主义工人党参选的唯一地区），仅有 8.37%。有些地区虽然结果不是非常理想，但是形势很好，支持率迅速上升，例如在科米的支持率从 8.72% 提高到 14.27%，伏尔加格勒州从 8.77% 提高到 13.44%。总之，俄共在此轮地方选举中的所有地区都进入了议会，组成了自己的党团，并且大多数地区的支持率都有较高幅度的增长。②

3 月 24 日，俄共在莫斯科召开中央全会，第一副主席梅利尼科夫在大会上作了报告。报告首先对俄共参加地方选举结果进行了总结，分析了国家杜马竞选的形势，并提出了准备杜马大选需要完成的下一步任务。报告认为，由此轮地方选举可以得出以下结论：在俄主要政党中，只有俄共就所有地区而言，支持者总数增加了；良好的竞选结果大大增强了俄共的政治影响，俄共重新成为一支执政当局必须予以重视的力量，并且从投入和成果的关系来看，俄共进行了最有效的竞选；俄共不但接受了来自"公正俄罗斯"党的挑战，而且取得了对它的胜利；老自由派政党阵营状况没有实质性改善，自由民主党不仅是执政当局的御用替代，而且是其地方上的后备党。俄共面临的杜马竞选形势是：现阶段执政当局的战略是保住"统一俄罗斯"党的优势地位，在"公正俄罗斯"党以左翼面目出现的同时，"统一俄罗斯"党

---

① 李兴耕：《"公正俄罗斯"党的崛起及其"新社会主义"》，《当代世界》2007 年第 10 期，第 39 页。

② Мельников И. И. Об итогах региональных выборов и о задачах по подготовке к выборам в Государственную Думу. http：//www. kprf. ru/24. 03. 2007.

将尽可能地右转；在联邦一级的政治舞台上没有右翼力量联盟的位置；自由民主党的影响不可忽视；"统一俄罗斯"党、俄共、"公正俄罗斯"党以及自由民主党将是杜马选举竞争的主角；"统一俄罗斯"党作为主要的政权党，是俄共战略上的对手；"公正俄罗斯"党作为后备的政权党，是俄共策略上的对手。俄共杜马大选前需要完成的任务如下：第一，保持竞选工作的连续性和统一性。各地区必须继续有条不紊地工作，找到适合本地区的工作方式；尽快组建一支社会学专家队伍，保持和科学界的经常性联系，通过各种方法建立起行之有效的宣传材料普及方式。第二，现在俄共在地方上有了自己的议会党团，各地区组织要努力自己解决资金问题；党必须确定工作人员的工资额，将相应的国家机构支付的超出党规定的最高限额部分转交党中央或地方组织，俄共应该尽快制定《俄共议员条例》来解决这个问题以及更多的相关问题。第三，俄共的工作方针"以国家杜马为讲坛批评，以上街抗议来支持"应该改变为"议会内积极倡导立法，以上街宣传来支持这些倡议"，党必须积极投入到立法工作中去，同时要经常面对选民进行总结汇报。第四，让俄共的替代政府组成发出自己的声音，俄共不仅要批评，而且要有相应的替代方案和人选；建立独具特色的知识界联盟；采取"征召人才"行动，这项工作不仅要通过逐级提拔的习惯方式，而且要通过那种全国范围内公开征召的方式进行。第五，党在农村的工作和监督员队伍建设，是俄共工作中的两个薄弱环节，在竞选中，农村地区需要制订单独的宣传计划，监督员队伍建设是一项战略性任务，必须尽早思考如何组织监督工作。[1]

2007年9月22日，俄共举行了第十二次（非常）代表大会第一阶段会议。大会批准了题为"争取劳动人民的政权！"的竞选纲领，其主要内容是：对自然资源和具有战略意义的经济部门实行国有化；确定现实的最低生活保障线，国家对住房和公用事业服务领域实行调节；转变经济的原材料发展方针，将发展科学作为国家的一项战略；维护国家独立和公民安全；人的价值高于一切，保障科学和文化的发展；一切政权归苏维埃，确立人民政权。竞选纲领特别强调，"俄共是人民的党"，"我们为争取劳动

---

① Мельников И. И. *Об итогах региональных выборов и о задачах по подготовке к выборам в Государственную Думу*. http://www.kprf.ru/24.03.2007.

人民的政权而斗争"，"共产党人胜利——就是人民的胜利"！①

　　与此同时，为了组织和协调 2007 年和 2008 年的联邦议会和总统选举，俄共成立了中央竞选总部和地区分部，并联合了 28 个左翼爱国主义组织和运动。② 俄共多次召开中央全会和地区领导人会议，分析国内政治经济形势，制定并及时调整竞选策略，地区和基层组织也层层召开动员大会。俄共领导人多次召开新闻发布会，通过媒体向社会传达俄共的竞选纲领和主张。竞选中，俄共中央领导人亲临各地，直接与选民对话。为汲取上次议会选举中俄共在拟定杜马候选人名单时出现地区领导人讨价还价、未列入名单者消极怠工的教训，这一次俄共中央明确规定地区组织的第一书记原则上不作候选人，或不列入候选人名单的前几名，以使他们专心从事地区党务工作。中央的这一规定得到地区领导人的理解和支持，大家齐心协力把具有竞争实力和专业知识的代表尤其是"新面孔"推举为候选人，树立党的新形象，以赢得更多选民的支持。而俄共的联邦和地区的候选人深入选民当中宣传党的主张。从整个竞选过程来看，俄共党员和干部响应了中央的指示，全党上下团结一致，以积极投入竞选活动的实际行动向社会表明，俄共已摆脱了内部分裂的阴影，能够经受大选的考验。③

　　2007 年 12 月 2 日，俄罗斯第五届国家杜马选举如期举行。结果俄共的得票率为 11.57%，获得国家杜马 450 个席位中的 57 个；而"统一俄罗斯"党得到 64.3% 选票，获得 315 个议席；俄罗斯自由民主党得票率为 8%，获得 40 个席位；"公正俄罗斯"党得票率为 7.7%，获得 38 个席位。④ 与上届杜马选举结果相比，俄共得票率仍位居第二，尽管俄共比自己在上届杜马选举的得票率降低了一个百分点，但议会席位却增加了 10 个（俄共进入上届杜马时拥有 52 个议席，后因为党团内部分裂减至 47 席），原因是这一届杜马没有独立议员，议会席位仅在进入议会的四个政党中按照得票率进行分配，因此同样的百分比占据的席位要比往届的多。在此次杜马选举中，俄共直接面对的竞争对手是普京亲自挂帅、阵营最强

　　① *За власть трудового народа! Предвыборная программа Коммунистической партии Российской Федерации.* http：//kprf.ru/01.10.2007.

　　② *Побеждают коммунисты — побеждает народ! Доклад Г. А. Зюганова на XII （внеочередном） съезде КПРФ.* http：//kprf.ru/24.09.2007.

　　③ 刘淑春：《经受大选考验的俄共——俄共大选结果解读》，《当代世界与社会主义》2008 年第 3 期，第 72—73 页。

　　④ 参见《新华网》2007 年 12 月 8 日。

大的党——"统一俄罗斯"党，还面临来自侧翼的两个对手：由联邦委员会即议会上院主席米罗诺夫领导的"公正俄罗斯"党和长期以来与俄共对立的、由日里诺夫斯基领导的俄罗斯自由民主党。考虑到俄共正是在与来自上述三方竞争对手的较量中参加议会选举的，取得如此战绩，实属不易。

2007 年 12 月 15 日，俄共在莫斯科召开（非常）十二大第二阶段会议。大会对俄共此次杜马选举结果进行了初步分析，并推举久加诺夫代表俄共参加定于 2008 年 3 月 2 日举行的总统选举。

2008 年 3 月 2 日，俄罗斯总统选举如期举行，共有 4 名候选人参加。结果由普京钦定的候选人梅德韦杰夫以 70.28% 的选票当选，俄共领导人久加诺夫得到 17.72% 的选票，位居第二，俄罗斯自由民主党候选人日里诺夫斯基和俄罗斯民主党候选人波格丹诺夫的得票率分别是 9.35% 和 1.3%。[①]这一结果显示，久加诺夫的得票率虽然远赶不上梅德韦杰夫，但却比后面两个候选人的得票率总和高出近一倍。与俄共自身相比，久加诺夫的得票率既高于俄共上届总统候选人哈里托诺夫的得票率（13.7%），也高于三个月前俄共在议会选举中的得票率（11.57%）。这一结果对俄共来说应该是不小的胜利。[②]

2008 年 3 月 22 日，俄共在莫斯科召开中央全会。在这次中央全会上，俄共主席久加诺夫作了总结性发言，对最近举行的两次重大选举进行了反思，分析了俄当前的社会局势和俄共目前的状况，提出党的队伍的年轻化和现代化是俄共今后工作中刻不容缓的主要任务，[③]并提出了新的党纲修改草案供全党讨论，准备在 2008 年 11 月 29 日召开的俄共第十三次代表大会上通过新的党纲。

六　对俄共发展阶段划分的一点思考

到目前为止，对俄共的最新发展进行明确阶段划分的是中国社会科学

---

① 参见《光明日报》2008 年 3 月 10 日。

② 刘淑春：《经受大选考验的俄共——俄共大选结果解读》，《当代世界与社会主义》2008 年第 3 期，第 70 页。

③ *Модернизация партии — наша главная и безотлагательная задача. Выступление Г. А. Зюганова на XIII пленуме ЦК КПРФ.* http://kprf.ru/22.03.2008.

院俄罗斯东欧中亚研究所的李雅君博士。她认为，截至 2002 年末期，恢复重建后的俄共经历了复兴、极盛和势衰三个发展阶段。①（一）俄共的复兴时期。主要是指俄共从 1993 年"十月流血事件"到 1994 年年底的这段发展时期，它复兴的标志是参加 1993 年第一届国家杜马选举并在选举中"意外"取胜。这一时期的特点是：俄共基本上走的是平民主义路线，还没有提出自己十分明确的政纲，但在对待现政权的态度上与其他共产党组织已经有了显著的区别；俄共利用选举等宪法规定的合法手段，逐渐摆脱了困境，终于东山再起，成为俄罗斯左翼力量的代表。（二）俄共的极盛时期。这一时期从 1995 年年初到 1996 年年中。俄共达到极盛的标志是：作为反对派政党，俄共的影响进一步扩大，不仅成为现政权强有力的竞争者，而且几乎改变了俄罗斯政治进程的发展轨迹。（三）俄共的势衰时期。这一时期从 1996 年总统选举后一直延续至今，包括叶利钦的整个第二任期和普京当政以来这段时间。它的特点是：俄共对政权的挑战能力逐渐减弱，党内开始分化。② 应当说，上述划分法客观地反映了俄共作为真正意义上的独立政党的动态发展过程。但是，笔者以为，如果把俄共1990 年 6 月成立——1993 年 2 月二大召开作为初创、被禁止活动时期列为其发展的第一阶段，就可以很好地解决俄共从哪里来的问题。另外，如果把俄共从鼎盛期进入势衰期的标志界定为 2002 年 4 月的杜马风波更科学一些，笔者持此看法的依据如下。

对俄共的发展进行明确阶段划分的基本依据是俄共在国家权力结构中发挥作用的程度。唯物辩证法认为，事物的运动、变化和发展是通过量变和质变表现出来的。量变和质变是事物变化的两种形式或两种状态。量变即事物量的变化，是事物在原有的质的基础上，在度的范围内发生的不显著的变化，是事物发展中的连续性和渐进性。质变是事物性质的变化，是一种质态向另一种质态的飞跃。质变是对原有度的突破，是事物发展中连续性和渐进性的中断。事物的变化是否超出度的范围，是区分量变与质变

① 2002 年 12 月，中国社会科学院俄罗斯东欧中亚研究所的李雅君博士在《东欧中亚研究》2002 年第 6 期上发表了《俄罗斯共产党：发展历程及其势衰原因》一文，对俄共的最新发展进行了明确的阶段划分。据笔者了解，此后国内外公开出版、涉及俄共的著作以及发表的有关俄共的文章对此均没有详细介绍。

② 李雅君：《俄罗斯共产党：发展历程及其势衰原因》，《东欧中亚研究》2002 年第 6 期，第 7—10 页。

的根本标志。考察俄共的发展也是如此，的确，从 1995 年年初到 1996 年年中，俄共作为反对派政党，其影响进一步扩大，不仅成为现政权强有力的竞争者，而且几乎改变了俄罗斯政治进程的发展轨迹。此时是俄共的极盛时期。此后俄共开始了走向势衰期的量变过程，但远远没有达到质变的程度。明显的例证是，1998 年金融危机后，俄共的力量与影响进一步上升，共产党人马斯柳科夫还进入政府，担任了第一副总理；1999 年杜马选举时，俄共的得票率为 24.29%，远远高于 1995 年杜马选举时的得票率——22.3%；在 2000 年 3 月举行的总统选举中，俄共候选人久加诺夫虽然败给了声望如日中天的代总统普京，但也得到 2200 万张选票，占总数的 29.21%。虽然较之 1996 年总统选举丢失了 3% 的选票，但是百分比的下降与其说是俄共工作中的错误造成的，不如说是人民爱国力量阵线的缩小所致。1996 年久加诺夫的竞选班子中的三个人——图列耶夫、戈沃鲁欣和波德别列兹金都成了他 2000 年的竞选对手；1996 年，农业党领导人拉普申和库利克也是支持久加诺夫的，2000 年总统选举时，他们已经转到 "政权党" 一边了。如果久加诺夫的既有票数再加上这些变节者带走的选票，那么久加诺夫的得票率就会达到 35%—40%。① 即使普京在执政后的一段时期内，也不愿与俄共对抗，主动同俄共达成妥协，同意与俄共分享权力，希望同新杜马合作。他说："我们没有，也不会把议员分成自己人或异己分子"，"我们需要最大限度地广泛地依靠国家杜马开展正常工作，这不是政治立场，而是从纯粹实用主义出发"。并且普京公开的反共言论极少。他曾说："我不会对谁亲谁薄，每个政党中都有一些珍视俄罗斯利益的人，政府准备与这些人合作。" 普京还肯定上届杜马的工作，实际上也是肯定俄共的工作。普京在呼吁建立 "有效的多党制" 时说："人们对俄共可能会有各种各样的看法"，但这个党是俄罗斯目前唯一一个 "形成了体系的党"。② 所有这些都充分说明俄共当时是有相当大的影响力的。但 2002 年 4 月 "杜马风波" 发生，议会中支持普京政权的中右派势力向以俄共为首的左翼反对派发动了 "政变"，剥夺了由俄共控制的 7 个重要的议会委员会主席职位。在这场议会左、右两大派别的争斗

---

① 刘淑春：《艰难选举之后的艰难选择》，《国外理论动态》2000 年第 10 期，第 11 页。
② 王正泉：《从 "杜马丑闻" 看普京对俄共的策略》，《东欧中亚研究》2000 年第 2 期，第 68 页。

中，俄共中央委员、杜马主席谢列兹尼奥夫等俄共上层领导人因拒不执行俄共中央《有关俄共党员自动放弃所有担任的议会职位的决议》被开除出党。这一事件在俄共党内引起了轩然大波，表明俄共内部矛盾进一步公开化。"杜马事件"发生后，俄共在国家权力结构中发挥作用的程度急剧衰退，因此笔者认为，将此次"杜马风波"作为俄共的发展进入势衰期的标志更为恰当一些。

　　此外，笔者将俄共十一大以来的时段作为其发展的"低潮中前行时期"是基于以下判断。首先，笔者赞同国内外大多数研究者的观点，即俄共经历了其发展的辉煌时期后，尤其是 2002 年的"杜马风波"以来，它经受了一系列严重挫折和分裂，其发展陷入低潮期。其次，笔者不同意下列观点，即到目前为止，俄共始终处于被动挨打的衰退局面。因为俄共十一大对党的斗争方向作出了重大调整。它改变了俄共以往过分依赖议会斗争方式的倾向，在坚持议会斗争的同时，更加注重议会外的抗议运动。久加诺夫在十一大报告中提出，作为一个先锋队，党不仅要反映群众的现实要求，站在抗议运动的前列，还要看得更远，提出下一步的口号。① 俄共的斗争取得了一定的成效：不仅迫使政府重新审议有关福利货币化的122 号法律的预算，而且拨款实施"国家项目"，以解决社会保障问题；在一系列地区选举中表现不俗，取得了较好的战绩，尤其是在 2005 年 12月 4 日举行的莫斯科市杜马的选举中，俄共近 15 年来首次进入首都的议会；在 2007 年 12 月 2 日举行的俄罗斯第五届国家杜马选举中，俄共的得票率为 11.57%，位居第二，尽管俄共比自己在上届杜马选举的得票率降低了一个百分点，但在此次杜马选举中，俄共面对的竞争对手是普京亲自挂帅的"统一俄罗斯"党、由议会上院主席米罗诺夫领导的"公正俄罗斯"党和由日里诺夫斯基领导的长期以来与俄共对立的俄罗斯自由民主党。孤军奋战的俄共取得如此战绩，实属不易；在 2008 年 3 月 2 日举行的俄罗斯总统选举中，俄共领导人久加诺夫得到 17.72% 的选票，位居第二，虽然远赶不上梅德韦杰夫，但却比后面两个候选人——俄罗斯自由民主党候选人日里诺夫斯基和俄罗斯民主党候选人波格丹诺夫的得票率总和高出近一倍。与俄共自身相比，久加诺夫的得票率既高于俄共上届总统候

　　① Зюганов Г. А. *Народный подъем в России и задачи партии. Доклад ЦК КПРФ XI (внеочередному) съезду партии.* http：//www. kprf. ru/29. 10. 2005.

选人哈里托诺夫的得票率（13.7%），也高于三个月前俄共在议会选举中的得票率（11.57%）。这一结果对俄共来说应该是不小的胜利；总统选举结束后的不久，俄共即在莫斯科召开中央全会，对最近举行的两次重大选举进行了反思，分析了俄当前的社会局势和俄共目前的状况，提出党的队伍的年轻化和现代化是俄共今后工作中刻不容缓的主要任务。鉴于以上两点，笔者认为，俄共十一大以来的时段是其发展的"低潮中前行时期"。

第二章　俄共的理论探索

是否有一套符合客观实际的理论做指导，是衡量一个政党成熟程度的基本标志之一，也是该政党能否发展壮大的重要前提。在苏联剧变、苏共败亡后，俄共作为坚持社会主义的政党，痛定思痛，在勇于实践的基础上，在理论上积极思考、大胆探索，走上了艰难的理论探索之路。

一　俄共的理论探索之路

俄共成立后，特别是1993年恢复重建以来，对其理论发展进行了深入思考。尽管俄共在不同时期针对不同任务持有不同的理论倾向，至今未形成成熟和完整的理论体系，但是已经制定了相对明确的纲领，并且随着实践的发展，俄共理论探索日趋深化。其理论探索过程大体上可以分为以下五个时期。

第一时期：俄共成立后至被禁止活动之前基本上坚持的是苏共的理论。如前所述，俄共成立于苏联解体前的1990年，当时它的成立是为了满足部分俄罗斯共产党人希望在俄罗斯联邦内拥有自己共产党组织的愿望，以改变70年来在苏联各加盟共和国中只有俄罗斯联邦没有自己的共产党组织的状况，借以维护俄罗斯民族的权益，所以在俄共建党的准备时期并没有形成统一的建党思想，也没有出现一位公认的领袖。这样一来，在1990年6月19—23日召开的俄共成立大会上，代表们在确定建党方针与选举党的领袖问题上发生了严重分歧。保守派认为，俄共绝不能成为议会型的改良主义政党，而应该继续坚持列宁主义的基本原则，坚持党在社会的领导地位。主张实行改革的人呼吁要放弃部分传统的"共产主义空想"。民主纲领派则主张必须要把俄共建成一个完全新型的政党，即与社会其他政治组织平等的、通过选举和议会发挥作用的党。

经过几天的激烈争论，最终保守派势力占了上风。在投票选举党的领袖时，曾严厉批评戈尔巴乔夫改革方针、一向以忠于传统而闻名的克拉斯诺达尔边疆区委第一书记波洛兹科夫当选俄共中央第一书记。当选后的波洛兹科夫表示，俄共应该坚持社会主义选择、忠于十月革命和马列主义理论，他指责戈尔巴乔夫的改革方针严重偏离了社会主义方向，是对社会主义的背叛。俄共成立大会结束前发表了《俄罗斯联邦共产党成立宣言》，宣言指出：作为苏共"不可分割的一部分"，俄共不追求在苏共内部起特殊作用。所以说，在俄共成立大会上，除了发表成立宣言和选举党的领袖外，俄共并没有提出自己具体的行动纲领。

就在俄共成立后不到一个月，在苏共第二十八次代表大会上激进民主派公开与苏共决裂，随即在全苏范围内掀起了一股退党风潮。很快，俄共内部也有大批党员宣布退党，留在党内的基本上属于倾向波洛兹科夫保守派的人。

1991年"8·19"事件后，大权在握的叶利钦趁打击苏共之机，同时宣布解散俄共的组织机构，停止俄共在俄罗斯境内的活动，并没收俄共的财产。但是，俄共不仅没有被叶利钦一棍子打倒，相反它借助叶利钦亲手建立起来的民主机制又很快重新取得了合法地位并迅速崛起。

总之，在俄共成立到被禁止活动这一时期，俄共基本上坚持的是苏共的理论，没有新发展。并且从严格意义上来说，这一时期的俄共还不能称为真正意义上的政党，因为它没有提出自己具体的行动纲领，其作用还仅限于扮演苏共党内反对戈尔巴乔夫式改革的派别角色。

第二时期：1993年2月俄共恢复重建后到1995年俄共三大之间，俄共仍然把社会主义和共产主义作为自己的目标和原则，但同时出于生存和斗争策略考虑，明确表示放弃暴力革命、无产阶级专政等传统共产党的基本主张，提倡政治多元化、多党制等。

1993年2月13—14日，俄共第二次（非常）代表大会（又称俄共重建与联合大会）举行。作为俄共的重建大会，（非常）代表大会提出的纲领性"政治声明"引起了各方关注。声明首先对苏共的历史进行了反思，认为它歪曲了社会主义的基本原则，同时对现政权推行的社会经济政策提出了批评。在谈到俄共的任务时，声明强调，重建后的俄共将吸取苏共的教训，"利用各种符合宪法的手段、方法以及政治斗争的形式来争取国家政权"。这是俄共自成立以来第一次非常明确地提出要以合法手段夺取政权的思想。

俄共恢复重建后，它的领导人在各种场合都表露出希望俄共成为体制内政党的愿望。所以重建后的俄共首先放弃了传统共产主义理论中有关阶级斗争和暴力革命的思想，表示认同议会民主的道路。此后，俄共凭借积极参加国家和地方各级政权机关的选举，基本上实现了"成为体制内政党"的目的。

在选择竞选、议会斗争道路的同时，俄共在思想路线方面进行了更为深刻的调整。1994年3月公布的俄共纲领提纲《从危机走向稳定发展、人民政权和社会主义》等文件以及一些领导人的讲话、文章，反映了这种调整的方向，概括说来包括如下几个方面：

首先，为了吸取苏联解体、苏共败亡的教训，俄共提出重新认识苏联社会主义危机的原因，认为苏维埃制度是社会主义的变态，社会主义在苏联的危机是"现实社会主义的衰变"，"现实社会主义是一种变异形式"，是以"官僚极权主义"形式实现的。它之所以崩溃是因为"其本身的变异性，而不是因为某些统治者用心恶毒"。同时，俄共认为国家垄断是经济停滞的根源，提出调整经济纲领：放弃"国家社会主义"，建立多种经济成分并存的"混合经济"和"有计划的市场经济"，但"公有制必须在多种经济成分中起主导作用"。

其次，在吸取苏联解体、苏共败亡教训的基础上，结合时代的发展，俄共提出重新认识社会主义理论，认为社会主义发展的历史条件已经改变，"共产主义过去所依据的旧的经济、技术、社会阶级和文化趋势已接近终结"，马克思主义必须与"新的世界趋势"相结合，必须"以公民自由结社和自治原则取代极权主义，才能复兴社会主义"。

再次，为了实现建立社会主义的奋斗目标，俄共认识到，在目前条件下，必须团结一切可以团结的社会力量。为此俄共提出重新认识党的性质，放弃了过去工人阶级党和全民党等提法。久加诺夫等认为，俄共是"劳动人民的党"，其奋斗目标是"社会公正"、"人与人兄弟关系"，"俄罗斯国家体制和爱国主义思想是主要财富、永存的思想"，"大国、祖国、俄罗斯精神在我们这里高于一切"，应"承认多元化政治制度的必要性"。[①] 并修改建党学说，放弃暴力革命论和无产阶级专政。俄共主张，在现代条件下，必须和平地发展革命，放弃用革命来解决问题的方法。认为社会主义革命要采取"非暴力过渡道路"，要"通过竞选获胜来取得管

---

① 王金存：《俄罗斯联邦共产党的新方针和新策略》，《国外理论动态》1995年第9期，第68页。

理国家的资格"。

很明显，俄共的上述调整，在很大程度上是适应 1995 年杜马选举临近的俄罗斯政治形势，具有策略性，但也反映了党内占主导地位的意见。与此同时，俄共党内也存在左右两种不同倾向，较激进的左倾人士认为，这种调整是向社会民主主义方向转变，将会导致党的性质的改变；较右的人士则认为，这种调整还不够，应该与民族主义和民族资产阶级进一步联合。

由此可见，为了适应当时对自身不利的社会环境，争取以合法身份参加议会大选，俄共对自己的理论作了重大调整，一方面，俄共批评苏共是"一个具有等级结构的国家机构"，指责苏共歪曲了社会主义建设的原则，在意识形态上搞教条主义，上层领导在道德、政治和意识形态方面严重退化等；另一方面，俄共对叶利钦为首的现政权也进行了猛烈抨击。在这个时期里，俄共仍然把社会主义和共产主义作为自己的目标和原则，但同时明确表示放弃暴力革命、无产阶级专政、以马克思主义作为唯一指导思想等传统共产党的基本主张，提倡政治多元化、多党制等。当然，如前所述，这种变化不是党的根本性质的改变，更多的是出于生存和斗争策略的需要。

第三时期：从 1995 年俄共三大到 2000 年普京上台执政这段时间，俄共加强了理论中传统马克思主义的观点，并提出了一些新看法、新认识，在理论上实现了较大的突破。

1995 年 1 月，俄共召开第三次代表大会。对于前期思想路线和理论调整，俄共三大政治报告和通过的《俄罗斯联邦共产党纲领》及章程作了进一步完善，使之更加全面和客观。

首先，对历史经验教训的总结与反思更加客观。第一，俄共肯定了十月革命、斯大林模式的历史合理性，认为十月革命的意义在于产生了苏维埃制度，体现了俄罗斯国家发展道路的特殊性；第二，俄共认为社会主义在苏联遭到失败，除帝国主义阴谋和苏共领导人出卖行为以外，还有更深层次的原因，如由于强制性、国家化、集中化等做法，使社会主义思想被简单化，其提高劳动生产率、提高普通劳动者生活水平、发挥劳动者创造积极性等方面的优势未能得以发挥；第三，俄共认为应该坚持社会主义道路，但这种社会主义既不是不符合实际的理想化的社会主义，也不是过去那种失去社会主义优越性和脱离群众的传统的社会主义，而是"更新了的”社会主义新形式。

其次，对当今时代的认识更加全面。一方面，俄共认为，在即将进入21世纪之际，人类面临着两种发展模式的选择：一种模式是发达资本主义国家利用所谓的“国际新秩序”企图永久确定自己在世界生产和资源占有上的绝对领导权，使欠发达国家和地区永远处于被剥削状态；另一种则是以全人类的共同繁荣和幸福、维持全球生态平衡为目标的“可持续发展”模式。① 另一方面，俄共认为，当前发达资本主义国家借助先进的科学技术和雄厚的资金力量，把其内部的资本与劳动的矛盾转移到欠发达国家和地区，结果却使世界面临着毁灭性的资源、生态、人口及种族危机。因此，资本主义社会固有的阶级矛盾并没有消失，只是存在和表现方式发生了变化。鉴于以上的认识，俄共主张俄罗斯应当选择第二种模式，认为它能够给社会主义科学思想、群众运动和社会制度以一次再生的机会。“可持续发展”和“生态问题”成为俄共社会主义理论的一个新基点。

再次，自身定位和指导思想更加符合当时斗争的需要。俄共认为自己是苏共的合法继承者，这一点从它坚持马克思列宁主义和保持共产党的称号的做法中就可以看出。俄共在三大党纲和章程中，把自己定位为代表工人阶级、劳动农民和人民知识分子等阶层利益的“劳动人民政党”，以建设社会主义为奋斗目标，以共产主义作为党的最高理想，遵循马克思主义学说、唯物辩证法的基本原则，保留对共产主义运动和工人运动的继承性。但是与苏共不同，除马列主义以外，俄共还强调要重视俄罗斯及世界各国的科学文化成就和经验，主张多种经济成分并存、多党制、意识形态和信仰多元化，主张运用合法、和平的手段实现自己的奋斗目标，而否定暴力革命、无产阶级专政等传统意义上的共产党的主张。因为俄共认识到，尽管它的近期目标是使国家回到社会主义发展道路上来，尽管社会主义在很大程度上符合世界各国人民的利益，但是在俄罗斯现实的政治经济条件下，如果坚持暴力革命、无产阶级专政等传统意义上的共产党的主张，它就无法生存，也就无法实现社会主义。

特别值得一提的是俄共三大通过的《俄罗斯联邦共产党纲领》，《纲领》提出，俄共以建设社会主义为奋斗目标，以共产主义为长远理想。

---

① 关贵海：《俄共社会主义理论及其政治策略》，《理论视野》2000年第2期，第53页。

并全面阐述了俄共的基本理论、战略和策略，较为系统地公开宣布了俄共的政策主张及其对当今世界、苏联历史和俄罗斯现状的看法。尽管俄共内部对许多问题的认识还存在某些分歧和斗争，尽管处于十分复杂困难的条件下俄共的实践活动同《纲领》的原则有着这样或那样的差距和区别，但是，一个党的纲领毕竟是一面公开树立起来的旗帜，而外界就根据它来判断这个党，来评价整个党的面貌与水平。1997 年俄共四大对纲领进行了修改，但仍保留三大确定的基本方向。迄今为止，《俄罗斯联邦共产党纲领》是俄共理论探索成果的集中体现。

俄共四大后，俄共主席久加诺夫等领导人在多次中央全会和代表会议上分析了国内形势，对俄罗斯的资本主义进行了剖析和批判，认为，俄罗斯的现状不仅复杂，而且极其危险。"在一个经历了 75 年社会主义发展的国家里正在复辟资本主义。俄罗斯的经济和整个社会基础正在崩溃之中。"[1] 当前俄罗斯的资本主义具有一系列本质特征：第一，俄罗斯的资本主义是寡头资本主义；第二，俄罗斯的资本主义是投机性的、高利盘剥的资本主义；第三，俄罗斯的资本主义是罪犯横行的、野蛮的资本主义；第四，俄罗斯的资本主义是买办资本主义。所以，当代俄罗斯的资本主义是无生产效能的、寄生性的资本主义，是反人民的、反俄罗斯的资本主义，是没有前途的资本主义。[2] 从这一结论出发，俄共指出，复辟俄罗斯资本主义的正是以叶利钦为首的执政当局，因此，必须推翻现政权，以社会主义代替资本主义，才能使俄罗斯走上健康的发展之路。

1999 年俄共中央第七次全会进一步明确提出，俄共的战略目标是：废除现存的反人民的政权，恢复以劳动权和社会主义原则为基础的人民信任的政权，提高人民的生活水平，保持国家的统一和领土的完整。当前俄共的基本任务是：采取一切可能的手段，阻止现政权实施有害的政策；制定紧急措施以克服日益加深的危机，推动经济的增长；团结俄罗斯的所有爱国者和正直的公民，确立国家复兴的思想原则；克服由苏联解体引发的地缘政治危机，寻求恢复联盟国家组织的途径；推进宪法改革，逐步实现由总统制共和国向议会制共和国的转变，为重建苏维埃国家创造前提条

---

① 　参见［俄］《对话》1999 年第 3 期。
② 　范建中：《世纪之交的俄共：基本主张与策略方针分析》，《当代世界与社会主义》1999
年第 4 期，第 57—58 页。

件；为了实现党的纲领性奋斗目标，俄共既要在议会选举中获胜，也要在总统选举中获胜。

第四时期：从2000年普京上台执政到2003年年底俄第四届国家杜马选举期间，俄共及时调整自己的纲领主张，探索在新的形势下实现社会主义的途径和手段，同时与党内外的社会民主化倾向作斗争。

普京执政后，采取了一系列不同于叶利钦的做法，如加强中央对地方政权的管理和控制；向金融寡头开刀；实施军事改革；加强国家对媒体的控制；运用高科技手段坚决打击车臣非法武装；抨击西方人权高于主权的价值观；解决多年未解决的国家象征标志问题等，普京的行动赢得了俄罗斯社会的广泛支持。与此同时，俄罗斯国内各派政治力量的对比发生了有利于执政当局的变化。在这种新形势下，为了继续赢得人民群众的支持，维持其在俄罗斯政治舞台上的影响力，俄共在内外政策方面不断进行调整，一方面调整其内部工作重心，另一方面调整其外部斗争策略，探索在新形势下实现重掌政权、复兴社会主义目标的途径和手段。目前，现实生活使俄共不再对社会主义可能很快在俄罗斯获得胜利抱有幻想，意识到要实现复兴社会主义这一目标，不是短期内能实现的，需要进行长期的斗争。为此，俄共提出首先要搞清楚如下问题：在今天的俄罗斯，俄共通过哪些阶段走向社会主义？社会需要俄共在可预见的未来成为什么样的政党？俄共以什么样的行动向社会证明自己存在的必要性？不回答这些问题，不创造性地发展理论，党就不能得到巩固。

俄共仍然坚信，只有社会主义才是俄罗斯的未来，但俄罗斯的社会主义应该是重建的社会主义。库普佐夫在2001年4月召开的七届二中全会的报告中提出，"现阶段的主要任务是找到使马克思列宁主义这一充满生机的学说应用于当代现实的提法，并保持党在思想和组织上的统一"。他谈到，在苏共废墟上诞生的俄共联合了具有各种观点的共产党人——从真诚地相信斯大林路线是正确的人，到倾向于社会民主主义价值观的人，而联系俄共成员的共同基础，事实上是对叶利钦主义、自由主义改革方针的拒斥。俄共的战略目标和俄罗斯唯一应有的未来是社会主义，这是既吸收了过去的成就也吸取了过去的教训的、重建的社会主义。然而今天，笼统地谈论社会主义，说社会主义几乎可以自动地取得最终胜利，是完全不够甚至有害的。用对社会主义前景所作的思辨来对抗在俄罗斯已经被确认了的野蛮资本主义，也远不能起到应有的效果。因此，除了要确定最终的斗争目标，还要清楚地指出达到这一目标的途径和手段。①

俄共七大回顾了叶利钦时代俄共争取社会主义斗争的实践，克服了党在近期奋斗目标上的急躁情绪，放弃了"推翻现政权"、"恢复社会主义制度"、"拯救民族和国家"等提法，确定了俄共在世纪之初的新目标：（1）要在劳动集体和居民的各阶层中扩大党的影响，争取他们的信任和支持，团结劳动人民为争取自己的利益和权利而斗争。近年来俄共由于忽略了对基层群众的工作，使党和群众的关系变得疏远起来，上层与下层脱节，直接影响了党在人民群众中的号召力。俄共七大在总结近年议会工作教训的基础上，把加强党对劳动群众的影响作为近期内的一项重要任务，强调把议会内工作与议会外工作有机地结合起来。（2）巩固党的团结和纪律，加强党的战斗力，扭转目前干部纪律松弛、组织涣散的局面。七大决议规定，不允许在普通党员和党员领导中搞双重标准，不允许党员尤其是党的领导人公开发表违反党纲和党的大会决议的言论。重视干部的选拔与培养，力争党的工作职业化。（3）在尚未夺得政权的情况下，向社会提出与当局政策不同的可供选择的替代纲领，始终不渝地贯彻国家复兴纲领。为此俄共七大宣布成立"影子内阁"，继续积累治国经验，准备承担国家发展的责任，"与同盟者一起组成人民信任的政府"。（4）注意运用共产党人及其同盟者手中所掌握的联邦、地区和地方的权力杠杆，"将红色地带和爱国主义地区变成国家在摆脱危机、利用现代经营方法和复兴社会公正方面获取先进经验的基地"。②

此外，俄共在调整自己的纲领主张、积极探索新形势下实现社会主义的道路的同时，与党内外的社会民主化倾向作坚决的斗争。2001 年 7 月18 日，俄罗斯总统普京在记者招待会上谈到左翼运动时，建议俄共改名为"社会民主工党"。俄共党内也有一部分人主张俄共应当社会民主党化。对此，俄共领导人在不同场合作出了否定的回应。2003 年 8 月，在纪念俄国社会民主工党二大 100 周年之际，俄共中央主席久加诺夫再次明确地阐述了俄共拒绝更改党的名称和俄共不实行社会民主党化的立场。久加诺夫认为，党的本质不取决于名称，而是取决于党的行动纲领和行动方

---

① 刘淑春：《俄共复兴社会主义目标的途径和手段》，《科学社会主义》2002 年第 1 期，第72—73 页。

② 臧秀玲：《普京执政以来俄共的新探索及其困境》，《当代世界社会主义问题》2002 年第4 期，第 68—69 页。

式及其性质。俄国社会民主工党诞生于其第二次代表大会，随后改名为俄国社会民主工党（布），后又更名为联共（布）、苏共，现在的名称为俄共。名称更改具有原则意义，该问题涉及每一个党员。如果将来某个时候这个问题提上日程的话，党会就这个问题作出决议。俄共目前不存在这一问题，无论就党的干部和积极分子、普通党员，还是党的支持者，乃至整个俄罗斯社会而言，这一问题还没有提上日程。

至于共产党人与社会民主党人的区别，久加诺夫认为，共产党和社会民主党植根于相同的社会土壤，20世纪的20年代之交开始分野。因此两者之间有很多共同的价值观，其中最主要的便是社会公正理想。但是共产党和今天的社会民主党对这一理想的理解有原则性的分歧。共产党把在实践中实现社会公正作为自己的目标，而社会民主党基本上是在雇主和雇佣工人之间起中介作用，帮助后者为争取出卖劳动力的最有利条件而斗争。资本主义所固有的资本和劳动的矛盾，是现代社会民主党存在的必要条件，也可以说是它的生存环境。对它来说，社会主义在实践上是不可能达到的目标。就此而言，伯恩施坦的那句名言——"运动就是一切，最终的目的是微不足道的"，对社会民主党来说，今天仍然没有失去现实意义。

久加诺夫指出，过去的80年里，西欧社会民主党的历史经历了很多曲折。它们共同的趋向是，逐渐偏离自己最初的理想，慢慢地一直向右转，由于不断借鉴自由主义思想，一步步滑向自由主义。戴高乐将军曾说过："我不喜欢社会党人，因为他们不是社会主义者。"这句话非常准确地表达了问题的实质。即使目前，欧洲的社会民主党仍然经受着又一轮的身份认同危机，即失去自己的本质的危机。难怪左倾一些的罗曼语系国家的社会党领导人和右倾一些的英国工党、德国社会民主党之间经常发生激烈争论。类似的斗争也发生在俄罗斯社会自我标榜的左派、社会主义者、爱国者之间，这里同样非常重要的是，必须分清谁是谁。

久加诺夫认为，现政权试图扶植俄共队伍中的孟什维主义。而俄国社会民主工党—俄共的百年经验可以使俄共成功地抵制现政权把俄共推向孟什维主义和改良主义泥潭的各种企图。在俄国社会民主工党第二次代表大会上，在激烈的思想斗争中，布尔什维主义形成了一种影响巨大的历史现象，俄共要像布尔什维克那样，现在、将来都要同党内的小资产阶级倾向作斗争，同危害党的队伍的宗派主义和小团体主义（如同20世纪初的崩得分子和孟什维克分子）作斗争。因为今天在现政权的精心呵护下，孟什维主义正试图东山再起，试图把党推进改良主义的潮流、空泛争辩的沼泽、反对派运动某些代表人物自以为是和为己所用的泥潭中去。俄国社会民主工党—俄共百年的经验、今天共产党员的坚定立场、领导层的团结使俄共能够克服这些威胁。

久加诺夫进一步分析了欧洲社会民主党的危机，认为，今天的社会舆论中已经深深地嵌入了这样一个烙印："未来属于社会民主党。"这种说法的秘密在于被奉为金科玉律的中间主义所发挥的效力，在于很多人已厌倦了急风暴雨般的斗争，力求在野蛮的资本主义和严格的动员型计划经济之间采取中间立场。社会民主党的学说给人们提供了把两种制度的积极方面结合在一起的可能性，如果不能完全消除，至少可以减轻它们各自的消极方面。

但是这种观点并不符合当今世界和俄罗斯的现实。近几十年来的经验表明，社会民主党的主张，即试图把自由市场经济和为民众提供广泛的社会保障结合在一起的思想，正经历着严重危机。其依据是，在以统一货币为前提的严格限制预算①作用下，欧元区所有执政的中左政党实行的不是社会主义的，甚至不是社会性的，而是公开的保守主义的宏观经济政策。例如，在英国，布莱尔陷入传统保守主义，以至保守党（其前身为托利党）都不知道怎样才能与表面左翼的工党区分开来。欧洲大陆的社会民主党也在一步步毫不动摇地改变着经济战略，那种认为必须改变社会民主党当初殚精竭虑研制的社会模式，而且是转向自由主义的观点开始占据主导地位。结果名左实右，其中一些政党右倾程度甚至超过右派。

今天显而易见的是，整个欧洲处于"解除管制"这一共同的进程之中，它可归结为经济自由化和社会保障的大幅度削减。正是这个原则变成了当代欧洲"左翼"的旗帜，"平等"这一合理内核被日益从他们宣扬的社会民主主义的思想体系中阉割掉。欧洲社会民主党正滑向最常见的自由主义，只不过保留了一些从前社会民主党的社会激情作掩饰罢了。这不是俄共要走的路。

最后久加诺夫指出了鼓吹俄共社会民主党化的真实用意。他说，正是在社会民主党化的口号下，苏东共产党被消灭，世界社会主义体系遭破

---

① 在1996年12月举行的欧盟都柏林首脑会议上，欧盟15国就《稳定与增长公约》达成一致，该公约要求各国严格限制公共赤字，违者将面临高额经济处罚。

坏，然后导致了强盗式资本主义的复辟，使俄罗斯退回到 100 年前。因此，对于仍坚持社会主义和社会公正理想的党来说，没有比遵循某些所谓专家的建议，加入到披着社会民主党的外衣，实际上却是自由主义组织中去更损害自己声誉的了。久加诺夫认为，今天的俄共比欧洲社会民主党更接近左翼运动得以形成、发展的最初思想原则。俄共比今天的社会民主党更前进了一步。可以说，俄共真正吸取了社会民主党有价值的东西，并且增加了许多社会民主党自身没有的合理成分。正是俄共继承了俄国社会民主主义的传统。

久加诺夫指出，在当今的俄罗斯，正是俄共维护劳动者权利，支持实行真正的社会政策，即提高居民收入和生活水平的政策。正是俄共要求将经济基础部门国有化。不做到这一点，任何再完美的计划和纲领都不能实现。如果预算基数很小，即使分配得再合理，也不会取得什么成果。正是俄共反对买卖森林和农业用地。俄共坚决同住宅公用事业改革式的掠夺性改革作斗争。俄共维护占俄罗斯社会人口 80% 的最贫困民众的切身利益。正是俄共提出免费教育和医疗，实行真正的 8 小时工作日以及劳动者带薪休假。所有这些是传统社会民主党基本的、一贯的立场。在当今的俄罗斯，除了俄共，没有另外一支政治力量将这些原则作为一种价值体系来坚持，而这是俄国社会民主工党—俄共 21 世纪的最低纲领。

对俄罗斯而言，社会民主党化的另一个后果是，它会使俄罗斯失去独立性。先自称社会民主党，向社会党国际宣誓，然后抛弃自己的价值观，接受西方价值体系，接下来便是按国际的，即西方组织的旨意行事，这条道路是众所周知的。法国、德国、英国的社会党政府和"老大哥"美国一起轰炸了俄罗斯情同手足的南斯拉夫。声名狼藉的大西洋团结不是俄罗斯的选择，俄共坚持独立自主的外交方针，不需要别人来指手画脚。

正如俄国社会民主工党从二大起一贯做的那样，俄共过去、现在和将来都要把社会主义意识贯彻到工人和劳动群众中去，并且把社会主义意识与爱国主义意识、民族解放意识、反全球主义意识、反帝国主义意识有机地结合在一起。

因此俄共绝不能更名为社会民主党。当今的俄共汲取了共产主义运动和社会民主党、社会主义政党、民族解放运动的经验中的精华，俄共正在走、将来也要走自己的路。在俄罗斯只有俄共牢牢地占领着社会民主主义的阵地，俄罗斯有自己的左派，那就是共产党。①

第五时期：2003 年年底俄第四届国家杜马选举以来，俄共对自己的理论发展作了深刻的反思，其"俄罗斯社会主义"理论逐渐成形。

众所周知，俄共从 1993 年重建以来，以其强烈的意识形态色彩、广泛的群众基础和严密的组织结构，发展成为俄罗斯政治舞台上举足轻重的力量和对执政当局最具威胁的左翼反对派政党。俄共在 1995 年和 1999 年两届杜马选举中的得票率都领先于其他政党，获得了杜马第一大党的地位，杜马成为俄共与执政当局进行斗争的坚固阵地。然而普京执政后，俄共一方面受到杜马中支持普京政权的中右翼势力的联合挤压，另一方面又因党内不同派别之间的斗争而出现分化。面对接连不断的挫折，俄共欲借第四届国家杜马选举之机精心准备，一举夺回失去的阵地。然而事与愿违，在这次如期举行的杜马选举中，俄共受到重创，得票率仅为 12.7%，比 1999 年几乎减少一半，沦为杜马第二大党。面对如此重大的挫折，俄共在总结教训的同时，也对自己的理论发展作了深刻的反思。

2004 年 1 月，俄共中央主席团提出要根据变化了的情况对纲领进行新的修改，并成立了由 26 人组成的纲领修改委员会。同年 3 月 17 日，俄共中央主席久加诺夫发表了告选民书。在告选民书中，久加诺夫承诺，俄共将认真面对 21 世纪的新挑战，根据时代的变化对党的纲领性文件作出必要的修改，提拔那些在党务工作、劳动组织和社会活动方面成绩突出的年轻党员进入领导层。②

俄共在十大以及随后召开的中央全会上，通过对国内形势的分析，得出以下结论。（1）俄罗斯在 1998 年金融危机以后进入一个基于资本主义的经济增长阶段。但这个增长是极其不稳定、不平衡和充满矛盾的。这个增长增强了社会中的反对派情绪，扩大了共产党人以及所有左翼力量的社会基础。因为增长产生的矛盾比衰退造成的矛盾更加尖锐，经济上升使无产阶级的斗争能力得到加强。过去工人抗议仅仅要求提高工资，如今一系列部门工会已经把争取劳动民主的要求（如工会对解雇劳动者有否决权、取消所谓的商业秘密、工人参加企业管理）提上日程。这说明社会中正

① Зюганов Г. А. КПРФ ближе к истокам социал-демократии, чем многие из так именующих себя партий. http://www.kprf.ru/20.08.2003.

② http://www.kprf.ru/17.03.2004.

在发生从纯经济的要求向政治的要求的转变，这为俄共宣传和引导群众奠定了基础。（2）波拿巴主义制度在俄罗斯确立下来，这一制度正在利用经济增长，但同时它在客观上也在阻碍着经济的增长，腐败的官僚集团彼此争权夺利，总统在各利益集团之间、地方首脑之间、剥削者和被剥削者之间左右逢源。现政权内部矛盾加剧，形成了资产阶级自由主义反对派。对共产党人来说，利用统治阶级内部矛盾的历史机会出现了。（3）但社会主义革命暂时还未提上日程，因为引起这一革命的矛盾尚未成熟。俄罗斯面临着进行资产阶级民主主义性质改造——取缔波拿巴主义制度——的客观必要性。每年官僚阶层通过"影子经济"渠道从资产阶级手中拿走3000亿美元的贿赂，这就是俄罗斯不可避免地发生资产阶级革命的客观基础。（4）资产阶级民主主义革命是不能靠资产阶级本身来实现的。虽然寡头们进行"橙色"政变的可能性仍然存在，但是真正的民主主义变革只能由共产党人和其他左翼爱国主义力量领导之下的人民群众来实现。因为资产阶级寡头即使政变成功，也不能允许根本改变现行制度，这如同1905年资产阶级开始时支持无产阶级的革命，但又不许无产阶级彻底推翻专制制度一样。今天的资产阶级已经感受得到："红色"革命完全会超过"橙色"革命，前提条件正在形成。比如，工资增长了，而工资在国民生产总值中的份额却在下降，从4年前的35%下降到现在的30%（而在发达资本主义国家，这一份额占70%左右），也就是说，剩余价值增加了，资本对劳动的剥削也在加重，雇佣工人的相对贫困化在加剧。这些情况导致的后果已经在人民的抗议中表现了出来。（5）共产党人要取得"红色"革命的胜利，必须形成新的政治中心，新的国家制度，以替代现行的官僚制度。这一新的国家制度可以自下而上诞生，在群众的创造中诞生，如同1905年和1917年诞生苏维埃一样。为此，"人民要自我组织、自我管理和自我保护"。俄共要以和平的、不流血的方式取代现行的波拿巴主义的、掠夺的和官僚的制度，代之以自下而上的以俄共为核心的人民委员会。①

　　2004年12月，在斯大林诞辰125周年之际，久加诺夫发表了题为

---

① Зюганов Г. А. *Народный подъем в России и задачи партии. Доклад ЦК КПРФ XI (внеочередному) съезду партии.* http：//www. kprf. ru/29. 10. 2005. 参见刘淑春等《当代俄罗斯政党》，中央编译出版社2006年版，第147—148页。

《强国的建设者》的纪念文章，更明确地肯定斯大林在苏联历史上的功绩，高度赞扬斯大林是"一位刚毅、坚决、果敢的政治家和国务活动家，是一位民族领袖"，是一位"强国的设计师和建设者"，认为应该用辩证的方法看待斯大林，从历史的时代特征中寻找斯大林所犯错误的原因。同时，在这篇纲领性的文献中，久加诺夫明确地表述了"俄罗斯社会主义"思想，即"俄罗斯社会主义"就是"把俄罗斯的民族特性、我们许多世纪的历史经验与苏联社会主义制度的优秀成果和谐结合起来的道路"。①

　　2005 年 10 月 29 日，俄共召开了第十一次（非常）代表大会。此次大会是根据 2004 年 12 月新修改的俄联邦《政党法》的相关规定召开的，大会的议题之一是修改党章的有关内容，以适应新的政党法和选举法。此前党章修订委员会确定了修订党章的基调：俄共是和平的共产主义运动的组成部分，俄共应当扩大各基层组织和分支机构的民主权利。根据这样一种指导思想，俄共十一大对党章的修订主要是围绕着以下四个方面内容进行的：第一，为了加强基层党组织建设和更好地发挥它们的作用，修改后的党章扩大了基层党组织的权限。比如，基层党组织可以建立无党派公民的支持团体；各级党组织机关可以自行提出联邦主体或地方自治机构议员的候选人，可有任命选举委员会成员和观察员的权力，可以在联邦主体或地方自治机构补选、复选中召回候选人并提出新的人选。在修改前的党章中，这些候选人的提名必须由相应级别的党代会决定。修改后的党章不仅简化了这方面的程序，而且也增大了各级党组织的责任。第二，为了加强各级党组织、分支机构在政治斗争中的协调配合，修改后的党章强化了俄共中央委员会的统筹领导权力。比如，现在中央委员会有建立、改组和取消地区党组织的权力，而在旧党章中只有党的代表大会才有权这样做。另外，中央委员会主席团可以根据实际工作需要召集地区党组织代表会议或协商会，因为以往有些地区党组织不按党章要求开会但俄共中央也束手无策。第三，为了提高党员工作积极性和增强责任感，修改后的党章增加了一些新的条款。比如，为了调动党员的积极性，规定不仅从道义上而且要从物质上奖励党员，如授予纪念奖章和颁发奖品等；在没有基层党组织的地方任命党的小组长，在当地积极开展工作，建立支持者团体并进而成立

――――――――――

① Зюганов Г. А. *Строитель Державы. К 125-летию со дня рождения И. В. Сталина.* http：//www.kprf.ru/08.12.2004.

基层党组织；在中央和地方各级党组织中建立媒体和宣传队伍，具体负责宣传党的纲领和主张，充分利用话语资源来争取选民。第四，为了加强党的团结和维护党的纪律，修改后的党章规定了一些比较严厉的条款。比如，为了保持党在思想上和行动上的统一，取消原党章中关于团结在行动立场上持不同意见人的条款；凡是退出俄共议会党团的人都被取消代表的资格；被开除出俄共的人至少一年以后才能重新加入俄共；党的领导机构要分工明确，第一书记才有权主持工作，不在时可委托其他书记主持工作。①

　　综合党章中增补和修改的条款可以看出，俄共十一大对党章的修订具有浓厚的实用主义色彩，它充分考虑到《政党法》的要求和改善选举等实际工作的需要，在发展党内民主、扩大俄共活动空间并谋求自我保护等方面具有积极意义。但是，新党章中并没有涉及金融集团、财产、商业活动、与外国共产党的关系等问题，试图回避争议和矛盾，缺乏理论创新。②

　　在此次代表大会上，久加诺夫代表中央向大会作了题为《俄国人民的情绪高涨和党的任务》的报告。报告认为，当局提出的使国内形势稳定化的目标破产了，形势变得更加令人担忧和不稳定，因此，俄共斗争的重心要转到议会外，发动和组织民众进行抗议活动，"从社会防御转向社会进攻"。2004年7月的俄共十大提出了纲领修改的范围，而这次大会进一步明确了纲领修改的原则。第一，阐述在俄罗斯形成的资本主义制度和国家体制的基本特征和特点。第二，更准确地界定俄共的社会基础，揭示随着生产劳动性质的变化而变化了的当代工人阶级的本质。第三，将最低纲领中表述的党的任务和要求确切化和具体化。第四，阐述与帝国主义进入全球化阶段相关的当代世界的经济、社会和地缘政治进程。第五，更详尽地阐明社会主义的历史经验、社会主义在苏联和东欧遭受挫折的原因；揭示社会主义和共产主义作为整个世界文明的未来的历史必然性。③

　　2006年4月6日，久加诺夫在俄共机关报《真理报》上发表了《俄

①　孔寒冰、田越：《俄共十一大修订党章透视》，《学习月刊》2005年第12期，第31页。
②　同上刊，第32页。
③　Зюганов Г. А. Народный подъем в России и задачи партии. Доклад ЦК КПРФ XI (внеочередному) съезду партии. http://www.kprf.ru/29.10.2005. 参见刘淑春《从社会防御转向社会进攻——俄共十一大简介》，《国外理论动态》2006年第2期，第29页。

罗斯社会主义——对俄罗斯问题的回答》一文，对"俄罗斯社会主义"理论作了更加详细的阐述。久加诺夫认为，苏联是俄罗斯帝国的地缘政治继承者。国内外的破坏者们在摧毁社会主义的同时也充当了伟大强国的掘墓人。苏联已经解体，俄罗斯联邦也面临同样的威胁。资本主义化的过程，导致生产下降，人口减少，族际冲突不断，居民的贫困化加剧，整个国力衰落。这使劳资之间的矛盾、一小撮新贵和大多数人民之间的矛盾不断加剧。在美国主导的全球化的背景下，俄罗斯再次成为西方重新瓜分世界的目标，在经济上成为发达国家的原料供应国，俄罗斯的文明面临毁灭的威胁。因此，为民族国家的生存而斗争，是俄罗斯人民面临的主要问题。而这场斗争同共产党人为实现真正的人民政权、社会公正和社会主义的斗争是融为一体的，只有走上社会主义发展道路，俄罗斯国家才能得以保全和复兴。俄共作为代表劳动人民利益的党，有义务把社会阶级运动和民族解放运动联合成为统一的群众性抵抗运动，使之变成自觉的行动并具有明确的目标。在这一运动中，俄共应该为争取国家的统一、完整和独立，公民的福祉和安全，人民的身心健康，争取俄罗斯的社会主义发展道路而奋斗。因此，俄共始终高举爱国主义、强国主义旗帜，强调俄罗斯民族精神，宣称俄共是一个爱国主义和社会主义的党，追求一种"俄罗斯社会主义"。[1] 因此，久加诺夫指出，"俄罗斯社会主义"的提出是基于俄罗斯当前面临的主要问题——俄罗斯民族面临毁灭。这种毁灭"不仅是地缘政治的毁灭，而且是国家的毁灭、精神的毁灭和最终肉体的毁灭"。[2]俄共提出"俄罗斯社会主义"是对"俄罗斯问题"的回答。

2007 年 11 月 7 日是十月革命 90 周年纪念日。2007 年 4 月 2 日，俄共中央主席团作出了《关于伟大的十月社会主义革命 90 周年》的决议，对十月革命的意义及苏联社会主义的历史地位作出了新的评价。决议认为，十月革命是一件成为世界历史转折点的事件，"这一革命开辟了通往战胜私有制的统治和消除人剥削人制度的道路。这一革命把社会主义从一种社会政治思想流派变成了大规模的世界实践现象"。[3] 十月革命开辟了俄罗斯历史的新时代，同时具有永久性的国际意义，成为民族解放斗争的

---

① 刘淑春等：《当代俄罗斯政党》，中央编译出版社 2006 年版，第 157—158 页。

② Зюганов Г. А. *Русский социализм — ответ на русский вопрос.* http：//www.kprf.ru/ 06.04.2006.

③ http：//www.kprf.ru/11.04.2007.

催化剂。不仅如此，伟大的十月革命还是全球各国人民的灯塔，它照亮了通往美好生活的道路。由此"世界产生了两种社会经济体系。两种体系的竞争决定了 20 世纪的历史面貌。俄罗斯发生的变化迫使西方国家的资产阶级在社会政治上作出大幅度让步。这些国家的劳动人民在摆脱贫困、文盲、缺乏公民权和经济权的道路上向前迈出了一大步。迫于对全球革命进程的担忧，西方资产阶级开始了大规模的改革"。① 由于社会主义建设，苏联才变成了一个强大的工业化大国，保证了整个第二次世界大战的最终胜利。苏联战后的发展保证了社会主义思想取得新的胜利，正是社会主义建设使苏联变成了超级大国。

2008 年 4 月 10 日，俄共中央主席团通过了《纪念卡尔·马克思诞辰 190 周年》的决议。该决议论述了马克思作为人类历史上的伟大思想家的理论贡献，回顾了一个半世纪以来世界社会主义的发展历程，并以今天资本主义面临的危机说明马克思主义仍具有生命力。决议同时认为，在创造性地发展马克思主义的基础上，世界社会主义运动将得到新的生机。②

二 俄共理论探索的标志性成果——《俄罗斯联邦共产党纲领》

《俄罗斯联邦共产党纲领》是在 1995 年 1 月召开的俄共第三次代表大会上通过的，这一纲领在 1997 年 4 月召开的四大上和在 2002 年 1 月召开的八大上作了两次修改和补充。2004 年 1 月，俄共中央主席团提出要根据变化了的情况对纲领进行新的修改，并成立了由 26 人组成的纲领修改委员会。2004 年 7 月的十大和 2005 年 10 月的十一大都提到纲领修改的问题，但俄共领导人一再表示，俄共 1995 年沿用至今的纲领总体而言经受住了时间的检验，今后的修改不会对党的性质和战略目标进行改动，仅是对某些理论问题的表述进一步完善，对最低纲领具体化。目前，修改工作正处于征求党员群众和理论工作者的意见阶段，还要经过专家的理论研讨和各级党组织的争论来确定，最后的文本拟于 2008 年 11 月底举行的第十三次党的代表大会上通过。

---

① 柳达：《俄共关于十月革命的评价》，《国外理论动态》2007 年第 6 期，第 27 页。
② http://kprf.ru/14.04.2008.

　　恩格斯曾指出，纲领毕竟是一面公开树立起来的旗帜。一个党、一个组织以什么为纲领、以什么思想为指导，实际上是一个党以什么为旗帜、为方向的问题。旗帜问题至关重要，旗帜就是方向，旗帜就是形象。指导思想与政治纲领是行动的前提，不同的指导思想与政治纲领会带来不同的行动和结果。《俄罗斯联邦共产党纲领》全面阐述了俄共的基本理论、战略和策略，较为系统地公开宣布了俄共的奋斗目标、政策主张及其对当今世界、苏联历史和俄罗斯现状的看法。尽管俄共内部对许多问题的认识还存在某些分歧和斗争，尽管处于十分复杂困难的条件下俄共的实践活动同《纲领》的原则有着这样或那样的差距和区别，但是，一个党的纲领毕竟总是一面公开树立起来的旗帜，而外界就根据它来判断这个党，来评价整个党的面貌与水平。

1. 《俄共纲领》的主要内容

　　《俄罗斯联邦共产党纲领》由题首语、四部分和结束语组成。

　　在题首语中，《纲领》首先分析了俄罗斯的现状，认为"现政权妄图用欺骗和暴力使俄罗斯各族人民回到野蛮的、原始的资本主义，这是历史性灾难的道路"。接着指出了俄共的主要目标：人民政权，即通过苏维埃和人民民主自治的其他形式团结起来的大多数劳动人民的宪法政权；公正，即保障劳动的权利并按劳分配，保障所有人得到免费教育、免费医疗、设施完善的住房、休息和社会保障的权利；平等，即消灭人剥削人制度和各种社会寄生现象，生产资料公有制占主导地位；爱国主义，各族人民的权利平等，民族友谊，爱国主义和国际主义相统一；责任，这意味着公民对社会负责任，反之亦然，公民的权利和义务相统一；社会主义，即在未来的宪法中革新并加强社会主义的形式，使它符合生产力、生态安全的现代水平，符合人类面临的任务；共产主义，作为人类历史的未来。《纲领》明确坚持以马列主义、唯物辩证法为指导思想，即"遵循发展的马克思列宁主义学说，唯物主义辩证法，依靠本国和世界科学文化的经验和成就"。

　　在第一部分"即将来临的第三个一千年的世界"中，《纲领》认为，资本主义和社会主义之间的原则争论在历史上并没有结束。资本主义社会存在形式已接近其发展能力的极限，就是它最狂热的支持者也承认，资本主义生产方式不仅受到自己的内部局限，而且受到自然的局限。以资本主义式的速度和方法发展生产正导致不可逆转的生态灾难，将使地球不适合人类生存。在进入新世纪时，人类不得不对进一步发展的道路作出整个人类史上最艰难的选择，而由对立的社会阶级利益所决定的道路只有两条：第一条道路是，在保留现有生产分配和消费结构的情况下，限制或停止世界经济水平的发展，这条道路是要借助所谓的"世界新秩序"建立起发达资本主义国家的全球统治。第二条道路是，在保持全球生态平衡的前提下，通过根本改变生产力、生产方式和消费方式，使科学和工艺进步向人道主义方向发展，不断提高地球上所有居民的福利水平。俄共认为，根据俄罗斯的国情，选择最佳的社会主义发展道路是最有理由的，是最符合俄罗斯利益的。在这种发展过程中，社会主义作为一种学说、一种群众运动和社会制度将会获得新生。

在科技进步的过程中，城市和农村的工人阶级正焕然一新，它已经开始进行根本的素质和结构更新。生产需要狭窄专业范围工作人员的时代已经一去不复返。现在，生产越来越需要有精湛技术知识和视野开阔的有高级技能的工作人员。大批工程技术人员进入工人阶级队伍。由于这种发展进程，正在形成先进的队伍，即现代工人阶级队伍的核心。

共产党人在这个更新的劳动人民大家庭中发现自己的主要社会基础。他们首先向它宣传自己的理想，促使劳动人民意识到自己的利益并在国内和国际范围内实现这一利益。在即将到来的 21 世纪，这个社会先锋力量不仅掌握着俄罗斯的命运，而且还掌握着整个人类文明的命运。

在第二部分"俄罗斯的历史教训和摆脱危机的途径"中，《纲领》首先阐述了总结历史教训必须遵循的基本前提和原则，这就是：社会发展一般规律与本国特点和自己的历史经验相结合；革命是推动历史前进的动力；未来只能建立在继承历史传统的牢固的基础之上。它坚决摒弃了把共同规律与本国特点对立起来的片面性；坚决反对一切诋毁革命、"告别革命"的喧嚣；坚决批判割裂历史、否定传统的极端观点。遵循这些原则，俄共对苏联的社会主义历史发展教训进行了总结。它认为，1917 年十月革命是俄国当时在政治上、经济上和军事上已经破产，而执政的资产阶级和地主联盟完全无能为力的情况下，民族国家自我保护的唯一现实机会。但是，资本主义俄国落后的生产力给苏维埃国家和社会制度的整个面貌打上了明显的烙印。一方面，苏联建立了多数劳动者的政权，实现了在公有制基础上向有计划国民经济管理的过渡，实现了文化革命，取得了巨大的社会成就。另一方面，生产力的性质同资本主义相比却变化很小。苏联在面临外部帝国主义威胁的形势下，唯一适宜的口号就是"赶超"。苏联在最短的时间内实现了工业化并加速实行了农业集体化。这条发展道路在当时的历史条件下是正确的，但是它常带有强制性质，要求极严格的集中化和使社会生活的许多领域国家化。遗憾的是，这条道路被错误地绝对化，并被树为指导原则。结果，人民自由独立的组织越来越受到限制，不再提倡劳动者的积极首创精神，此后又多次出现把社会主义简单化的做法。社会主义的主要原则之一"各尽所能，按劳分配"在很大程度上遭到破坏。由于广大劳动阶层被剥夺了实际支配自己劳动成果的权利，他们不认为自己是所有者，是全民财产的共有者，从而导致了依赖社会、漠不关心和消极旁观的心理。

俄共认为，导致苏联社会垮台的危机在很大程度上是由执政党几十年的危机造成的。苏共内部历来就存在对立的倾向——无产阶级倾向和小资产阶级倾向，民主主义倾向和官僚主义倾向。由于对小资产阶级的影响估计不足，由于垄断了政权和意识形态，由于党的许多领袖犯了"共产党员的狂妄自大"症，苏共高层领导越来越严重地脱离千百万共产党员，脱离劳动者；片面追求党员的数量，缺乏对领导干部更替和年轻化的机制，导致党的健康力量不能维护自己的合法权利，不能对党的上层实行监督以防止日益增多的投机钻营分子混入党内，党的主要历史过错和不幸就在于此。1985年改革以来，戈尔巴乔夫一伙口头上宣布各种所有制形式一律平等，而事实上却千方百计地破坏最富生命力的公有制，歪曲合作社的实质和形式；有意识地把大众媒介交给诽谤和仇恨苏维埃国家的人所掌握。他们利用心理战，向劳动群众大量灌输污蔑苏联和俄罗斯的东西，放纵"影子资本"和反对苏维埃政权、反对统一的联盟国家，"别洛韦日阴谋"就是这些行径的可耻结果。

但是俄共认为，社会主义力量并没有被摧毁，俄罗斯一定能够摆脱危机。历史经验表明，只有在劳动人民真正认识到自己的根本国家利益的情况下，俄罗斯才能在这一事业中取得成就。俄罗斯必须通过自己的发展道路来达到这一目的。为此必须做到：剥夺反人民的、背叛民族的政党的权力，建立劳动人民的爱国力量政权；维护俄罗斯的国家完整和统一，恢复革新的苏维埃各族人民的联盟；加强联盟的政治独立和经济自主，恢复它在世界上的传统利益和地位；确保社会和睦，在对话的基础上，用合法的途径解决分歧和矛盾；与犯罪进行坚决的斗争，保证个人乃至整个社会的安全；采取紧急措施，通过国家调节经济生活的方式摆脱经济危机。

俄共在加强俄罗斯人民的民族解放斗争中，拥有现实和潜在的盟友。它们是社会主义、中间派和始终不渝的民主派政党以及进步的爱国运动；它们是工人、农民、妇女、老年人、青年人、工会、企业家、宣传和创作组织以及各种传统信仰的宗教组织。我们尊重它们的观点，不将自己的观点强加给它们。但是，在同它们的对话与合作中，我们认为不需要隐瞒自己的信仰，即必须把保护俄罗斯的国家民族利益同反对殖民奴役制度和反对反革命斗争、同争取社会主义和苏维埃人民政权形式的斗争有机地结合起来。

俄共认为，用循序渐进的和平途径经过三个政治阶段可以达到自己的主要目标。第一个阶段，共产党人同自己的盟友一起争取建立民族拯救政府。这个政府的首要任务是要消除"改革"的灾难性后果：制止生产下降，保证劳动者基本的社会经济权利；把化公为私的财产归还人民并置于国家监督之下；为商品生产者创造条件，使之能在法律范围内卓有成效地进行生产；组织好劳动集体的自治和对国家财富生产和分配的监督。在这个阶段，仍将保留多种经济结构，权力代表机构和政府将保证国家安全和独立，保证不让所谓的"世界新秩序"的主导者攫取俄罗斯的自然资源和生产基地；第二个阶段，即恢复和过渡时期。在取得相对的政治和经济稳定以后，劳动者将能够通过苏维埃、工会以及其他形式的人民自治机构积极广泛地参与管理国家事务。在经济上，最能保证人民福利的社会主义经营方式的主导作用将明显地表现出来；第三个阶段，在符合最佳的社会主义发展模式要求的经济基础上，最终形成社会主义关系。生产资料的公有制形式将占优势。随着劳动社会化水平的提高，公有制形式在经济中的统治地位将逐步确立。

《纲领》认为，社会主义是没有人剥削人的，按劳动数量、质量和成果分配生活资料的无阶级社会。这是在科学计划和管理、采用节约劳动力和节约资源的后工业化工艺的基础上达到的具有高度劳动生产率和生产效益的社会。这是具有真正民主和发达的精神文明、鼓励个人的创造积极性和劳动者自治的社会。在社会主义制度下，未来共产主义联合体的必要前提逐步形成并得到发展，在共产主义联合体里，每个人的自由发展是所有人自由发展的条件。

《纲领》的第三部分"最低纲领"指出，最低纲领规定在实现党的战略目标方面采取的一系列首要措施。俄共认为，在现有的反人民制度的情况下，无法取得政治、经济和社会的稳定。因此，俄共作为现政权的反对派，认为自己的主要任务是通过所有合法的途径达到下述目的：

通过全面表达公民自由和意志的选举制度和全民公决法；为了和平解决国内政治危机，提前举行总统选举，成立人民信任政府；制止自相残杀的民族冲突，恢复各族人民友谊与合作；废除"别洛韦日协定"，在自愿的基础上分阶段恢复统一的联盟国家；保障劳动人民代表能参加各级权力、自治机关，保护劳动集体的权利；禁止土地和自然资源私有化，奉行"土地属于人民和耕耘者"的原则；确保居民的最低的实际生活水平；停止给俄罗斯和苏维埃历史、列宁的学说抹黑；全民讨论并通过反映大多数选民意志的新俄联邦宪法，利用各种议会内外的斗争方式与反人民政权进行斗争，等等。

在同进步力量一起掌握政权后，党有义务：成立向国家最高权力机关汇报工作的人民信任政府；恢复各级苏维埃和其他人民自治形式；恢复人民对生产和收入的监督；改变经济方针，采取国家调节的紧急措施，制止经济衰退，同通货膨胀作斗争，提高人民生活水平；国家对具有战略意义商品的对外贸易实行垄断，其中包括原料、短缺的食品和其他消费品；保障公民劳动、休息、住房、免费教育、免费医疗的社会经济权利；镇压犯罪，对盗窃财产、营私舞弊、投机倒把等犯罪行为采取严厉的惩罚措施；奉行独立的对外政策，使它符合国家民族利益并加强俄罗斯的大国威望；尊重俄罗斯语言和文化以及俄罗斯各族人民的语言和文化，等等。

作为劳动人民的政党，俄共将争取：稳定并降低所有主要商品的价格，首先是食品和日常用品的价格；制止掠夺国家和社会财产，对巧取豪夺得到的财产重新实行国有化或者予以没收；实施国家和地方就业计划，消除失业；外汇业务由国家银行集中办理，对商业银行、其他金融信贷机构、各种基金会的活动实行国家监督；恢复国家科技潜力，为科学家创造有利的条件；改革税收政策；通过土地法，土地作为主要生产资料成为全民财富，等等。

作为社会公正的政党，俄共将争取：禁止滥用职权；实行最低工资、退休金、补助金制度；赔偿居民 1992 年价格放开中储蓄存款的损失部分；实行累进税制；保护妇女和儿童的权利；确实保障人权和自由，等等。

　　作为爱国主义、国际主义和各族人民友谊的政党，俄共将争取：确保国家统一、独立和完整以及民族和睦；保护俄罗斯和其他民族的历史和宗教财富，等等。

　　在第四部分"俄共的组织建设和思想建设"中，《纲领》明确宣布俄罗斯联邦共产党是俄国社会民主工党——俄国社会民主工党（布）——俄国共产党（布）——苏联共产党（布）——苏联共产党——俄罗斯苏维埃社会主义共和国共产党的继承者。"它从俄罗斯、苏联和世界共产主义运动过去的经验中汲取了一切经过实践检验的东西。"

　　为了提高自己对社会进程的政治影响，俄共认为必须：确保俄共在所有重要社会活动领域和组织中有自己的代表；参加联邦和地方各级代表权力机关的选举以及地方自治机关的选举；最大限度地利用党的议会党团在代表机构中的影响来保护劳动人民的利益；加强党在劳动集体、工会以及工人、农民和爱国运动中的政治工作；支持劳动集体、雇佣工人和失业人员的正义要求；维护公民权利和人的自由，等等。

　　《纲领》结束语明确宣布：俄共的旗帜——红色；俄共党歌——国际歌；俄共的标志——城市、农村、科学和文化劳动者的标志——锤子、镰刀和书籍；俄共的口号："俄罗斯、劳动、人民权利、社会主义。"

2.《俄共纲领》评析

　　从上述《俄共纲领》的主要内容可以看出，它力求坚持马克思列宁主义的基本原则，力求把马克思列宁主义基本原理同当今时代特征和俄罗斯的社会现实相结合，力求把高度的原则性和策略的灵活性相结合，探索实现"经过革新"的社会主义，恢复"经过革新的"苏联各族人民的联盟。

　　首先，它在指导思想、奋斗目标、对形势和任务的理论分析等方面，都坚持了马克思列宁主义的基本原则。例如：《纲领》明确宣布俄罗斯联邦共产党是俄国社会民主工党——俄国社会民主工党（布）——俄国共产党（布）——苏联共产党（布）——苏联共产党——俄罗斯苏维埃社会主义共和国共产党的继承者；《纲领》明确坚持以马列主义、唯物辩证法为指导思想；《纲领》坚持了社会主义的信念和共产主义的长远目标，提出建立革新了的社会主义；《纲领》坚持了科学社会主义的基本原则，如在承认多种所有制形式的基础上，坚持生产资料公有制形式占优势和主导地位。主张建立消灭人剥削人、生活资料实行按劳动数量、质量和成果分配的无阶级社会;《纲领》坚持了民主集中制的组织原则,重视发扬民主和建设精神文明,主张建立具有真正民主和发达精神文明的社会,并突出了爱国主义;《纲领》重视科技革命和发展生产力,提出建立具有高度劳动生产率和生产效益的社会。同时,强调维护劳动人民的利益,不断改善人民的生活,接受人民的监督,等等。

其次,《纲领》从正反两方面入手,对苏联和苏共的历史,对社会主义进行了反思,严肃地总结了历史的经验教训,不是采取昨非今是,全盘否定自己过去的态度,而是力求从当时的时间和条件出发,肯定了十月革命、苏维埃政权、工业化、农业集体化和卫国战争,肯定了社会主义发展道路所取得的成就。同时又以革命者的态度总结了苏共和苏联解体的历史教训。既要摆脱僵化的教条主义思维模式,又坚决摒弃背叛党、背叛祖国、反人民的原苏共领导集团使国家遭受空前浩劫和屈辱的道路。同时,《纲领》力图体现革新精神。针对斯大林式的高度集权、耗竭资源型的社会主义模式,俄共纲领提出根据世界新形势建立"革新了的社会主义":没有人剥削人的、按劳动数量、质量和成果分配生活资料的无阶级社会。这是在科学计划和管理、采用节约劳动力和节约资源的后工业化工艺的基础上达到的具有高度劳动生产率和生产效益的社会。这是具有真正民主和发达的精神文明、鼓励个人的积极创造性和劳动者自治的社会。纲领提出这一目标,说明俄共力求从理论上与原苏共划清界限。[①] 在此基础之上,俄共分析了俄罗斯的现状,指出了摆脱危机的出路和任务,规划了达到目标需要经过的三个阶段,阐述了俄共的战略策略和政策方针。在所有这些理论和政策的阐述中,既有作为现政府的反对派在多党制、议会民主条件下求生存、谋发展所必需的内容,又有坚持马克思列宁主义的理想、价值观的坚定立场和选择最佳社会主义发展道路的新探索,更凝结了俄罗斯共产党人对历史教训的深刻反思的宝贵成果,有一些体现了共产党人的鲜明立场、优良传统与品格,以及探索如何巩固和发展社会主义的重要思想观点,的确发人深省。

再次,《纲领》增添了一些富有时代感的新内容,力图与时代相适

---

① 周尚文、盛昊云:《对俄共纲领及其活动的评价》,《今日东欧中亚》1999 年第 1 期,第 3 页。

应。众所周知，当今世界正处于和平与发展的时代，科技发展日新月异的时代，俄共纲领力图体现这一时代精神。例如：《纲领》从资本主义和社会主义两条道路选择的角度来评价当代世界。认为社会主义和资本主义之间的原则性争论并未结束，当代世界的趋势仍然是社会主义和资本主义两条道路的选择。在对资本主义进行批判时，没有采用传统的生产力与生产关系矛盾的原理，也没有采用阶级分析的方法，而是从生态观点出发，认为资本主义的生产和消费的浪费性质造成了强迫性消费和对自然资源的掠夺性开发，已使其"不仅在国内，而且在自然界都走到了尽头"，因此资本主义本性并未发生改变。另外，在对社会主义的描述中增加了可持续发展的思想。可持续发展思想是能够明确体现生态要素的有关全球性经济构想，目前在世界范围内越来越具有普遍意义。由此可见，俄共力图根据时代发展的要求使自己的理论实现"现代化"。

此外，《纲领》还力图以爱国主义凝聚人心。《纲领》写道："可以大胆断言，俄罗斯思想实质上就是深刻的社会主义思想。"并多处提到要维护俄罗斯的国家和民族利益，恢复大国荣誉。众所周知，苏联解体后，马列主义不再是国家唯一的意识形态，俄罗斯出现了意识形态的"真空"。在国家解体、大国地位沦丧的情况下，俄罗斯人民对西方存在着普遍的不信任感，宣扬具有爱国主义色彩的俄罗斯思想，确实能起到迎合人们重振俄罗斯民族主义情绪的作用，对于凝聚人心、扩大自身的影响力是有利的。这也是俄共在现实社会主义遭到失败后，努力把社会主义思想同俄罗斯传统相结合，重振社会主义的一种尝试。

当然，《纲领》也存在很多不足之处。从理论上看，《纲领》存在许多不完善、不深刻、不充分、不系统和前后矛盾之处，还远远没有解决党的理论建设任务。

首先，《纲领》规定党的纲领性目标是社会主义、共产主义、民权制度、公正、平等、爱国主义、民族平等、公民与社会互相负责，等等。但是问题不在于，纲领内容中既有传统的马克思主义政党观点和主张，也有社会民主主义的观点和主张，还有一般民主主义的观点和主张，而在于纲领中的核心思想与一般思想未作明确阐述与区分，流于空泛。由此可以看出，其中的思想是比较混杂的。从某种程度上说，这是世界多样性在思想文化领域的一种表现，即思想文化的多元性和兼容并包。过去共产党就是缺乏这样的认识，导致教条主义、宗派主义严重。但从另一方面来说也表明了俄共思想理论的不成熟性。

其次，在总结历史经验教训和制定当前行动纲领方面，还有许多不充分、不明确、不完善之处。例如：《纲领》还没有形成一个比较系统、完整的经济纲领；《纲领》中没有触及计划与市场的关系问题，没有讲到与西方国家的经济关系，在所有制和分配制度方面的改革意图也不具体；《纲领》中多处强调合法斗争和议会斗争，对阶级斗争、暴力革命、无产阶级专政的看法问题采取了回避的态度，不再提"无产阶级专政"的概念，不再提党是"工人阶级的先锋队"，在纲领目标中写入了"公正"、"平等"之类貌似社会民主主义的词汇，强调通过"和平方法"、"合法手段"达到自己的目的；对多党制问题，《纲领》也没有涉及；《纲领》对苏联政治、经济体制的弊端与历史教训还挖掘不深，对苏共在党的建设方面的历史教训的总结还不够深刻，等等。

再次，《纲领》具有强烈的民族主义色彩，表现出大国主义和大俄罗斯主义的倾向。例如：《纲领》断言"俄罗斯思想其实就是深刻的社会主义思想"，要看到，国家爱国主义并不是社会主义的既定的、唯一的内容，把社会主义简单归结为俄罗斯思想是不恰当的。而且俄罗斯是一个多民族的国家，过度宣扬俄罗斯思想，有可能触发一些敏感问题，如民族问题上陷入被动。《纲领》还宣称"苏联是俄罗斯帝国地理和政治的继承者"。如果从对付霸权主义与强权政治、不甘沦为西方的附庸来看，是有积极意义的；但从长期的历史经验、与周边国家关系的角度看，又是值得严重关注的。[①] 对于像俄罗斯这样有潜力，且具有大国沙文主义传统的国家来说，这种民族主义是值得警惕的。

尽管有上述许多缺点和不足，但从总体上看，它没有放弃社会主义、共产主义的最终目标，代表劳动者的利益，力图建立一个适应国情和时代的需要、进步革新的共产党。可以说，《俄共纲领》基本上是一个共产党的纲领，一个马克思列宁主义的纲领。不能因为它包含有社会民主主义的内容而把它说成是社会民主党的纲领。笔者认为，评价《俄共纲领》的一个基本出发点是，不能脱离产生这一纲领的具体历史条件。众所周知，这个纲领是在俄共处于十分困难的条件下产生的。从国际上看，世界社会

---

① 吴雄丞：《俄共是怎样总结历史教训的》，《当代世界社会主义问题》1996 年第 4 期，第47 页。

主义和共产主义运动处于低潮，反共势力还很强大，反共气氛也还很强烈；从俄罗斯国内来看，俄共是现政权的反对派，面临着重新夺取政权的艰巨任务，同时还背着沉重的历史包袱。俄共在当前复杂的现实条件下，既有理论认识的变化，又有斗争策略的考虑，而最首要的问题是为争生存、求发展之必需。另一方面，俄罗斯国内的共产主义政党中，有些党与俄共有分歧，他们不断对俄共进行指责，或指责俄共没有同斯大林主义划清界限，或指责它是社会民主党，根本不承认它是共产党、是马列主义政党。而俄共内部，从高层领导者到普通党员，对许多问题的认识也存在分歧。① 俄共的这个纲领是俄共内部意见不统一，因而相互妥协的产物。总之，《纲领》虽然有这样或那样的不足与问题，我们不宜求全责备。俄共在十分困难的条件下，在党内思想还比较混乱的情况下，能坚持社会主义和共产主义信念，能公开称自己是共产党，能坚持社会主义的基本原则，能对自己的历史做到这样冷静地反思，能制定出这样的纲领，取得目前的成就，是很不容易的。对它不能离开具体条件而苛求，不能用我们的观点去硬套，不能用旧框框去硬套。既不能以传统的共产党的纲领原则，即列宁的建党原则去衡量它、评论它。这是因为时代不同了，和平与发展取代列宁时期的战争与革命而成为时代的主题。也不能用今天中国共产党的纲领原则来要求和衡量。俄共是在国家意识形态、社会基本制度都发生了重大转折的情况下重建的，它的处境和所面临的任务都与中国共产党截然不同。中国共产党是中国各族人民的领导核心，仍然高举马克思主义旗帜，坚持社会主义道路，政权没有发生演变，中国共产党仍然保持着执政党的地位。更不能以西方共产党、社会民主党的纲领原则来衡量俄共。这些政党长期生存在西方发达国家的政治氛围中，在政治意识、斗争策略、发展特点上都有着与俄罗斯完全不同的情况，用它们的标准来衡量俄共，显然是不合适的。②

因此，我们应该从其自身的理论纲领和实践活动出发，从俄罗斯的历史文化和世界的发展趋势出发，对《俄共纲领》作出相应的评价。与此同时，《俄共纲领》中体现出的坚持社会主义和共产主义理想信念，主张

---

① 参见《"俄罗斯联邦共产党纲领"评析研讨会综述》，《科学社会主义》1996 年第 3 期，第 70 页。

② 周尚文、盛昊云：《对俄共纲领及其活动的评价》，《今日东欧中亚》1999 年第 1 期，第 2 页。

革新的、最佳的社会主义，以及对自己的历史教训冷静地反思，对于我们中国共产党人如何正确总结苏东演变的原因与教训、如何巩固和建设有中国特色社会主义的实践，如何加强共产党自身的建设等方面，无疑具有重要的借鉴和启迪作用。

三　俄共的"俄罗斯社会主义"理论解读

俄共作为俄罗斯最大的共产主义政党，是俄政治舞台上的一支重要力量。进入 21 世纪以来，俄共遭到内外夹攻，一再发生分裂，在群众中的影响力明显下降。为了在新的条件下寻求生存发展，近年来俄共改变了斗争策略，把工作重点从以议会斗争为主转变为议会斗争与组织群众进行议会外的示威游行并重，主张就一系列重大问题举行全民公决。"俄罗斯社会主义"就是俄共为了发动群众而提出的理论纲领。

1. 俄共"俄罗斯社会主义"理论的主要观点

俄共认为，"俄罗斯社会主义"就是"把俄罗斯的民族特性、我们许多世纪的历史经验与苏联社会主义制度的优秀成果和谐结合起来的道路"。[①]

俄共"俄罗斯社会主义"理论的出发点是"俄罗斯问题"。俄共认为，俄罗斯民族"在三大洲之间建立了庞大的国家，保护了几十个民族免遭灭亡，把它们联合成一个大家庭，打败了地球上最凶恶的祸害——德国法西斯"。但是，"目前正在进行着对俄罗斯民族的种族灭绝运动——有预谋地、蓄意地、持续不断地消灭俄罗斯民族"。"俄罗斯民族的毁灭不仅是地缘政治的毁灭，而且是国家的毁灭、精神的毁灭和最终肉体的毁灭。这是俄罗斯民族和俄罗斯历史上最大的悲剧。"俄共认为，以普京总统为首的俄罗斯当局应对此承担责任。俄共声称，在俄罗斯只有一支政治力量能够正确应对国家面临的挑战，这就是俄罗斯共产党。俄共提出"俄罗斯社会主义"是对"俄罗斯问题"的回答。[②]

---

① Зюганов Г. А. Строитель Державы. К 125-летию со дня рождения И. В. Сталина. http://www.kprf.ru/08.12.2004.

② 李兴耕：《久加诺夫的"俄罗斯社会主义"评析》，《当代世界与社会主义》2006 年第 4 期，第 120 页。

　　俄共"俄罗斯社会主义"理论的基础是"俄罗斯思想"。俄共认为，"俄罗斯社会主义"植根于"俄罗斯思想"，"俄罗斯思想"是"俄罗斯社会主义"理论的基础。《俄共纲领》指出："只有在俄罗斯的创造性传统和历史传承性的牢固基础上，才能建设俄罗斯的未来。地缘政治、民族和经济状况的错综复杂使俄罗斯成为这样一种文化和精神传统的载体，它的基本价值是村社思想，集体主义，爱国主义，个人、社会和国家紧密相连，对实现真理、善良和正义的最高理想的追求，所有公民不分民族、宗教和其他差异具有平等权利和平等价值，凝聚力、人民性和精神追求是群众接受社会主义思想的重要前提。"《俄共纲领》强调："俄罗斯思想"实质上就是深刻的社会主义思想。[1] 俄共主席久加诺夫在《俄罗斯社会主义——对俄罗斯问题的回答》一文中给"俄罗斯思想"的特征作了如下的解释："独特性、继承性、向往未来、精神追求、人民性——这是俄罗斯思想的基本特征。"[2] 与此同时，俄共认为，在"俄罗斯思想"的形成过程中，东正教起了特别重要的作用，甚至是主要的作用。为此，俄共提出了国家与东正教结成战略同盟的口号，宣称国家与教会结盟是时代的要求和国家正常发展的必要条件。[3]《俄共纲领》提出：俄共"尊重东正教和俄罗斯各民族的其他传统宗教，同反映俄罗斯多民族特点和关心提高各族人民福利及其强大与在世界上的影响的各种文化、政治、社会和宗教的运动、政党和组织进行合作"。[4]

　　俄共"俄罗斯社会主义"理论的重要思想来源是俄罗斯地缘政治学。俄共在论证"俄罗斯社会主义"时，把俄罗斯地缘政治学，特别是泛斯拉夫主义作为其重要思想来源。在俄共看来，世界上存在两种相互对立的地缘政治学：一种是具有鲜明反俄色彩的西方地缘政治学，另一种是俄罗斯地缘政治学。根据西方地缘政治学，欧亚是世界的心脏，而俄罗斯是欧亚的核心。欧亚是一种独特的文明，与之相对立的是以美国为首的大西洋文明。西方一直存在仇俄情绪，视俄罗斯为争霸世界的最大障碍。20 世

　　[1]　http：//www. kprf. ru/party/program.

　　[2]　Зюганов Г. А. *Русский социализм — ответ на русский вопрос.* http：//www. kprf. ru/ 06. 04. 2006.

　　[3]　Зюганов Г. А. *Строитель Державы. К 125-летию со дня' рождения И. В. Сталина.* http：//www. kprf. ru/08. 12. 2004.

　　[4]　http：//www. kprf. ru/party/program.

纪的两次世界大战和"冷战"都体现了西方与俄罗斯——苏联在地缘政治上的争夺。而俄罗斯也有自己的地缘政治学说，这体现在 16 世纪的"莫斯科——第三罗马"的"帝国"主张、19—20 世纪的"泛斯拉夫联盟"以及 20 世纪斯大林的一国建成社会主义理论、社会主义阵营的建立、"勃列日涅夫主义"等学说中，这些学说都"带有防御性质、非侵略的性质"，都要实现两个始终如一的目标：俄罗斯要成为一个自给自足的强国，在其周围建立一个独立和强大的大陆同盟。俄共严厉谴责戈尔巴乔夫和叶利钦实行的"罪恶的、反人民的政策"，认为这一政策导致苏联垮台，使俄罗斯几乎失去了所有的盟友，使俄的国界缩小到 17 世纪初"莫斯科公国"的范围。俄共提出："俄罗斯现在像 400 年前一样，必须重新解决三个重大地缘政治任务：通向波罗的海的出海口；把各个俄罗斯土地聚集到一起和通向黑海的出海口；在南方和东南方确定明确的国境线。"俄共认为，当今的俄罗斯政权缺乏明确的地缘政治战略，不准备解决这些任务。俄罗斯共产党人作为主要的反对派力量，必须向社会提出自己的建设性的地缘政治战略。① 俄共主席久加诺夫在《强国的建设者》一文中赞扬斯大林在捍卫俄罗斯民族传统和地缘政治方面的贡献，认为斯大林把大国思想和斯拉夫思想有机地结合了起来，断言如果斯大林再多活 5—7 年，就能保障被中断的俄罗斯精神传统和国家传统的复兴。久加诺夫在谈到继承斯大林有价值的遗产时提出："在地缘政治领域，要把强国思想同斯拉夫思想有机地结合起来。这种结合必须以恢复俄罗斯对欧亚这一'世界的心脏'的控制，保障整个斯拉夫——东正教文明在军事、政治和意识形态方面拥有必要的安全为前提。"②

俄共的"俄罗斯社会主义"理论强调，它是马克思列宁主义和俄罗斯传统的政治思想遗产的融合。俄共提出"俄罗斯社会主义"必须明确回答当前的一系列重要问题。第一，把马克思主义与传统的俄罗斯社会政治思想的精神遗产紧密结合起来。"在俄罗斯社会主义理论的当代形态中，应当把马克思主义与许多世纪以来的俄罗斯精神传统有机地结合在一

---

① Зюганов Г. А. *Русский социализм — ответ на русский вопрос.* http：//www. kprf. ru/ 06. 04. 2006. 参见刘淑春等《当代俄罗斯政党》，中央编译出版社 2006 年版，第 158—159 页。

② Зюганов Г. А. *Строитель Державы. К 125-летию со дня рождения И. В. Сталина.* http：//www. kprf. ru/08. 12. 2004. 参见刘淑春等《当代俄罗斯政党》，中央编译出版社 2006 年版，第 159 页。

起"，"必须令人信服地说明，社会主义正是能够使民族团结起来，克服'改革'造成的混乱无序状况的千年俄罗斯思想的精华"。第二，把一般的社会主义思想与民族的、独特的俄罗斯道路结合起来。俄共主席久加诺夫写道，"必须明确界定我们今天所说的社会主义的含义"，"在第三个千年之初，正是社会主义必须成为我们全民族思想的当代形式，它把社会公正、民族尊严和俄罗斯智慧建设性地结合在一起"。第三，在制定国家建设方针时要认真总结过去的成就和错误。俄共认为，"世界经验表明，兵营式范式与'民主国家'的混乱无序对于俄罗斯来说都同样是致命的"。在俄共看来，必须"把强国的威力与人民的自由、国家调控与民主机制、民族特性与各民族友谊有机地结合起来"。不应把社会主义等同于贫困和缺乏自由，社会主义不仅在社会制度方面是最公正的，而且是最富裕的社会。在经济政策方面，要建立有效率的国民经济模式，把中央集中管理与多种经济成分结合起来，把经济自由、自主创业与建立强大的国有经济成分和依靠自力更生结合起来。第四，复兴俄罗斯的精神和道德。"没有社会的道德复兴，俄罗斯不可能摆脱'民主派'使国家陷入的深渊。这种复兴必须建立在俄罗斯传统价值和许多世纪以来的人民视为最神圣的东西基础之上。"同时，在俄共看来，强大的、中央集权的国家政权是克服俄罗斯混乱状态和实现和平的必要条件。但"仅仅依靠集权还不足以使国家实现复兴。因为血腥的专政也可能是强有力的，令人窒息的、官僚主义的极权主义也可能是集中的"，因此，政权必须是强大的、有效的，同时不应该损害人民的自由，不应该用各种限制来压制社会，不应该成为贪污腐化的温床。① 正因为如此，俄共认为，"重建有着千年历史的俄罗斯文明的当今强国形式是不可避免的"，这个新的强国在 21 世纪的国家政治机构将不同于苏联。考虑到国家面临的新挑战，需要对一系列战略问题作出新的回答。在当今俄罗斯，只有俄共和人民爱国运动体现了俄罗斯思想的基本特征。

2. 俄共的"俄罗斯社会主义"理论评析

俄共的"俄罗斯社会主义"理论提出把马克思主义与俄罗斯国情结

---

① Зюганов Г. А. *Русский социализм — ответ на русский вопрос.* http：//www.kprf.ru/ 06.04.2006. 参见李兴耕《久加诺夫的"俄罗斯社会主义"评析》，《当代世界与社会主义》2006 年第 4 期，第 122 页。

合起来，寻找在新的历史条件下俄罗斯走向社会主义之路，这是值得肯定的。但关键在于如何在马克思主义的指导下，正确地、科学地总结历史经验教训，对俄罗斯的历史和现状作出客观的、符合实际的判断并提出正确的政策主张。

首先，应当看到，俄共追求"俄罗斯社会主义"，提出把马克思主义与俄罗斯国情相结合，寻找俄罗斯走向社会主义之路，这无疑是正确的。然而，对于一个无产阶级的政党来说，在一些涉及马克思主义的基本原则的问题上是不能含糊的。如前所述，在俄共的"俄罗斯社会主义"理论中，有些问题是混乱的：阶级概念被民族概念所取代，不同社会制度的性质被混淆，如将社会主义苏联与俄罗斯帝国相提并论，把社会主义阵营看作"斯拉夫联盟"，把东西方两种社会制度的较量看成两种文明的对抗；社会经济形态理论被地缘政治学所取代，把"俄罗斯社会主义"的历史渊源追溯到俄罗斯的地缘政治学；把俄罗斯思想等同于社会主义思想，过分强调宗教对培养民族精神的作用，[1] 在这一问题上，俄共的立场与以舍宁为代表的俄罗斯正统派共产党人的观点是有区别的，后者坚持无神论和宗教信仰自由的传统立场。

其次，俄共的"俄罗斯社会主义"理论提出把马克思主义与俄罗斯国情结合起来，寻找在新的历史条件下俄罗斯走向社会主义之路，因此，该理论迫切需要解决的一个重大问题是，如何对俄罗斯的现状作出符合实际的判断。众所周知，普京八年执政期间，俄罗斯的经济连续保持增长的态势，社会政治状况稳定，人民生活水平得到较大提高。可以说，普京的治国方略保障了国家经济持续发展和社会政治稳定，受到了大多数群众的拥护。当然，俄罗斯目前存在社会分配不合理、贫富差距扩大等问题，弱势群体对此表示严重不满，要求政府采取措施解决这些问题。俄共采取坚决的反对派立场，组织了一系列街头示威游行活动，向当局施加压力。尤其是俄共发起的反对社会福利货币化法案和关于住房及公用事业改革法案的行动得到了包括大批退休人员和老军人在内的弱势群体的支持，并且迫使政府从预算中增加数千亿卢布来改善社会福利。应当说，俄共为民请命，提出社会公平的诉求，有其合理性，但是这不能成为全盘否定改革的充分理由。为了使国家的经济继续发展，目前俄罗斯进行的有些改革是不

---

① 刘淑春等：《当代俄罗斯政党》，中央编译出版社 2006 年版，第 162 页。

可回避的。这势必触犯到一些阶层和群体的利益，加剧了社会公平与经济发展之间的矛盾。问题在于如何把二者有机地、和谐地结合起来，既促进经济发展，又保障社会公平。在这一方面，俄罗斯还有很长的道路要走。如何科学的认识俄罗斯现状，是俄共的"俄罗斯社会主义"理论必须面对的一个关键问题。

再次，在今天俄罗斯大国地位衰落的条件下，俄共的"俄罗斯社会主义"理论以人们容易接受的话语——爱国主义、强国思想、俄罗斯精神——来呼唤人们对社会主义的追求，是完全可以理解的。但是俄共的"俄罗斯社会主义"理论对大俄罗斯民族的优越感和俄罗斯帝国的扩张主义加以赞赏，把"强国"的梦想与领土扩张相联系，流露出强烈的民族主义和大国主义情绪，具有明显的大国强权政治色彩。正因为如此，俄共的俄罗斯社会主义观经常遭到俄罗斯其他共产党，甚至俄共内部一些党员的批评，他们认为这种观念是用爱国主义、民族主义概念偷换社会阶级概念，其实质是宣扬狭隘的民族主义和大国沙文主义，是"对国际主义的背叛"。在他们看来，这种思潮在社会情感和民族情感受到伤害的俄罗斯人民中起了一定的作用，但它完全脱离了马克思主义，损害了共产主义运动的形象，并为这一运动染上民族社会主义准备了土壤。①

四　俄共理论探索中的两难及前景

自 1993 年恢复重建以来，俄共深刻地认识到，苏共走向没落、败亡的重大原因之一就是传统理论陈旧、落后，使党缺乏先进的理论做指导。为了避免重蹈苏共的覆辙，振兴俄罗斯社会主义运动，俄共痛定思痛，着手进行重大改革和新的理论探索。一方面，对苏共百年历史、苏联剧变进行了反思，从理论上深刻认识苏联剧变、苏共败亡的原因，认真总结教训。另一方面，力图提出一套有别于传统理论的新理论，用于指导俄共新的实践。并对当前党的纲领、策略、组织进行了调整，制定了新的纲领和经济、外交、宗教政策，确定了新的斗争策略，并根据形势变化及时予以调整，同时进行了相应的组织改造。但是，迄今为止，俄共尚未在新的形

---

① 柳达:《"争取马克思主义的复兴"——马克思主义组织协会呼吁书》,《国外理论动态》2004 年第 9 期, 第 30 页。

势、新的实践基础上探索出一整套完整、科学的理论，目前它只是在新的时期针对不同新的情况提出了一些新的理论观点、新的措施和新的策略，这些创新还比较零散，尚未形成一个比较完整的理论体系。可以说，俄共的理论探索远远还没有达到成熟阶段，由于多方面因素的影响，俄共对许多重大问题还无力作出马克思主义与俄罗斯实际相结合的回答。当然，俄共从成立发展到今天，也仅仅存在了 18 个年头，并且外部世界和俄国内形势正在不断发展、不断变化，期望俄共能在较短时间内创造出比较成熟的理论，并能在新的和平时期通过合法手段很快夺取政权，是不现实的。为了在新的形势下谋求生存和发展，把俄罗斯的社会主义运动再次推向高潮，俄共必须继续努力，着手进行重大改革和新的理论探索。

然而，由于多方面因素的影响，俄共的理论探索不可能是一帆风顺的。回顾一下俄共艰难的理论探索之路，不难发现，俄共的理论探索受到传统的制约，正处在现代与传统的夹缝中，在坚持苏共原来的理论、路线、策略和开展理论创新、组织改造、策略调整之间，俄共在一定程度上陷入矛盾的境地，面临多方面的两难选择。

1. 在党的指导思想方面，坚持一元的马克思列宁主义指导思想还是多元的指导思想的矛盾。一方面，作为苏共的继承者，俄共并没有放弃马克思列宁主义，仍然坚持以马克思列宁主义为党的指导思想。1995 年俄共三大通过的党纲明确指出："俄共在确定自己的纲领性目标、战略和实现这些目标的斗争策略时，遵循的是发展着的马克思列宁主义学说、唯物辩证法"，但另一方面俄共又强调，马克思列宁主义是不断发展的，不能用教条主义和僵化的态度来对待。因此俄共没有像苏共那样把马列主义作为党的唯一指导思想。1997 年 4 月俄共四大在沿用原党纲表述的同时，久加诺夫在政治报告中对俄共的指导思想作了补充，他指出，除了马克思列宁主义思想，俄共还遵循："社会公正思想、国家爱国主义思想和苏维埃人民政权思想"，"保护人权和公民自由也是俄共的重要思想武器"。①

2. 在党的性质方面，俄共是代表工人阶级利益的政党还是代表全体劳动人民利益的政党之间的矛盾。俄共成立之初，继承了原苏共的理论，坚持认为自己是工人阶级政党，声称它继承列宁创建布尔什维克党以来的

----

① 臧秀玲：《论当前俄共在理论与策略上的新变化》，《理论学刊》2001 年第 6 期，第 54 页。

苏联共产党的宗旨，忠实捍卫工人阶级、劳动农民和人民知识分子的利益。但另一方面，俄共又声称自己是"真正劳动人民的党"，不再强调自己是工人阶级先锋队。值得注意的是，俄共还特别强调知识分子的作用，《俄共纲领》明确指出："俄共的标志是锤子、镰刀和书本———象征城市、乡村、科学文化界的劳动者的联盟。"俄共的这种新认识，是基于时代的进步、科学技术的迅猛发展以及由此引起的社会结构的变化，目的是扩大党的社会基础，争取最广泛的同盟军。但是，俄共七大又重新强调俄共是代表工人阶级利益的政党，指出，工人阶级依然是党的核心，农民和知识分子是俄共的盟友，民族的、爱国的实业界和中小企业家、成百万的小商小贩也是共产党应当争取的同盟者，共产党人还应当同"各种文化的、民族的、宗教的流派和政治运动建立联系"，可以吸收教徒入党。

3. 在党的奋斗目标和实现手段方面，推翻现政权、实现社会主义的目标与通过选举夺取政权道路之间的矛盾。俄共 1993 年恢复重建以来，在赋予社会主义以"革新的"、"完全的"、"真正的"内容的基础上，始终以推翻现行制度，恢复人民政权，实现社会主义和共产主义作为自己的奋斗目标。党的性质和目标决定了它是现政权的反对党，与当局是根本对立的。但俄共根据俄罗斯的现实情况，确定了进入政权的战略，即通过竞选进入立法和执行权力机构，进而逐渐改变国家的现行方针和制度。为此俄共提出，共产党人不仅参加从中央到地方的立法机构的选举，而且还要夺取联邦总统和各联邦主体行政首脑选举的胜利。于是，俄共十余年来把工作重心放在了竞选和议会斗争上，并取得不小的成就。然而，俄罗斯的现行政治制度束缚了俄共的手脚。按照宪法，总统享有否决议会的决议直至解散议会的权力，议会多数政党则无权组阁。这样，俄共作为总统的对立面根本无法通过自己的替代性纲领，更谈不上组建政府。现实中，俄共通过议会的斗争，一方面促使当局考虑社会对激进改革的承受能力，暂时放慢了改革的步伐，另一方面使社会的压力得到缓解，群众的抗议减少，这在某种程度上促进了社会的稳定。俄共的这种双重作用，在客观上帮助了现行制度，而距离自己的主观目标则更远。① 为此，库普佐夫在七届二中全会上提出："今天该是反思所走过的路并制定未来的工作路线的时候了。首先应该清楚地认识到，通过少数上层人物而没有来自下层的强大压

---

① 刘淑春等：《当代俄罗斯政党》，中央编译出版社 2006 年版，第 182—183 页。

力，要改变现行俄罗斯制度已经是不可能的了。"① 所以说，俄共实际上陷入一个两难选择：要么放弃党的性质和奋斗目标成为一个真正的体制内政党，要么坚持党的性质和奋斗目标而退出政权体制或者成为体制内无足轻重的反对派政党。前一种选择可能使党成为一个现政权的附庸，直至消亡，后一种选择意味着党更加被边缘化。正如俄共中央第一副主席梅利尼科夫在 2004 年 3 月举行的中央全会上作的报告中所说，十多年来，俄共议会竞选成功并不意味着可能实施自己的纲领，反倒因自己参与的立法工作直接或间接地成全了当局；而选举失败就面临着在政治上被边缘化，招致政治死亡的命运，最终还是帮了当局的忙。②

4. 在党的社会基础方面，党的领导层力图扩大社会基础与党内传统力量之间的矛盾。如上所述，基于时代的进步、科学技术的迅猛发展以及由此引起的社会结构的变化，俄共七大指出，不仅农民和知识分子是俄共的盟友，民族的、爱国的实业界和中小企业家、成百万的小商小贩也是共产党应当争取的同盟者，共产党人还应当同"各种文化的、民族的、宗教的流派和政治运动建立联系"，可以吸收教徒入党。俄共的这种新认识，目的是扩大党的社会基础，争取最广泛的同盟军。2003 年 7 月 18 日，俄共副主席、俄罗斯国家杜马俄共党团副主席梅利尼科夫针对"俄共的传统选民与由中小企业主构成的新选民之间互不相容"的说法，阐述了俄共领导层的观点，他说："我看不到这里面有任何矛盾。我们对各阶层公民，不管是退休人员还是企业主，都有十分明确的纲领。实施这一纲领不会伤害任何一个诚实的劳动者，例如，中小企业的有效发展将会促进解决国内许多问题，其中包括贫困问题。"③ 但是"俄共的传统选民与由中小企业主构成的新选民之间互不相容"的说法并非空穴来风。众所周知，俄共脱胎于苏共，其成员的绝大多数也来自于苏共，因此，党内传统势力非常强大。对于俄共领导层吸收企业界人士、教徒等入党的做法，不但很多普通党员，就连一些基层党组织的领导人也持反对态度。在

---

① 刘淑春：《俄共复兴社会主义目标的途径和手段》，《科学社会主义》2002 年第 1 期，第 73 页。

② Доклад заместителя председателя ЦК КПРФ И. И. Мельникова на XV пленуме ЦК КПРФ. http://www.kprf.ru/27.03.2004. 参见刘淑春等《当代俄罗斯政党》，中央编译出版社 2006 年版，第 184 页。

③ Мельников И. И. Мы — партия социальной справедливости. http://www.kprf.ru/19.05.2003.

2003年12月7日的俄罗斯联邦第四届国家杜马选举中，俄共受到重创，得票率仅为12.7%，比1999年几乎减少一半，沦为杜马第二大党。其重要原因之一就是，俄共作为坚持社会主义、维护社会公正和劳动人民利益的党，却将那些企业界寡头权贵列入其候选人名单。对许多共产党的传统支持者和一些共产党官员来说，这种做法无异于政治上的自杀。他们憎恶富翁，认为这些人掠夺了国家的财富。共产党官员列·马耶夫斯基的话道出了许多此前支持俄共选民的心声："大资本家先是买下所有财产，剥夺了我们的物质财富。现在他们又想买下我们的政党，剥夺我们的精神财富。"他说："这些人怎么能代表工人阶级呢？他们和工人阶级有什么共同点？共产党领导人完全背叛了投票给他们的选民。"① 一些俄共老党员甚至上街游行，指责俄共领导人久加诺夫违背党的意志。

　　5. 在对待历史方面，继承苏共遗产与树立有别于苏共的新形象之间的矛盾。俄共是以苏共继承人的面目出现的。《俄共纲领》宣布，俄罗斯联邦共产党是俄国社会民主工党——俄国社会民主工党（布）——俄国共产党（布）——苏联共产党（布）——苏联共产党——俄罗斯苏维埃社会主义共和国共产党的继承者，它从俄罗斯、苏联和世界共产主义运动过去的经验中汲取了一切经过实践检验的东西。因此，俄共继承了苏共的政治资源，这为它在俄政坛上开展活动提供了很多便利。但是，苏共执政的70多年里，在取得重大成就的同时，也犯下了严重的错误，这些错误导致了苏联剧变，且被反共分子和右派反复曝光和渲染，使苏共的历史与恐怖、专制、饥饿联系在一起，致使不少人对苏共持否定态度，对苏共的继承者俄共也持怀疑、否定态度。俄共如何既正确看待苏共的功绩又实事求是的清理它过去的错误，从而在继承苏共的政治遗产的同时又不背上它那沉重的历史包袱，赢得大多数人的理解和支持，是一个艰难的选择。

　　6. 在组织原则方面，实行民主集中制的组织原则还是实行松散的民主制的组织原则的矛盾。俄共一方面提出坚持民主集中制原则，但另一方面又规定要在"思想和道义上一致、同志情谊、平等和民主集中制的基础上保证党的纪律，党内生活民主化，目标明确地形成一个在定期更换领导干部的基础上排除领袖主义现象的劳动群众的党"。在实践中，俄共也没有坚持民主集中制原则，允许党内有不同的政纲和派别存在，一些俄共

---

　　① 据英国《每日电讯报》2003年11月22日报道。

重要领导人，如舍宁、谢列兹尼奥夫等都曾在俄共内部自组一派。为了扩大影响和便于争取群众，党章还允许俄共党员可同时加入其他"以共产主义为方向、其活动与俄共党纲和党章要求不相抵触的党"。与此同时，俄共也吸收农业党、劳动人民党等其他政党的成员加入到自己组织中来，并在其中担任领导职务，如俄农业党主席拉普申、俄劳动人民党7位主席之一雷布金都曾任俄共中央执委会副主席。由此导致俄共出现纪律松弛、组织涣散的状况。为此，2000年俄共七大规定，不允许在普通党员和党员领导中搞双重标准，不允许党员尤其是领导人公开发表违反党纲和党的大会决议的言论。2005年10月俄共十一大修改后的新党章不仅强化了俄共中央委员会的统筹领导权力，而且为了加强党的团结和维护党的纪律，修改后的党章规定了一些比较严厉的条款。比如，为了保持党在思想上和行动上的统一，取消原党章中关于团结在行动立场上持不同意见人的条款；凡是退出俄共议会党团的人都被取消代表的资格；被开除出俄共的人至少一年以后才能重新加入俄共；党的领导机构要分工明确，第一书记才有权主持工作，他不在时可委托其他书记主持工作。[1] 由此可以看出，如何科学地把民主和集中结合起来，真正地贯彻民主集中制原则，对俄共来说，是一个严峻的考验。

7. 在党的工作重心方面，工作重心是在上层还是在下层的矛盾。自俄共恢复重建以来，由于其在议会选举中取得了显著的成就，客观政治环境又要求它只能通过和平、合法的方式夺取政权，这促使它把工作重心放在上层，特别是放在议会斗争中。[2] 作为一个在俄罗斯最具有群众性的政党，俄共的这一做法导致它忽略了对基层群众的工作，使党与群众关系变得疏远起来，上层与下层脱节，直接影响了党在人民群众中的号召力。因此，俄共七大意识到这一问题的严重性，对工作重心作出了适当调整，强调把议会内工作与议会外工作结合起来，把今后的工作重心由仅仅放在议会工作上转变为同时也重视群众工作。2003年俄共在俄第四届国家杜马选举中遭受重创，由第一大党沦为第二大党。2004年俄共的分裂进一步恶化了其在议会中的处境，议会内斗争的成果不甚明显。因此，俄共决定

---

[1]　孔寒冰、田越：《俄共十一大修订党章透视》，《学习月刊》2005年第12期，第31页。
[2]　王立新：《论俄罗斯联邦共产党变革中的困厄》，《湖北行政学院学报》2003年第4期，第58页。

把斗争的重心转到议会外，发动和组织民众进行抗议活动，用久加诺夫在十一大报告中的话说，就是"从社会防御转向社会进攻"。① 所以说，俄共能否把两者有机结合起来尚有待于时间来验证。

8. 在左派政党联合方面，是以俄共为核心还是各党之间一律平等之间的矛盾。俄共从 1993 年重建以来，以其强烈的意识形态色彩、广泛的群众基础和严密的组织结构，发展成为俄罗斯政治舞台上举足轻重的力量和对执政当局最具威胁的左翼反对派政党。十多年来，俄共在俄罗斯的社会主义运动中始终处于排头兵的位置，起着领头羊的作用。如果说在 20 世纪 90 年代中期，在反对叶利钦主义的斗争中，各左派政党能紧紧团结在俄共周围的话，则随着斗争的深入，各左派政党出于独立发展的需要，或出于其领导人的野心，它们不再甘作俄共的小兄弟，先是俄共最亲密的盟友俄罗斯农业党 1999 年撇开俄共，独立参加杜马竞选，后有俄共一直信赖的、本来承诺要与俄共一同参加竞选的俄人民爱国联盟协调委员会主席之一格拉济耶夫也离俄共而去，另组"祖国"竞选联盟，独立参加俄罗斯第四届国家杜马选举。众所周知，格拉济耶夫与俄共分道扬镳的主要原因就在于，格拉济耶夫主张建立一个大联盟，把一切爱国者都吸引过来，以"俄共—俄罗斯人民爱国联盟"或"共产党人—农业党人—爱国者"的名义参加竞选。俄共同意建立广泛的联盟，但主张以俄共的名义参加竞选。按照前者的主张，俄共将成为与其他左翼组织处于平等地位的盟友，而不是领导者；按照后者的主张，竞选联盟以俄共为核心，俄共处于领导地位。格拉济耶夫认为，按照俄共的主张，左翼不可能赢得议会的多数席位，仍将处于杜马中无足轻重的地位。② 2003 年 8 月 24 日，以格拉济耶夫和罗戈津为共同主席的"俄罗斯地区党"与其他 16 个政党和运动建立了"祖国—人民爱国主义联盟"竞选同盟，即"祖国"联盟，目的是争取杜马中的多数。格拉济耶夫希望俄共及"人民爱国力量联盟"的成员加入到该同盟中来。③ 但俄共仍坚持自己的立场不变，多次明确拒绝了格拉济耶夫的倡议。

"祖国"联盟崇尚爱国主义，主张建立公正社会，反对金融寡头分割

① Зюганов Г. А. Народный подъем в России и задачи партии. Доклад ЦК КПРФ XI (внеочередному) съезду партии. http: //www. kprf. ru/29. 10. 2005.

② 格拉济耶夫：《请让我们解释一下》，载于［俄］《明日报》2003 年 7 月 23 日。

③ http：//www. glazev. ru/25. 08. 2003.

国家资源，其竞选纲领和口号在许多方面与俄共别无二致。在俄第四届国家杜马选举中，"祖国"联盟异军突起，得票率为9%，成为本届选举杀出的黑马。应当说，"祖国"联盟的支持者中，有相当一部分人此前是俄共的拥护者。格拉济耶夫的离去对此次俄共杜马选举失利产生了严重影响。

　　俄共中央主席久加诺夫在2003年12月28日召开的俄共（非常）九大第二阶段会议上，对俄共此次杜马选举失利的原因进行深入分析时也承认了这一点，他在九大报告中说："俄共很清楚，只有集中起所有爱国力量才能保证胜利，可是俄共一直在争论，是以人民爱国联盟还是以俄共的名义参加竞选。"①

　　9. 在俄罗斯社会意识方面，俄共的形象与社会需求之间的矛盾。自20世纪90年代以来，俄共一直是俄罗斯最大的反对派政党，代表着广大劳动人民的利益，占据着左翼阵营的核心和领导地位。在叶利钦执政时期，俄共高举爱国主义旗帜，获得了近1/3选民的支持，并联合了左翼和中左翼力量，取得议会多数，以此牵制政府和总统，在俄罗斯政治格局中处于举足轻重的地位。进入新世纪以来，政治力量的格局发生了不利于俄共的变化。普京在加强中央权力、整顿社会秩序、改善人们生活、恢复国际地位等方面的努力赢得了大多数人民的支持。"社会公正"、"爱国主义"、"国家主义"等左翼从前高喊的口号几乎被今天的所有政党，甚至普京总统所采用，俄共的政治空间被中左派甚至中派所抢占。在这种情况下，俄共原来为吸引选民打出的带有民族主义、爱国主义色彩的旗帜就失去了它的鲜明性。于是，俄共不得不将阵地向左转移，提出体现自己性质的口号和纲领，以有别于其他政治力量。俄共在2003年杜马竞选纲领中打出"争取劳动人民的政权"的旗帜，突出强调"社会主义"、"苏维埃型政权"、"联盟国家"等口号。② 时过四年，俄共在2007年杜马选举中提出的依然是题为"争取劳动人民的政权！"的竞选纲领，竞选纲领特别强调，"俄共是人民的党"，"我们为争取劳动人民的政权而斗争"，"共产

　　① *О политических итогах выборов в Государственную Думу Российской Федерации и задачах КПРФ. Доклад председателя ЦК КПРФ Г. А. Зюганова на IX внеочередном съезде КПРФ.* http：//www. kprf. ru/09. 01. 2004.

　　② *За власть трудового народа! Предвыборная платформа КПРФ.* http：//www. kprf. ru/12. 09. 2003. 参见刘淑春等《当代俄罗斯政党》，中央编译出版社2006年版，第181页。

党人胜利——就是人民的胜利"!① 但这些口号不足以吸引今天的俄罗斯广大民众，尤其是那些把俄共所宣称的"苏维埃型人民政权"与解体的苏联画等号的选民。从某种程度上说，俄共得票率的下降与此不无关系。加之俄共领导人的策略失误和大众媒体的负面宣传，俄共的劳动人民政党形象受到损害。俄共多年来忽略了争取广大工人、农民和知识分子的工作，主要依靠城镇下层民众，而如今国家工作人员的工资和退休人员的养老金普遍有所增加，这使得俄共的传统选民离开俄共而去投政权党的票。即使那些对现实不满的选民，也宁可投票反对所有政党，而不投俄共的票，因为他们对所有政党感到失望，更不相信今天的俄共能把国家引向繁荣。因此，俄共必须在理论上创新，根据俄罗斯的现实，提出现阶段能为大多数选民所接受的纲领和口号，以扩大自己的社会基础，树立人民需要的社会形象，为实现自己的战略目标奠定基础。或许俄共意识到了这一点，近两年针对政府的政策，不断提出建设性的纲领，将其旨在走向社会主义的最低纲领更加具体化。但这些纲领还没有在民众中得到广泛传播，尚未被社会所接受。不仅如此，一个政党能否得到民众的支持，不仅仅在于纲领主张，更重要的在于行动能力。俄共目前还不具备足够的条件以使社会相信它有能力将这些纲领变成行动。俄共重建社会基础、赢得社会信任的路还很长。俄共领导人久加诺夫在党的十一大的报告中也不得不承认，俄共面临的最大障碍仍是大多数俄罗斯人"不相信反对派尤其是共产党能夺取政权。因此，共产党人成功与否，取决于能否战胜这种不信任"。"俄共要给人民一种替代选择——一个强有力的班子、明确的纲领和人民的自我组织。"②

纵观俄共的理论探索过程，可以发现，上述理论上的两难始终伴随着俄共的整个发展史。20 世纪 90 年代中期，与其说俄共在正确理论的指导下迅速崛起，还不如说在很大程度上得益于执政当局的糟糕政绩。众所周知，苏联解体后的俄罗斯政局动荡，经济崩溃，人民生活水平严重下降，国力衰退，国际影响已今非昔比。因激进变革而出现的庞大社会贫困阶层

---

① *За власть трудового народа! Предвыборная программа Коммунистической партии Российской Федерации.* http：/kprf. ru/01. 10. 2007.

② Зюганов Г. А. *Народный подъем в России и задачи партии. Доклад ЦК КПРФ XI (внеочередному) съезду партии.* http：//www. kprf. ru/29. 10. 2005. 参见刘淑春等《当代俄罗斯政党》，中央编译出版社 2006 年版，第 181—182 页。

开始倾向左翼反对派或带有民族主义情绪的政党和组织，俄罗斯社会出现了否定叶利钦政权政策路线的倾向和怀旧情绪。在 1993 年、1995 年举行的第一、二届国家杜马选举中，对现政府不满、希望改变现状的选民把大量选票投给了许诺"恢复俄罗斯大国梦想"的俄共。普京 2000 年就任总统后，在其领导下，经过八年的努力，结束了长期以来俄罗斯社会纷争不已的局面，实现了政治稳定，并且整体上实现了经济的持续增长，改善了民众生活。经历了长达十余年的贫困和动荡，俄罗斯人对普京执政以来出现的政治稳定和经济增长格外珍惜。在这种形势下，俄共要想获得持续、稳定的发展，就不能依赖对手的失误，而应当依靠自身实力的增强。而俄共自身的发展壮大，首先在于俄共能否根据时代的新发展和俄罗斯国内政治、经济和社会实际状况，逐步探索出一套科学的、成熟的理论，用于指导俄共的行动。

在理论创新刚刚开始、新的理论远未成熟之际，党内不少人必然会持怀疑甚至否定的态度，他们或出于信仰，或由于惯性，抱着过去的理论不放。俄共党内始终有一部分人认为苏共的那一套理论比较成熟、完整，必须继续坚持。而另一部分人则认为理论必须创新，应当在新的历史条件下加以发展，以适应新时期党的活动和发展的需要。甚至还有人认为应当全面抛弃苏共的理论，与执政当局展开全面的合作。各方在党内始终进行着激烈的争论。

理论创新过程中的分歧必然导致党内派别的形成，它们主要有：以舍宁为首的激进派（正统马克思列宁主义派），以久加诺夫为首的主流派（强国主义派），以谢列兹尼奥夫为首的温和派（社会民主主义派）。派别纷争在一定条件下就有可能导致党的分裂。理论的不成熟和理论创新过程中的分歧必然导致俄共在创新中处于左右摇摆的艰难选择中。如果说 20 世纪 90 年代中期俄共的崛起是党内各派互相妥协、共同对敌的结果，则随着形势的发展，随着俄共的式微，这些矛盾逐渐暴露出来。先是以俄共中央委员舍宁为代表的激进派在 2000 年退党，接着以谢列兹尼奥夫为代表的温和派在 2002 年 4 月"杜马风波"后与俄共分裂。2004 年 7 月 3 日，久加诺夫主持的俄共第十次代表大会在莫斯科举行。几乎就在同时，党内主张与普京妥协的亲克里姆林宫派首领、此前被开除出俄共的俄人民爱国联盟执委会主席谢米金因不同意以久加诺夫为首的俄共领导层的政策，指使其跟随者召集部分党代表，在莫斯科河的一艘游船上也召开了十大，决定罢免久加诺夫等俄共主要领导，推举已被开除出党的吉洪诺夫为俄共领袖。一时间，俄罗斯出现了两个俄共并存的局面。以吉洪诺夫为首的少数派十大虽然随后被俄司法部宣布为非法，但此次分裂严重地削弱了俄共，却是一个不争的事实。

一方面，一系列的分裂使俄共遭受重创，严重地削弱了俄共，使俄罗斯的社会主义运动陷入低潮。另一方面，低潮时期也有利于俄共冷静客观地总结经验教训，全面地探索和总结发展社会主义的新理论。俄共必须根据时代的新发展和俄国内的政治、经济和社会状况逐步总结形成一套新的理论，该理论既能够深刻总结苏联剧变的原因和教训，与苏共的历史错误划清界限，又能对新的时代和俄罗斯的现状进行全面深入的总结和概括，作出准确的判断和科学的具有前瞻性的分析。在科学理论的指导下勇于实践，把俄罗斯的社会主义运动重新推向高潮。

当然，俄共的理论探索，一方面，存在一些有利因素。第一，在新一轮的全球化浪潮冲击下，资本主义出现了许多困难，包括贫富悬殊、社会分化、失业严重、犯罪率上升等，资本主义并没有给人类展现出一幅美好的前景，社会主义价值仍然具有存在的合理性。第二，包括俄罗斯在内的东欧中亚国家在搬用资本主义模式的改革过程中困难重重，市场神话和自由主义神话破灭，使不少人认识到资本主义也具有重大缺陷，这为俄共的理论创新提供了有利机遇。第三，一系列的分裂使俄共遭受重创，对俄共来说，既是一个重大挫折，但也给俄共进行理论反思提供了十分丰富的经验材料，为他们冷静思考、总结教训、重整旗鼓创造了机遇。第四，俄罗斯社会十多年来的心态变化有利于俄共的理论探索。与 20 世纪 90 年代初的全盘否定相比，人们对苏联和苏共的认识更趋理性化，怀旧思潮进一步蔓延。多数人青睐平等社会，认为经历苏联解体是"人生悲剧"的俄罗斯人的数量明显增多。不仅老人会发出这样的感叹，众多年富力强的中年人也持同样的想法。他们感到失落的原因是社会经济变革造成了原有"理想支柱的轰然崩塌"。所以，他们中的很多人虽然因私有化改革而受益，但却觉得压力重重。如果说在 1998 年的民意调查中，怀旧思潮开始初露端倪，那么，目前这种情绪得到了进一步的蔓延。有半数以上的受访者认为，苏联是俄罗斯漫长历史中最辉煌的一页，因为它实现了真正的平等，让普通人过上了殷实的生活。即使是颇受争议的斯大林时期，令人们联想到的也不单是专制和恐惧，还有秩序、爱国主义、国家威信和民族自豪感。① 作为苏共的继承者，所有这些都有利于俄共的发展和理论探索。

与此同时，俄共所面临的是一个迥然不同于苏共的新的时代和新的政治社会环境，其理论探索面临重大的挑战，并且挑战大于机遇。

第一，面临时代主题变化的挑战。当前俄共所处的是经济全球化、政治多极化的世界，和平与发展是时代的主题，并且资本主义发生了新的重大变化，这与列宁领导的布尔什维克党的时代有很大不同。那一时代是资本主义由自由资本主义进入垄断资本主义阶段，战争与革命是时代的主题。时代的巨大变化，要求俄共对党的纲领、路线和策略及时作出相应的调整，作出理论上的回答。

第二，面临政治生态环境及斗争方式变化的挑战。俄共现存的政治生态环境是初步建立的资产阶级民主政治制度，这与列宁领导的布尔什维克党所处的沙皇专制制度高压之下以及在革命胜利后又长期处于执政地位有显著不同。在沙皇的极权统治下，如何通过暴力革命武装夺取政权是布尔什维克党面临的重大理论和实践问题。布尔什维克党夺取政权后，如何巩固社会主义政权、开展社会主义建设成为中心问题。而在当今的俄罗斯，和平、合法的斗争已是人心所向，俄共作为反对党可以合法地开展一系列政治活动，并通过民主选举手段参政、执政，因此如何赢得广大人民群众的衷心拥护和支持，通过合法斗争夺取政权是俄共首先迫切需要解决的重大理论问题。

第三，面临社会结构变化的挑战。苏共作为工人阶级的先锋队组织，所处的是社会两极分化的时期，工人阶级和农民阶级始终占绝大多数，这为它夺取政权和执政提供了强大而坚实的阶级基础。苏联剧变后，在私有化的推动下，除了原来的工人阶级、农民阶级和知识分子阶层外，俄罗斯社会还产生了资产阶级和中产阶级，资产阶级人数虽然不多，但他们掌握和支配着大量的生产资料，具有强大的经济、政治影响力，形成强资本、弱劳动的态势。特别是在执政当局的精心培育下，中产阶级队伍不断扩大，它们是中派政党的阶级基础，这也是中派政党势力越来越大、能够在国家杜马中挫败俄共的直接原因。② 不断壮大的资产阶级和中产阶级构成了新政权的阶级基础，而作为俄共基本社会基础的工人阶级和农民阶级只

---

① 参见〔俄〕《侧面》周刊2004年11月15日。

② 王立新：《试论俄罗斯联邦共产党的理论新探索》，《当代世界与社会主义》2003年第4期，第96页。

掌握较少的生产资料，队伍趋于萎缩，沦为弱势阶级。如果俄共坚持传统的理论，继续以传统的工人阶级和农民阶级作为自己的社会基础，不但难以发展，更谈不上执政了。从俄共的理论探索过程可以看出，俄共试图打破传统的理论框架，扩大党的社会基础，但面临党的纲领、性质、组织原则等党建理论的发展问题，以及党内传统势力的坚决反对。

第四，如何妥善处理苏共历史遗产的挑战。俄共是以苏共继承人的身份出现的。因此，俄共继承了苏共的政治资源，这为它在俄政坛上开展活动提供了很多便利。但是，苏共执政的 70 多年里，在取得重大成就的同时，也犯下了严重的错误，这些错误致使不少人对苏共持否定态度，对苏共的继承者俄共也持怀疑、否定态度。俄共如何既正确看待苏共的功绩又实事求是的清理它过去的错误，从而在继承苏共的政治遗产的同时又不背上它那沉重的历史包袱，赢得大多数人的理解和支持，是一个艰难的选择。[①] 如果全盘肯定苏共，不但歪曲历史，也不利于俄共总结历史教训、走向新生。如果俄共全盘否定苏共，势必会殃及自己，失去大量的政治资源。从俄共目前的主张看，它基本肯定苏共的工业化和农业集体化，仅否定其强制性和高度集中化，在肯定苏联 30 年代"赶超"战略的同时又否定 50—60 年代的"赶超"战略。这表明，迄今为止俄共尚未处理好对苏共的继承关系。

从总体上看，俄共目前仍是俄罗斯组织结构最严密、思想纲领最成熟、具有相对稳定的支持力量和社会基础的政党。它的发展对俄罗斯的社会主义运动乃至整个俄罗斯国家而言，都将起到无可替代的作用。在俄社会上下呼唤建立"多党政治体制"模式下，俄共必将在其中扮演重要的角色。素有"政权党"之称的"统一俄罗斯"党，虽在普京的大力支持和提携下成为俄第一大党，但它没有成熟的思想理论纲领，唯以支持总统为己任，远不是严格意义上的政党。只要俄共能认真总结经验教训，克服理论探索中的众多两难，根据时代和形势的变化，在新的形势、新的实践的基础上探索出一整套完整、科学的理论，形成一个比较完整、成熟的理论体系，对国内外的许多重大问题作出马克思主义与俄罗斯实际相结合的回答，同时审时度势，调整策略，必将在俄政坛上发挥应有的作用，并长期存在下去，为俄罗斯的社会主义运动乃至整个俄罗斯国家的发展作出自己的贡献。

---

① 王立新：《论俄罗斯联邦共产党变革中的困厄》，《湖北行政学院学报》2003 年第 4 期，第 60 页。

第三章　俄共的社会基础

政党的社会基础是指党植根于社会的哪些阶级或阶层之中，赢得它们的支持，代表它们的利益并为其服务。如果一个政党失去了自己的社会基础，就成了无源之水，就会被社会所抛弃。在新的历史条件下，俄共作为一个以社会主义为价值取向的政党，能否巩固并扩大自己的社会基础，是一个事关党的生死存亡的重大原则问题。

一　俄共的社会基础定位

俄共成立之初，继承了原苏共的理论，坚持认为自己是工人阶级政党，声称它继承列宁创建布尔什维克党以来的苏联共产党的宗旨，忠实捍卫工人阶级、劳动农民和人民知识分子的利益。恢复重建后，为了扩大党的社会基础，俄共三大纲领明确指出："俄共的标志是锤子、镰刀和书本——象征城市、乡村、科学文化界的劳动者的联盟。"1997 年 4 月俄共四大正式提出俄共是"劳动人民——工人、农民和知识分子的政党"。2000 年 12 月俄共七大通过的《俄共的当前任务》决议指出："俄共把工人阶级、劳动农民和人民知识分子、所有劳动者的联盟看成自己的社会基础。"①

1. 工人阶级是俄共的阶级基础和核心社会基础

马克思主义政党理论认为，任何政党都必须建立在自己的阶级基础之上，而阶级基础的大小、强弱和稳定性往往又决定该政党的政治地位和功能的形成与发挥。俄共在苏联解体、苏共解散及被禁止活动后，能在短时间内重新崛起并形成比较强大的势力，主要就得益于俄共继承了苏共相对稳固的数量达 50 万之众的党员队伍和较为完整的组织网络系统。俄共的阶级基础从社会职业来分析，其构成主要包括：退休职工、企业职工、集

---

① *Очередные задачи партии.* Советская Россия，07. 12. 2000.

体农庄和国营农场职工。俄共作为苏共的继承者不但继承大批苏共党员和
完整的组织机构，也继承了苏共用 70 年时间所营建的、庞大的工人阶级
队伍。俄共在工人尤其是在退休职工中拥有稳固的支持。根据俄罗斯有关
研究机构从 1994 年 11 月至 1995 年 3 月进行的三次社会各职业对俄主要
政党支持状况的调查中，俄共在上述职业人群中平均支持率为各党之首，
达 29.96%。随着 1995 年 12 月议会选举中自命为"工人阶级政党"的自
由民主党得票率大跌一半，而俄共得票率上升一倍的情况下，俄共在工人
阶级中的支持率有大幅度地上升，并成为较稳定的阶级基础和中坚
力量。①

　　与其他政党相比较，俄共在阶级基础和社会基础方面最大的特点就在
于它有稳固的、数量可观的以俄共党员为中坚的工人阶级队伍。应当说，
俄共在阶级基础上的定位是十分准确的，虽然俄罗斯实行市场经济改革以
来，社会结构已发生很大的变化，但毕竟只有少数人步入富有的"新贵"
行列，而大多数公民的经济地位仍然属于中低收入者，这样号称为"劳
动人民"政党的俄共就能形成以工人阶级为主的、广泛而稳固的社会基
础。而其他政党"较难以某种确切的社会经济利益为基础，这就使得各
个政党的社会基础游移不定、界限不清"。这也是造成不少政党在俄议会
选举中大起大落的主要原因之一。而俄共自 1993 年 12 月参加议会选举以
来，力量不断增强，民众支持率迅速上升。2003 年 12 月，俄共在第四届
国家杜马选举中遭受重创，但实力并未骤减，其支持者仍然超过 700
万。② 在 2007 年 12 月举行的第五届国家杜马选举中，参选的 7000 万选民
中有 800 万选民投了俄共的票，俄共的支持者与 2003 年相比增加了 40
万。新增的这些选民分布在 46 个联邦主体中。这就是说，俄共在全联邦
一半以上的地区得到不同程度的新选民的支持。③ 选民支持率有了增长的
势头。

2. 农民阶级和知识分子阶层是俄共的基本社会基础

　　1991 年以来，俄罗斯政府实行了以农业私有化为中心的农业改革。

---

① 谭斌：《俄共政治地位形成因素探析》，《今日东欧中亚》1999 年第 2 期，第 7 页。

② 据新华社 2004 年 9 月 24 日报道。

③ Мельников И. И. Об итогах выборов Президента Российской Федерации. Доклад
Президиума ЦК КПРФ на XIII совместном пленуме ЦК и ЦКРК КПРФ. http://kprf.ru/22.03.2008.

农业私有化首要的是土地私有化，俄总统叶利钦曾于 1991 年、1993 年和 1996 年三次发布关于土地私有化的总统令，以推进大规模的土地私有化改革。2002 年在时任总统普京的支持下，杜马不顾俄共和左翼党团的反对，通过了允许土地自由买卖的《土地法》，以立法的形式确立了土地私有化改革的方向。改革的结果之一是，改变了土地所有制，由原来单一的土地国有制改为以土地私有制为基础的多种所有制形式并存。但是农业改革终因没有取得实际成效而失败，农业陷入极端困难的境地并一直处于危机状态。而作为政府反对派的俄共认为，土地是全民的财产，可以有偿或无偿地交给公民和法人长期使用、临时使用、租赁和继承，但反对土地的自由买卖（宅旁园地、别墅、果园、菜园除外），主张国家对土地使用进行严格监督。所以，在俄共与执政当局之间始终存在着关于这个最复杂问题的争论。实际上，关于这个问题的争论关系到俄罗斯农业发展走什么道路的问题：是走私有制——小农场的小生产道路，还是走国有制——大企业——集体经营的大生产道路。执政当局认为，以前农民是被强迫加入集体农庄的，一旦集体农庄和国营农场被解散，农民们马上就会建立起自己的私营农业经济，建立自己的私人农场。但实际情况并非如此。俄罗斯的调查资料表明，大多数农民希望成为独立的私营农场主的意愿并不强烈。1989 年只有 10% 的被调查对象表示打算租用田地独立从事农业经营活动。1990 年也只有 12.3% 的人回答说想拥有 1 公顷左右的土地从事农业生产。更多的农民由于长期吃惯了社会主义的大锅饭，不仅根本不想冒风险，而且还对家庭承包制等新事物持否定态度。其中的一个重要原因就在于，国家无力对农业提供支持，前国营农工企业的职工对于成为私营农场主的前景非常悲观，他们不相信国家政策的稳定性。与此同时，国营农场和集体农庄的领导者对于土地私有化也竭力反对。① 所以，俄共的主张迎合了农民阶级的心理，在农民中享有较广泛的支持率也就不足为奇了。

除了农民阶级，俄共还特别强调知识分子的作用，《俄共纲领》明确指出："俄共的标志是锤子、镰刀和书本——象征城市、乡村、科学文化界的劳动者的联盟。"俄共的这种新认识，是基于时代的进步、科学技术的迅猛发展以及由此引起的社会结构的变化，目的是扩大党的社会基础，

---

① 范建中等：《当代俄罗斯政治发展进程与对外战略选择》，时事出版社 2004 年版，第 202—203 页。

争取最广泛的同盟军。人所共知，俄罗斯的知识分子在俄社会中历来就是一个有独特影响力的阶层。在经过了"反共"的狂热之后，在激进的"休克疗法"受挫之后，在昔日辉煌的大国地位沦丧之后，在不断的经济危机冲击之后，他们中的一部分人在冷静的思考后作出了抉择，自1994年以来加入或是支持俄共的知识分子一直呈上升趋势。当然，俄共作为平民主义的政党，对知识分子这支拥有巨大潜能的阶层也是竭力争取，俄共三大通过的党纲意味深长地在原锤子、镰刀基础之上加入了书籍。与此同时，俄共积极加强与俄罗斯科学界的联系，经常邀请俄罗斯科学界人士一起举办学术研讨会、圆桌会议，就俄罗斯社会经济问题、预算问题等进行交流，达成共识。俄共认为："我党支持国家科学发展计划，必须把科学界团结在我党周围，这没有什么不可能的。在俄罗斯，我党是唯一一个倡导跨党讨论发展科学以及在科学基础上发展经济问题的党，是唯一一个在维护科学院自治和传统问题上完全支持科学界立场的党，我们同样和俄罗斯科学界一起分析形势，一起探寻经济、生态、人口以及其他社会问题的解决方法。主要的是，没有人比科学界更能意识到现行方针的危险性，把真正的党和伪造的党区分开来。"因此，俄共获得了相当一部分知识分子的支持，该党在莫斯科州3个科学城的支持率都在30%以上（星城——34%，茹科夫斯基——30%，尤比列依——37%）。①

3. 俄金融企业界是俄共的重要社会基础

俄罗斯独立以来，出现了许多经济上颇具实力、政治上有相当影响的金融企业集团和实业家。他们为了维护自身利益，不满足于只在经济领域苦心经营，而是想方设法参政议政，其中一些企业家通过加入某个党派或对某个党派进行资助，扩大自身在政治舞台上的影响。而俄各类政党为了在政治斗争中赢得主动，也极力争取与金融企业集团开展合作。

在俄金融企业界集团中，除部分人支持"民主派"政党和民族主义政党外，还有一些金融企业家，特别是国有企业的负责人拥护共产党，主张在俄罗斯恢复社会主义制度。有的金融企业家虽不拥护社会主义，但其观点主张客观上带有某些社会主义的痕迹，对俄共实行社会公正、维护劳

① Мельников И. И. Об итогах региональных выборов и о задачах по подготовке к выборам в Государственную Думу. http：//www. kprf. ru/24. 03. 2007.

动人民利益的主张和行动表示支持，明确反对俄罗斯的买办—黑手党资本主义。支持俄共的企业家可分为以下两类：一是在原苏共中经商，而现在成为金融企业家的前官员。原苏共和俄共都拥有企业，据俄报刊披露，1990 年苏共拥有 600 多家企业，其中包括 10 家商业银行，在这些企业当中，苏共的资金高达 75 亿卢布（按当时价格计算）。[1] 苏联解体后，负责掌管和经营这些企业的苏共官员有不少成了新的金融企业家。由于与共产党有传统关系，这类金融企业界人士大都支持俄共。二是被称为"红色经理"的国有企业和股份制企业的负责人。这些人仍然主张或倾向社会主义，因此自然地支持俄共。

社会主义思想在俄金融企业界仍有一定影响，有历史和现实两个方面的原因。从历史原因看，社会主义制度在俄有 70 多年的历史，社会主义思想和生活方式已深入人心。尽管苏联的社会主义模式存在某些弊病，但其对苏联社会发展和人民生活水平的提高所起的促进作用，是不可否认的。正因为如此，一些金融企业家仍然向往社会主义。从现实情况看，俄罗斯的改革只是使少数人富起来，政局动荡、经济衰退、犯罪现象增加等严酷现实使一些企业家对西方市场模式和"民主派"的观点感到失望，开始怀念起社会主义。正是这部分拥护或倾向社会主义观点的金融企业家，在俄众多党派中选择了俄共作为支持对象。[2]

而俄共也把这些企业家看成是自己在金融企业界的重要社会基础，特别注意与他们的合作。为了扩大自己与金融企业家的联系，俄共还不断修正自己的行动纲领，特别是在 1997 年 4 月召开的俄共四大上，俄共明确提出要扩大自己的联盟范围，联合一切可以联合的力量。

俄共与金融企业集团的合作对其更好地开展活动起了一定的作用。首先，有利于扩大俄共的社会基础。俄共的主要社会基础是工人、农民和部分知识分子，通过加强与金融企业家的合作，使俄共党员的社会成分有了一定改变，在金融企业界的影响也有所上升。据俄一项民意测验资料显示，1996 年俄总统大选前夕，在准备支持久加诺夫的选民中，商人和企业家占 3%。[3] 其次，使俄共的财政状况有所好转。俄共作为俄最大的反

---

① 参见［俄］《世界经济与国际关系》1997 年第 3 期。

② 田永祥：《俄罗斯政党与金融企业集团的关系》，《东欧中亚研究》1998 年第 2 期，第 41—42 页。

③ 参见［俄］《今日商人》1996 年 3 月 19 日。

对党，一直在十分艰难的条件下开展活动，特别是"8·19"事件后被当局没收的苏共和俄共财产没有交还给俄共，使俄共的活动经费严重不足。通过发展与金融企业集团的合作，使俄共在1993年、1995年俄议会选举和1996年俄总统选举中得到了一些大金融企业集团的资助。再次，有助于提高俄共的政治地位。如在1996年俄罗斯总统大选前的几个月，一些俄著名金融企业集团负责人公开呼吁叶利钦与久加诺夫就分权达成协议，以维护社会稳定。当时俄一些政治分析家认为，这实际上是要求叶利钦将一部分权力交给共产党。①

总的来看，历届"政权党"等其他一些政党利用有利条件，与金融企业家的关系融洽。如第一个政权党"俄罗斯选择"之所以在1993年前后影响较大，除其立场观点反映了当时新兴的金融企业集团利益外，也与盖达尔等民主派掌权有关。其后，"我们的家园—俄罗斯"之所以得到了很多企业家的支持，一个重要原因就是因为该党把企业家作为自己的社会基础，把维护企业家的利益作为自己行动的重要目的。同时，该党作为"政权党"，不少党员在立法和行政部门中工作，可以利用手中权力反映和维护与自己关系密切的金融企业家的利益。而俄共一直处于反对派地位，手中无权，所以俄共与金融企业集团的关系远不如历届"政权党"等其他一些政党与金融企业家的联系密切，得到金融企业家的支持也不如历届"政权党"。不但俄共与金融企业家的联系面较窄、所获资助不多，更主要的是在俄政治斗争的关键时刻，金融企业家往往疏远俄共，甚至改变对俄共的支持立场。如在1996年俄总统大选中，大多数金融企业家都表示要支持叶利钦，一些原来支持俄共的金融企业家在大选临近时也站到了叶利钦一边，公开呼吁要投叶利钦的票。由此可见，俄共要扩大与金融企业集团的关系并争取其支持，仍然任重而道远。

二　俄共定位社会基础的理论依据

俄共定位社会基础的理论依据是其对俄罗斯社会形势和社会结构变化的认识。俄共认为，苏联解体后，反共力量的阶级本质，实际上就是寡头

---

① 田永祥：《俄罗斯政党与金融企业集团的关系》，《东欧中亚研究》1998年第2期，第42页。

资本、各级官僚和犯罪组织的联盟。一方面反共势力得到了加强，另一方面社会却进一步分化。苏联时期由工人、农民、知识分子组成的社会结构已经崩溃。随着建立在大工业和集体经济基础之上的苏联式经济模式的解体，工人阶级作为一个阶级在一定程度上分化了，既出现了工人贵族（尤其是能源领域），也出现了因为被边缘化而失掉了阶级本性的大军。但是无产阶级的中坚部分保存了下来，这包括在大型航空航天企业、国防和机械制造业领域工作的人们。① 基于这种认识，俄共作为一个以社会主义为价值取向、声称它继承列宁创建布尔什维克党以来的苏联共产党的宗旨、忠实捍卫劳动人民——工人阶级、农民阶级以及人民知识分子利益的政党，将工人阶级作为自己的阶级基础和核心社会基础也就在情理之中了，正如俄共中央主席久加诺夫所指出："俄共是代表工人阶级利益的政党，工人阶级依然是党的核心"，"说到扩大党的社会基础，须强调，它的主干过去是，现在是，将来也是工人阶级"。②

与此同时，农民阶级和工人阶级一样，原来在苏联是国家的主人，居于领导地位。苏联解体后，俄罗斯政府实行了以农业私有化为中心的农业改革，但是农业改革终因没有取得实际成效而失败，农业陷入极端困难的境地并一直处于危机状态。现在农民阶级中除了极少数人因农业私有化而发家致富成为农业企业主，绝大多数人收入不及最低生活标准，沦为贫困阶层，成为穷人，处于被支配地位。知识分子阶层的情况同样如此，在苏联，知识分子阶层是工人阶级的一部分。苏联解体后，在突如其来的市场化和民主化浪潮冲击下，知识分子阶层严重分化，苏联传统意义上的知识分子不复存在，少数人抓住机会登上了政治权力的顶峰，一些人步入商海，成为有产者。由于国家投入骤减，大部分知识分子收入微薄，沦为贫困者和穷人。由于农民阶级和知识分子阶层在社会中所占比重较大，俄共作为为人民利益而斗争的党，自然将其列为自己的基本社会基础。

再者，恢复重建后的俄共虽然以建立社会主义为奋斗目标，以共产主义为长远理想，但是在目前条件下，作为现政权的一个反对派，它打出的不是社会主义旗帜，而是爱国主义和民族主义的旗帜。俄共的所有任务都

---

① *О политических итогах выборов в Государственную Думу Российской Федерации и задачах КПРФ. Доклад председателя ЦК КПРФ Г. А. Зюганова на IX внеочередном съезде КПРФ.* http：//www.kprf.ru/09.01.2004.

② ［俄］久加诺夫：《俄共七大政治报告》，《对话》2001年第1期。

要服务于一个基本目标：取得政权。为了实现自己的奋斗目标，就要团结一切可以团结的社会力量，因此，俄共在强调其是代表工人阶级利益的政党，认为工人阶级依然是党的核心，农民和知识分子是俄共的盟友的同时，指出，民族的、爱国的实业界和中小企业家、成百万的小商小贩也是共产党应当争取的同盟者，要极力争取与拥护或倾向社会主义观点的金融企业集团开展合作。

三　俄共巩固并扩大社会基础存在的问题及出路

应当说，俄共作为一个以社会主义为价值取向的政党，对自身社会基础的定位是十分准确的。在 1996 年的调查中，俄共领导人久加诺夫在农民、工人和"脑力劳动者"中的支持率分别为 51.5%、33.7% 和 30%。又据 1998 年调查，俄共在工人、农民及退休人员中的支持率分别为 21%、18% 和 32%，在"富人"中的支持率仅为 2%，而在"穷人"和"赤贫"者中的支持率为 18% 和 27%，也就是说，俄共在贫困层的支持率为 45%，而贫困层就是以工人、农民和知识分子为主体的低收入层。与俄共相比，"祖国"和"亚博卢"在贫困层（包括"穷人"和"赤贫"者）中的支持率则只有 18% 和 15%。[①]

众所周知，苏联时期形成了由工人阶级、农民阶级和知识分子阶层组成的社会结构，即"两个阶级、一个阶层"单一的社会结构，这种社会结构具有僵硬、凝滞、分化程度低等特点。苏联解体后，俄罗斯走上了向资本主义方向发展的道路，伴随着激进的"休克疗法"式经济改革和私有化进程，俄罗斯政治动荡，经济崩溃，人民生活水平严重下降。在私有化的进程中，"民主派新贵"和苏联时期权贵阶层、官僚阶层利用国家政权作后盾，按权力、关系、社会地位为标准来进行"瓜分"国有财产和全民财富，而大多数依靠劳动而生存的普通劳动者被抛到了市场经济的激烈竞争之中，迅速贫困化。财富彻底的重新分配使俄罗斯社会结构发生了巨大的变化：原有社会结构逐渐瓦解，社会两极分化日益严重。可以说，私有化一方面造就了俄罗斯一代超级富豪，另一方面造就了一个庞大的贫

[①]　俄罗斯科学院社会政治研究所编：《俄罗斯：克服民族悲剧》，莫斯科 1999 年版，第 176—177 页。

困阶层。在俄罗斯，10%最富裕者的收入是10%最贫穷者的14倍，而这一数字在美国与欧洲仅分别为7倍和4倍。俄罗斯社会基本上形成了两个对立的阶层①：上层，占人口总数的6%—7%，主要包括"寡头"、大资本家、代表金融企业集团利益的政治家；下层，占60%以上②，包括经济上不独立的贫穷和最贫穷的社会集团，绝大多数的工人、农民阶级和知识分子阶层都在此列；而位于这两个对立阶层之间的中间阶层：一些中小商人和中小企业家虽然产生了，但人数不多，经济和政治上软弱无力，没有发挥稳定和凝聚的职能。

私有化掠夺分化了俄罗斯，也激起了俄罗斯普通民众的强烈不满。如今，许多普通俄罗斯人在谈到私有化以及在私有化浪潮中青云直上的富裕阶层时，往往用"仇恨"来形容他们的心情。早在20世纪90年代，普通百姓开始产生了怀旧心理，缅怀苏联社会主义的种种好处。俄共得以重建后，提出了推翻现存社会制度，重建苏维埃社会主义政权，进而实现革新的社会主义，这在当时非常迎合普通民众的心理，因"民主派"推行的社会激进改革而出现的社会大量贫困阶层开始倾向左翼反对派，这为俄共的迅速崛起奠定了良好的群众基础。依靠社会贫困阶层的支持，俄共取得了议会选举的胜利并成为他们在议会中的代言人。因此，俄共将自己的社会基础定位为社会贫困阶层，正是这种相互依存关系决定了俄共的行动纲领必须以社会贫困阶层的意愿为出发点，即使这些意愿并不符合社会发展的总体方向，社会贫困阶层固有的保守性对俄共的政治思维和行动纲领起着束缚作用。为了满足贫困阶层对现政权的普遍不满情绪，俄共不得不将自己置于现政权与现制度的对立面，以致常常被视为阻碍社会进步的保守势力而受到其他社会阶层的孤立。③

普京2000年就任总统后，结束了长期以来俄罗斯社会纷争不已的局面，实现了政治稳定，经济连续多年持续增长，改善了民众生活。经历了长达十余年的贫困和动荡，俄罗斯人对普京执政以来出现的政治稳定和经济增长格外珍惜。正如俄著名学者、全球化问题研究所所长鲍·卡加尔利

---

① 因为社会分层问题不是本书探讨的重点，所以采用的是最宽泛意义上的分类法。

② 由于统计标准不同，数据有些出入，但俄罗斯存在大规模的贫困现象，却是俄罗斯各界都承认的一个不争的事实。

③ 李雅君：《俄罗斯共产党：发展历程及其势衰原因》，《东欧中亚研究》2002年第6期，第11页。

茨基所言："三年的工业增长如今正影响着选民的行动。总体来说，在这十年间人们在某种程度上已经融入了新的现实当中，意识到了自己的利益，他们已经不再凭激情而是根据自己的利益做出自己的选择。"① 而且普京当选总统后曾表示政府将考虑那些支持俄共的选民的利益，他的这种平民主义治国思想赢得了部分贫困阶层的好感。随着国家经济状况的好转，以及普京推行了一系列消除社会贫困的措施，曾在社会人口中占相当比重的贫困阶层正在出现分化，社会贫困人口的数量也在相对减少，这客观上造成了俄共赖以存在的社会基础的萎缩。

这一切迫使俄共不得不从理论上重新审视自己社会基础方面的工作。进入 21 世纪以来，俄共领导人每次总结竞选经验教训时都要提到，"党至今未能成为工人运动的主导力量"，党在乡村的组织薄弱，缺乏在农村和农工综合体内的竞选计划，并一再强调要加强党对工业企业、农村和新兴科技部门选民的影响，争取熟练工人、农民和科技知识分子的支持。②

其实，俄共早就意识到了将自己的社会基础定位为贫困阶层的缺陷性，并为此做了大量的工作。首先，从理论上，俄共力图扩大自己社会基础的外延，将所谓的"白领阶层"纳入工人阶级的范围。1995 年俄共第三次代表大会通过的《俄罗斯联邦共产党纲领》指出："在科技进步的过程中，城市和农村的工人阶级正焕然一新，它已经开始进行根本的素质和结构更新。生产需要狭窄专业范围工作人员的时代已经一去不复返。现在，生产越来越需要有精湛技术知识和视野开阔的有高级技能的工作人员。大批工程技术人员进入工人阶级队伍。由于这种发展进程，正在形成先进的队伍，即现代工人阶级队伍的核心。共产党人在这个更新的劳动人民大家庭中发现自己的主要社会基础。他们首先向它宣传自己的理想，促使劳动人民意识到自己的利益并在国内和国际范围内实现这一利益。在即将到来的 21 世纪，这个社会先锋力量不仅掌握着俄罗斯的命运，而且还掌握着整个人类文明的命运。"其次，坚决反对土地私有化以获得农民阶

---

① ［俄］鲍·卡加尔利茨基：《俄罗斯联邦共产党的微弱魅力》，载于《新报》2002 年 1 月 23—29 日。

② *Трудный марафон. О стратегии КПРФ в избирательных кампаниях 2002—2004 гг. Доклад Г. Зюганова на пленуме ЦК КПРФ 22 июня 2002 г.* Советская Россия, 25. 06. 2002.

级的支持。对知识分子阶层也是竭力争取，俄共三大通过的党纲意味深长地在原锤子、镰刀基础之上加入了书籍。2000 年 12 月俄共七大又强调，民族的、爱国的实业界和中小企业家、成百万的小商小贩也是共产党应当争取的同盟者。但是党的领导层力图扩大社会基础有时却遭到党内传统力量的抵制和反对，从而导致了俄共的势衰。

此外，苏联剧变后，在私有化的推动下，除了原来的工人阶级、农民阶级和知识分子阶层外，俄罗斯社会还产生了资产阶级和中产阶级，资产阶级人数虽然不多，但他们掌握和支配着大量的生产资料，具有强大的经济、政治影响力，形成强资本、弱劳动的态势。特别是在执政当局的精心培育下，中产阶级队伍不断扩大，它们是中派政党的阶级基础，这也是中派政党势力越来越大，能够在国家杜马中挫败俄共的直接原因。不断壮大的资产阶级和中产阶级构成了新政权的阶级基础，而俄共的依靠力量——工人阶级、农民阶级和知识分子阶层手中只掌握较少的生产资料，队伍趋于萎缩，沦为弱势阶级，这使得作为其利益代表的俄共的社会基础趋于弱化。俄共要想打破传统的理论框架，巩固并扩大党的社会基础，必须在以下几个方面有所作为。

第一，俄共必须从理论上更准确地界定自己的社会基础，以明确党到底依靠谁的问题。当今世界正处在向后工业化的即信息化社会的过渡阶段，由于新的技术的出现，劳动的性质正在发生变化，这会给"工人阶级"、"劳动者"等概念打上新的烙印。因此，目前俄罗斯的社会阶级结构正处在分化改组之中，尚未完全定型。俄共必须运用马克思主义的基本立场和观点，结合俄罗斯的现实国情，更准确、客观地揭示和表述当代俄罗斯社会阶级和阶层的现状及发展趋势。只有如此，俄共才能从理论上更准确地界定自己的社会基础。

第二，俄共必须加强对群众的政治工作以获得支持、赢得民心。俄共认为自己的社会基础是工人阶级、劳动农民和人民知识分子以及所有劳动人民所结成的联盟。但今天，这些力量四分五裂，他们反对当局的行动仍然是自发的、无组织的。作为一个劳动人民的群众党，俄共必须利用一切合法机会，将议会内与议会外的斗争结合起来，维护劳动人民的利益，赢得他们的支持。

第三，俄共必须要成为工人阶级运动的领导力量。由于工人阶级运动因大型劳动集体的瓦解而受到削弱，进而表现出斗争决心不坚定的倾向，很容易被资产阶级的小恩小惠所收买。① 因此俄共必须对工会工作倾注极大精力。这不是一件简单的事情，但是达不到这一点，就不可能从经济上和政治上将民众中最积极的部分吸引到自己的方面来。建立左翼工会不仅是党的要求，而且是时代的要求。与此同时，加强党对劳动集体和工人运动的领导必须成为党的工会工作的重要内容。正如俄共主席久加诺夫所言："我们对社会组织和工会组织的工作力度很弱，根据'谁不和我们站在一起，谁就是我们的敌人'的原则，把自己封闭在党的小圈子里，这样绝对不行！我们不能从自己的需求出发，而必须从民众的需求出发。当民众切实感觉到我们的支持，他们就会开始支持我们。而不是相反！尤其要用这样的态度对待刚成立的独立工会。"②

第四，俄共必须加强农村工作。20世纪90年代，农村选民一直是俄共的主要支持力量。美国学者斯蒂芬·韦格伦通过对俄罗斯5个地区农村的抽样调查分析表明，在90年代3次（1993年、1995年、1999年）国家杜马选举中，"农村选票是俄联邦共产党再度崛起的一个关键因素，特别是南部农业地区，由于支持共产党候选人而被称为'红色地带'"。③ 然而俄共对农村工作并没有给予特别重视，从而造成了农村支持选民的大量流失。近年来，俄共逐渐意识到在此问题上的失误，开始注重农村工作。俄共认为，由于农村社会分化，寻求一些新形式对农民进行支持、帮助农民实现政治认同，这是俄共农村工作的头等大事。有鉴于此，俄共必须继续与俄罗斯农工联合体工会和科研机构紧密合作，反对出售农用土地，继续寻求国家力量，大力支持农业联合体，使国家政策向农业倾斜。

第五，俄共必须进一步加强与社会知识阶层的联系。俄共之所以在与现政权的政治斗争中难以提出符合俄罗斯社会主流民意的主张，与俄共党内缺少具有先进思想的知识分子有很大关系。在任何一个社会里，任何一个政党要想获得政权，离开了知识阶层的支持都是不可能的。在居民文化水平很高的俄罗斯，知识分子的地位和作用更明显，对社会发展起着至关

---

① 王宏伟：《苏联解体10年后的俄罗斯联邦共产党》，《求实》2001年第12期，第41页。

② *Модернизация партии — наша главная и безотлагательная задача. Выступление Г. А. Зюганова на XIII пленуме ЦК КПРФ.* http://kprf.ru/22.03.2008.

③ ［美］斯蒂芬·韦格伦文，王军译：《俄共在农村的选举支持及其对俄罗斯政党体制的意义》，《当代世界社会主义问题》2005年第2期，第37页。

重要的影响。近年来，俄共非常重视加强与科学知识界的联系，并取得了不小的成绩。为此，俄共必须进一步加强与社会知识阶层的联系，建立独具特色的"俄共支持者"知识界联盟。

第六，争取中产阶级的支持。俄在实行私有化后，一直致力于造就一个人数庞大的中产阶级。但由于俄社会经济环境不佳，中小企业发展困难重重，国家财政拮据，缺少国家政策扶持，作为中产阶级主体的中小企业家发展缓慢，大部分专业技术人员和知识分子收入微薄，生活状况恶化，使得中产阶级队伍难以壮大。特别是在 1998 年的金融危机中，中产阶级遭到重创。1800 个银行大部分倒闭或待整顿，许多银行职员失业或暂时失业。大批中小公司的倒闭和裁员，使得不少白领人员沦为失业者。恶劣的经济环境、持续的经济危机使得俄中产阶级队伍不够稳定，难以迅速形成一个拥有相对稳定收入、人数众多的阶级。但是要想使俄罗斯社会、经济更加稳定，必须具有培育这个阶层的国家政策。因为国际经验表明，社会稳定和国内有支付能力的需求以及可转为投资的长期储蓄的增加，主要依赖中产阶级。因此，俄共要想扩大社会基础，成为一个面向未来的党，必须将此方面的工作纳入俄共发展的日程。

第四章　俄共关于政治、经济和
社会发展的基本主张

1995 年俄共三大通过的《俄共纲领》提出，俄共以建立社会主义为奋斗目标，以共产主义为长远理想。1997 年俄共四大对纲领进行了修改，但仍保留三大确定的基本方向。为了实现在俄罗斯复兴社会主义的奋斗目标，俄共提出了自己关于政治、经济和社会发展的一系列基本主张。

一　俄共的基本政治主张

1993 年 2 月俄共恢复重建以后，首先对苏共的历史进行了反思，对现政权推行的社会经济政策提出了批评。同时强调了重建后的俄共的任务，认为，俄共应吸取苏共的教训，"利用各种符合宪法的手段、方法以及政治斗争的形式来争取国家政权"。为了适应对自身不利的社会环境，在选择合法斗争道路的同时，俄共在思想路线方面进行了更为深刻的调整，并结合俄罗斯具体的现实情况，进一步明确了自己在政治领域的基本主张。

1. 在政权问题上的主张

恢复重建后的俄共虽然以建立社会主义为奋斗目标，以共产主义为长远理想，但是在当时条件下，作为现政权的一个反对派，它打出的不是社会主义旗帜，而是爱国主义和民族主义的旗帜。俄共的所有任务都要服务于一个基本目标：取得政权。俄共认为，当代俄罗斯的主要问题是政权问题，现政权正在使俄罗斯走向深渊，它垮台越早对俄罗斯的复兴越有利。但俄共也认识到，当前俄罗斯不存在采用激进手段改变现行制度和政策的形势，它主张比较符合实际的斗争策略。

针对夺取政权的战略目标，俄共又制定了一系列具体的斗争手段和形式。这些斗争手段和形式构成了俄共在政权问题上主张的基本内容。1999年俄共中央第七次全会进一步明确提出，俄罗斯共产党人的战略目标是：

废除现存的反人民政权，恢复以劳动权和社会主义原则为基础的人民信任的政权，提高人民的生活水平，保持国家的统一和领土的完整。由此可见，在整个叶利钦时代，俄共始终把夺取政权作为自己的战略目标和首要任务。

既然目标的第一步是夺权，那么最核心的问题就是确定先夺哪一部分权力和如何夺权。由于在俄罗斯现行宪法结构中政党难以对政府组成及运作施加重大影响，因此，俄共同其他俄政党一样，把斗争目标首先针对着议会和总统选举。

第一，俄共力争通过议会选举的胜利，达到宪法多数，即获得2/3的议会席位，以便修改宪法。提修改宪法，就意味着俄共在事实上承认并接受了现行宪法，并竭力在宪法和法律框架内进行活动。尤其在1993年10月事件中，俄共采取了谨慎的态度，因此避免了再次遭受组织上打击的危险，并作为唯一左翼政党的代表参加了1993年国家杜马选举，一跃成为第三大议会党团。在1995年和1999年的两次议会选举中，俄共均获得了党派席位第一的成就。

第二，俄共主张运用议会内外所有合法的方式，为尽早结束现政权的统治而斗争。俄共三大宣布要用合法的手段推翻反人民的黑手党买办集团，建立劳动者的、爱国力量的政权。为此，俄共首先把国家杜马变成抗议政府的讲台，充分利用叶利钦和政府在改革进程中的重大失误，特别是某些危机局面，扩大自身的政治影响和地位，如1994年10月、1995年6月和7月三次提出对政府不信任案，1998年的两次政府危机，1994年、1995年、1997年和1999年四次提出弹劾总统议案等。同时，努力把议会内政治斗争和议会外的群众运动结合起来，广泛进行宣传鼓动，组织针对现政权的抗议活动，甚至采取大规模示威游行、罢工等激进斗争方式，反对该政权将国家日益资本主义化和"殖民地化"的政策，提出了停止私有化、修改宪法和要求总统辞职的动议，并且主张通过有组织的群众性罢工以及党和工会的协调行动，坚持完成业已开始的罢免总统的宪法程序。

第三，在处理与现政权关系的问题上，俄共基本上采取了"不妥协的"但是"负责任的"反对党策略。1996年6月俄罗斯第二届总统选举后，俄共派代表参加了政府，并且提出了有限度地支持政府的策略。俄共四大后又提出对现政权采取"不妥协的"但是"负责任的"反对派立场。一方面，对执政当局采取不妥协的立场，反对其反人民的方针。所谓

"不妥协"，就是把以叶利钦为代表的现政权视为"反人民政权"，并与之进行不调和的斗争；另一方面，在不放弃根本原则的前提下，又要从国家和民族的全局利益出发，以各种可能的方式支持政府的合理主张，促进新的社会经济政策的制定。并且在一系列维护国家根本利益、尊严和完整的重大问题上，在事关国家稳定和发展的关键时刻，俄共不排除采取建设性立场并与现政权进行有限合作的可能。所谓"负责任"，就是俄共首先考虑的不仅仅是一党利益，而是国家和民族的全局利益。例如，俄共对政府在科索沃危机、第二次车臣战争和俄白联盟等方面的政策，给予了充分支持；在最近两年的财政预算案审议时大都开了绿灯；与左翼反对派的极端组织保持了一定距离，等等。鉴于政府的成分复杂，存在不同的政治派别，同时也为了扩大人民爱国力量的阵地，其后俄共又提出了"选择性支持"政府的策略。

第四，在国家杜马和总统选举问题上，俄共高举的不是其纲领确定的社会主义旗帜，而是大力宣扬爱国主义和强国思想，主张在俄罗斯人民爱国联盟的基础上实现一切健康的社会政治力量的广泛联合。这是因为，尽管俄共主要代表改革受害者、生活贫困者和退休老年人等广大普通群众的利益，拥有自己的传统选民，但新的拥护者并不多。近年来随着俄罗斯危机的加深，尽管对现政权及其自由主义政策不满的人日益增多，但他们并没有明显的意识形态倾向。然而，竞选的决定性战役恰恰将围绕他们而展开。想要赢得这些选票，俄共认为必须联系代表改革中产生的中小资产阶级利益的政治力量，团结包括左翼、中间力量和民族主义、极端主义政党在内的一切力量，建立广泛的人民爱国联盟，依托联盟并向选民阐明，俄罗斯民族和国家利益的代表是人民爱国力量，不是形形色色的自由主义者和寡头政治的执政者。

为实现夺取政权这一战略目标，俄共自1993年起即提出"进入政权"的口号，通过竞选，参加各级议会和政府，以达到逐渐改变现行政治制度的目的。俄共的斗争取得了明显的成效。

然而，自从1999年12月叶利钦宣布辞职之日起，俄共的战略目标就面临重大挑战。在2000年春举行的总统选举中，俄共候选人久加诺夫在第一轮就惨遭淘汰。究其原因，是由于普京带有温和色彩的竞选纲领赢得了大多数选民的支持，普京的所作所为基本上满足了多数俄罗斯人盼稳定、求发展的追求目标，普京给老百姓留下的是"稳健"、"实干"、"铁腕"、"健康"、"胆大心细"等印象，这些正是俄罗斯人所喜欢的个人品质。这样，普京就填补了老百姓心中原来对俄共所寄予的期盼，从而打掉了俄共在未来相当一个时期里夺取政权的可能性。[①] 据俄罗斯的政治家观察，这种选举结果严重挫伤了俄共的士气，使许多党员骤然丧失了明确的斗争目标。因为"人格化的敌人"的色调不那么明显了，许多党员不知道谁是敌人，搞不懂该提出什么口号和该怎样行动。[②] 鉴于这种情况，俄共七大回顾了叶利钦时代俄共争取社会主义斗争的实践，克服了党在近期奋斗目标上的急躁情绪，放弃了"推翻现政权"、"恢复社会主义制度"、"拯救民族和国家"等提法，确定了俄共在世纪之初的新战略目标：由夺取政权转向宣传群众。久加诺夫和第一副主席库普佐夫都在某种程度上承认，近年来俄共由于忽略了对基层群众做工作，使党与群众的关系变得疏远起来，上层与下层脱节，这直接影响了党在人民群众中的号召力。这对一个自称是代表广大劳动人民利益的政党来说是致命的。党内也早就有人提出过警告，假如党把议会斗争和在选举中取胜当成是唯一的政治赌注，那必定会犯战略性错误。[③] 基于此，俄共七大提出的三项纲领性任务的第一项就是"加强党对劳动集体等基层群众组织的影响"，强调把议会内工作与议会外工作有机地结合起来，团结劳动人民为争取自己的利益和权利而斗争，从而重新赢得大多数民众的信任和支持。

　　与此同时，俄共提出，在目前尚未夺得政权的情况下，党向社会提出与当局政策不同的可供选择的替代方案，始终不渝地贯彻国家复兴纲领。为此俄共七大宣布成立"影子内阁"，继续积累治国经验，准备承担国家发展的责任，"与同盟者一起组成人民信任的政府"。并注意运用共产党人及其同盟者手中所掌握的联邦、地区和地方的权力杠杆，"将红色地带和爱国主义地区变成国家在摆脱危机、利用现代经营方法和复兴社会公正方面获取先进经验的基地"。[④]

　　在 2003 年 12 月 7 日举行的俄罗斯联邦第四届国家杜马选举中，俄共受到重创，沦为杜马第二大党。12 月 28 日，俄共在莫斯科召开（非常）

---

① 杨玲玲：《国外社会主义前沿和热点问题研究》，云南人民出版社 2001 年版，第 107 页。
② 刘淑春：《后叶利钦时代的俄共》，《当代世界与社会主义》2001 年第 1 期，第 90 页。
③ 参见［俄］《共产党人》2000 年第 4 期。
④ 臧秀玲：《普京执政以来俄共的新探索及其困境》，《当代世界社会主义问题》2002 年第 4 期，第 68—69 页。

九大第二阶段会议（第一阶段会议于 9 月份召开），俄共中央主席久加诺
夫在大会上作了报告，对俄共参加杜马选举结果进行总结，并提出下一步
的任务，再次强调了工作重心的转移问题。他认为，"我们的工作重心应
当转移到群众中去，转移到地方上去。我们必须和人民在一起，正是他们
的积极性决定着我党和国家的命运。我们应当避免议会贵族习气、官僚习
气以及把党的工作局限于无休止的会议的做法"。与此同时，"明确民众
关心的问题并组织斗争，抑制人民生活的恶化。只有这样，我们才能得到
人民的支持和信任。他们首先关心的是就业和工资、衣、食、药品涨价、
住房和公用事业服务改革、有偿教育和医疗、冬季供暖问题，建议就此举
行全俄抗议行动"。① 此后，俄共决定把斗争的重心转到议会外，发动和
组织民众进行抗议活动，"从社会防御转向社会进攻"。

　　近年来，经过一系列的严重挫折和打击，俄共目前对通过议会斗争夺
取政权不抱太大希望，而是把主要力量放在议会外的抗议运动中，并明确
提出要根本改变现行制度。久加诺夫在十一大报告中提出，作为一个先锋
队，党不仅要反映群众的现实要求，站在抗议运动的前列，还要看得更
远，提出下一步的口号。当前，群众在社会公正方面的要求可归结为三个
方面：富人要和穷人分享；当局要保护穷人不被富人剥削；当局要给穷人
提供优惠。但这仅限于重新分配财富，无异于被掠夺者只要从掠夺者那里
分一杯羹就行了，而不是改变占统治地位的所有制形式。共产党人的任务
是，应当明确地向人们解释，俄共的斗争不是在不改变所有制关系和政治
制度的情况下仅仅为人民讨要一点小恩小惠，而是要夺取政权和争取劳动
人民的所有权！②

2. 在宪法改革问题上的主张

　　修改宪法的问题一直是俄共最为关注的政治问题之一。如果说在其他
问题上，俄共采取了比较灵活的策略，则在修宪问题上，俄共的态度一直

---

　　① *О политических итогах выборов в Государственную Думу Российской Федерации и задачах КПРФ. Доклад председателя ЦК КПРФ Г. А. Зюганова на IX внеочередном съезде КПРФ.* http: // www. kprf. ru/09. 01. 2004.

　　② Зюганов Г. А. *Народный подъем в России и задачи партии. Доклад ЦК КПРФ XI (внеочередному) съезду партии.* http: //www. kprf. ru/29. 10. 2005. 参见刘淑春等《当代俄罗斯政党》，中央编译出版社 2006 年版，第 148 页。

比较强硬。俄共提出对宪法的修改意见主要有：

第一，俄共认为，俄罗斯帝国的宪法主张东正教和君主制，苏联宪法的基本原则是共产主义思想和苏维埃政权，现行的俄联邦宪法则宣扬自由主义、世界主义和分散主义，这直接违背了国家独立发展和历史继承性原则，使俄罗斯的政治体制无法运转。宪法中有关民族问题的规定为民族地区危险的分离主义倾向提供了自由发展的可能，破坏了民族间的和谐与团结。因此，修改宪法必须首先从引言入手。

第二，俄共认为，根据"土地和其他自然资源可以采用私人所有、国家所有、市场所有和其他各种所有制形式"的宪法规定，金融巨头们不仅可以低价购买工矿企业，而且将以新生活主宰者的身份收购土地。因此，现行宪法反映了少数投机资本家的利益，贫富悬殊的社会不平等将永世长存。

第三，俄共认为，现行宪法规定"任何意识形态均不得被确定为国家的或必须遵循的意识形态"，这直接否认了国家的意识形态，将陷入不负责任的唯心论的泥潭。如果国家没有系统的政治、法律和道德的活动方针，它就无法确定诸如"民主"、"自由"、"社会公正"等重要概念的实际内容。如果缺乏正式的国家意识形态，执政当局的独裁专断就将成为评判重要社会过程的主要标准。因此，俄罗斯迫切需要确定国家的意识形态。

第四，俄共认为，现行宪法赋予总统的权力远远超过了民主制国家总统所拥有的权力，因此宪法改革的核心内容就是要严格限制总统的特权，提高政府的自主地位，扩大立法机关的职能。俄共明确提出：（1）在宪法第 83 条中必须规定，任命总理、副总理，内务部、外交部、财政部、国防部等内阁的主要部长，以及对外情报和联邦安全部门的领导人需得到国家杜马的同意。（2）在宪法第 103 条和第 112 条需相应规定国家杜马的权能和总理组阁的程序。（3）在宪法第 117 条中需明确规定，总统必须在规定期限内对杜马不信任的部长提出审理意见。如果总统不愿辞退而杜马再次表示不信任，犯有过错的部长仍应离职。（4）杜马同意任命的部长还应接受人民代表的监督。俄共主张恢复苏维埃宪法第 70 条之规定，即由独立的人民监督机构来实现这种监督。① 为此必须"以苏维埃民主政

---

① 范建中：《世纪之交的俄共：基本主张与策略方针分析》，《当代世界与社会主义》1999年第 4 期，第 60 页。

治的宪法取代总统专制的宪法。为了改变国家的现状和改善公民的生活，使俄罗斯摆脱危机和走向未来，必须使社会生活苏维埃化，权力执行机构服从于人民代表机构"。

3. 在政治体制和国家体制改革问题上的主张

俄共在政治体制和国家体制改革问题上的主张如下：（1）选举制度民主化，彻底阻隔金钱和行政杠杆对选举的染指，大力加强劳动集体的作用和社会舆论对选举运动各阶段的监督；（2）宪法明文规定政权的选举机关有权独立审理和决定一切涉及联邦、联邦主体和市政机构的选举问题；（3）实行俄罗斯总统和副总统由有各地区代表参加的联邦大会选举的制度，总统和副总统向议会负责；（4）建立议会多数的政府，由议会批准政府首脑，政府每年向议会代表报告工作，议会有实际可能对政府或个别内阁成员表达不信任；（5）加强议会的主要功能——立法活动和对政府工作、对预算和法律执行情况的监督，还议会推动自己通过的法律的权利；（6）取消地方自治机构与国家政权分离的原则，建立统一的、自上而下相互作用的代议机构体系；（7）实行州长和地方自治首脑由居民组织的代表选举的制度，并恢复地区和地方执行权力机构的两级从属制——既从属于上一级执行权力机构，又从属于同级代表权力机构；（8）对各级代表机构的代表实行无条件的授权制，监督代表对选民承诺和竞选纲领执行的情况，代表定期向选民汇报工作，选民有机会召回代表；（9）保护公民参与和管理国家与社会事务的权利，保障召开大会、集会、游行、全民公决、讨论法案的权利，明确审议公民提出的呼吁和建议的程序；（10）政党和社会联合组织参与国家职能的实施，坚决制止对反对派的迫害（因为没有反对派就不可能存在真正意义上的议会和公民社会），进入大众传媒的机会平等；（11）恢复审判员、陪审员和人民陪审员制度，保持统一的检察机关监督的体制，使之作为同腐败和犯罪作斗争的最重要手段。①

---

① *О новой ситуации в стране и задачах по выполнению решений X съезда КПРФ. Доклад Г. Зюганова пленуму ЦК КПРФ 23 октября 2004 года.* http：//www. kprf. ru/23. 10. 2004. 参见刘淑春等《当代俄罗斯政党》，中央编译出版社 2006 年版，第 168—169 页。

4. 在中央集权制问题上的主张

俄共坚持认为，俄罗斯所有问题的解决，都与恢复国家的集中管理和有力的垂直权力体系有关。因为俄罗斯作为一个统一的国家，中央实际上已丧失有效地影响地方的能力，各联邦主体已出现不依赖中央政权的自主性联合。为了消除国家分裂的危险，俄共认为必须重新确立国家中央集权制原则并且做到：全力制止社会进一步分裂为世界观对立的各种集团，并推出能使社会恢复统一的新的全民族的意识形态——俄罗斯思想；恢复遭到破坏的中央国家政权机构，更换政治体制，制定整顿国家政权一切基础性环节的综合纲领；通过法律手段立即撤销危害国家统一的地方领导人的职务，在现有条件下恢复垂直权力体系的主要原则，将中央集权制和民主制结合起来。

与此同时，关于各联邦主体，俄共认为，联邦中央的地方政策也不能将所有的资源和资金都集中于中央，压制地方的积极性。从而使地方政权变成联邦政权的附庸。为此，俄共主张在中央和地方关系方面，地方应有足够的全权和资金保障以解决自己的问题，国家的任务是帮助地方发展。[1] 俄共提出，第一，重建联邦委员会的政治作用和权威；第二，税收的再分配要有利于地方，按照预算法典所规定的那样，恢复中央与地方各50%的比例；第三，地方自治机构重新纳入国家政权体系，分配给它们相应的物质资源。

二　俄共的基本经济与社会主张

众所周知，1991年"8·19"事件后，苏联解体，俄罗斯新政府开始执政，这标志着俄罗斯终于走上了向资本主义方向发展的道路。伴随着政治体制的急剧转变，俄罗斯积极实行经济改革，力图从原有的计划经济体制迅速地向市场经济过渡。1992年1月俄宣布放开物价，"休克疗法"经济改革方案正式付诸实施。然而，经济改革不但没有达到预期的效果，反而引起了严重的经济危机，导致了人民生活

---

① 刘淑春：《夺回失地的战斗——杜马竞选中的俄共》，《国外理论动态》2003年第10期，第3页。

水平一落千丈。

1993 年 2 月俄共恢复重建后，面对持续的经济衰退和日益严重的危机，俄共反复强调反对"休克疗法"，主张"有计划的市场经济"；反对私有化，反对土地私有化和自由买卖，主张以公有制为主的多种经济并存；反对社会的资本主义化，主张消灭人剥削人的制度，建立以社会公正为价值取向的社会主义社会。

1994 年 3 月，俄共中央执委会全会讨论通过了题为《从危机走向稳定发展、人民政权和社会主义》的新党纲提纲，全面阐述了俄共关于经济和社会方面的主张。这些主张被写进了 1995 年 1 月俄共第三次代表大会通过的《俄罗斯联邦共产党纲领》。此后，俄共领导人久加诺夫等以及党的理论家，结合不断变化的现实生活，发表了许多讲话和文章，进一步系统了俄共在该领域的政策主张。

1998 年俄罗斯爆发了金融危机，面对危局，叶利钦不得不任命反对派推荐的普里马科夫担任政府总理，俄共的马斯柳科夫任第一副总理，从而将俄共的经济和社会方面的主张部分地付诸实施。经过政府的艰苦努力，到当年年底，俄罗斯的紧张局势得到控制，经济危机有所缓和，而且出现恢复态势。此后继任的斯捷帕申和普京都继续推行普里马科夫政府的经济政策，坚持加强国家宏观调控，采取重组银行与债务的政策，努力发展民族经济，再加上世界能源和原材料价格大幅度上涨，以及卢布贬值刺激了出口的增加等等，俄罗斯经济在 1999 年出现好转，并在此后的数年里保持了持续增长。

2003 年 3 月，俄共八届十一中全会听取并通过了久加诺夫所作的《关于当前形势和党为使国家摆脱危机而提出的刻不容缓的建议》的报告。久加诺夫在报告中认为，当前俄罗斯并没有摆脱危机，要根本扭转俄罗斯的经济和社会形势，必须加强国家宏观调控，促进工农业生产（包括中小企业）的发展，并恢复各联邦主体的自主权，以保障地方有足够的全权和资金解决自己的问题。[①]

2005 年政府出台福利制度改革方案后，俄共进一步提出了针对各部门发展的纲要，涉及对科学和教育的扶持、对"休克疗法"改革初期被

---

① *O текущем моменте и первоочередных предложениях партии по выводу страны из кризиса. Доклад Г. А. Зюганова на пленуме ЦК КПРФ.* http：//www. kprf. ru/10. 03. 2003.

冲销的居民存款进行补偿、抢救农工综合体，等等。①

综合起来，俄共的经济主张主要有：

改变经济方针，停止"强制实行私有化，特别是对大中型企业"，建立"有计划市场经济"，即在国营经济成分占绝对主导地位的条件下实行多种形式所有制；采取国家调控的紧急措施，以制止生产衰退，遏制通货膨胀，稳定和降低各种主要产品的价格，首先是食品和重要的工业产品价格，提高人民的生活水平；制止违背国家利益和人民权利掠夺国家和社会财产，对被非法侵占的财产重新实行国有化，恢复全民或集体所有制；保证国家对所有经济部门国有财产的有效管理，保证国家对进出口业务实行监督，保留国家对药品和其他重要社会消费品价格的调节，保留国家对烟、酒产品生产与销售的垄断权以及对战略性产品出口的专营权；有针对性地制定国家计划，扶持国民经济具体部门的生产者，首先是扶持科技密集型、科技含量高的生产部门，实行国家保护主义与有效吸引国外投资相结合的政策，实行关税保护政策，以促进国内的生产，采取严厉措施，制止资本流失国外；改革税收政策，把税收的重心从低收入居民向高收入者和超高收入者转移，真正降低劳动和生产的税负，免除用于发展生产和科研开发等目的的支出的税负，以刺激生产，加大对国内生产的投资，恢复和提高土地利用率；将中央银行、对外经济银行的一切货币财源集中在国家手里，对金刚石、黄金和其他最贵重的稀土元素矿产资源实行国有化；实行严格的国家信贷和货币政策，理顺金融体制，通过必要的渠道与机制使货币向生产领域流通，重组企业债务，恢复企业的周转资金，实现货币周转正常化；在金融领域实行严格的国家监督，以制止资金向国外流失或者由实际部门流入金融投机者手里，国家监督商业银行和其他信贷金融机构及各种基金会的活动，外汇业务归口到国家银行；对燃料动力、冶金、化工、军工、海运、航空和海洋渔业等最重要的具有战略价值的企业实行国有化，至少将自然租金收缴国库，但国有化不是剥夺，国有化是私有化的逆向措施；国家调控军用品的订购、生产和销售等全部业务，制定切实可行的军工企业转产计划；国家支持农工综合体，无论其组织形式和所有制形式如何，争取工农业产品的价格平等；国家对出口原料、紧俏食品及

---

① У Власти — пропаганда, у КПРФ — созидательная программа. Г. А. Зюганов выступил на совещании руководства партии и депутатов фракции КПРФ. http://www.kprf.ru/07.09.2005.

其他具有战略意义的消费品实行专控；确立国家对大型项目资金开支的监督以防止部门主义和地方主义；在土地问题上，认为土地、森林、矿藏、生物自然资源是自然界给予社会的共同赠品，属于全民所有，坚决反对实行土地私有制，不允许私人拥有和买卖土地，不许私人贩卖自然资源，实行"土地属于人民，属于耕种者"的原则，制定《土地法》，把土地这一基本生产资料变为全民财产，允许农场主和个体农民长期使用，有权承包或继承，但无权买卖，国家对租用土地的集体生产单位、个体农户和外国人实行合理征税，属于私人所有的只能是居民住宅旁的自种园地，以及别墅和果、菜园地；集体农庄和国营农场应构成农业生产的基础，国家对其予以保护并提供巨额补贴。整顿国家调控机构的秩序，使经济摆脱官僚主义的桎梏，同政权和执法机构的腐败作斗争，建立公民对政府行为真正严格的监督机制；取消独联体国家间的关税壁垒，实现独联体国家的经济一体化。

俄共的社会主张主要有：

保证维护劳动集体所有制；恢复公民的社会经济权利：劳动权、休息权、住房权、免费受教育权和免费医疗权、老年生活保障权；通过《就业法》和《防止失业法》，制定保证居民就业的国家和地区计划，采取消灭失业现象的综合性措施；国家最高权力机关同工会根据实际情况制定最低生活费标准，并签署法律，将最低工资和养老金提高到不低于最低生活保障线的水平，大幅度提高工资，确保居民生活不低于最低水准，房租不高于家庭总收入的10%；偿还国家拖欠公民的债务，按照1991年的实际购买力水平赔偿因实行盖达尔的"价格自由化"而贬值的存款，可以将这些欠款兑换成国家长期债券，在10—15年内分期还本付息；对高收入者和拥有巨额财产公民实行累进税制；确保困难家庭以及处于妊娠、分娩、哺乳期的妇女和儿童享受国家救济；重建遭到破坏的学前儿童教育网和青年、文化、卫生、体育机构；采取紧急措施，扶持残疾人和退休者，对贫困者实施社会救助，对低收入家庭实行国家补贴；恢复公民享受免费中等和高等教育的权利，优先发展科学、教育和文化，恢复国家职业培训中心，保证学有所成者得到就业安置，人人都具备必要的生活条件，新婚家庭都有住房；为军人、警察、检察院和法院工作人员及其家庭创造由国家保障的正常生活条件，确保转入预备役或退役的军人享有必要的生活条件，特别是提供就业岗位；实行减少死亡、鼓励多生多育的国家人口政策；制定摆脱生态危机的国家纲领；镇压犯罪，对盗窃财产、营私舞弊、投机倒把、挥霍国家自然资源以及国家物质和精神财富的人采取严厉惩罚措施；尊重东正数和俄罗斯各民族的其他传统教派。

由以上可见，在俄共有关经济与社会问题的政策主张中，加强国家的作用和集中管理显得尤为突出。

三　俄共基本主张的理论依据

俄共关于政治、经济和社会发展基本主张的理论依据是，俄共建设社会主义的奋斗目标与俄罗斯具体的现实国情相结合，从而对俄罗斯国内状况作出的基本理论分析和判断。

首先，《俄共纲领》提出，俄共以建立社会主义为奋斗目标，以共产主义为长远理想。俄共认为，社会主义作为一种学说、一种群众运动和一种最理想的社会制度，在俄罗斯可以用循序渐进的和平途径通过三个阶段来实现：

第一个阶段，组织和领导劳动群众起来为捍卫自己的社会、经济和政治权利而开展活动。恢复和发展地方直接民主形式；加强同人民爱国力量的协调与合作，力争首先在爱国主义者占优势的地区内建立起人民对权力机关的真正监督；共产党人同自己的盟友一起争取建立民族拯救政府。这个政府的首要任务是要消除"改革"的灾难性后果：制止生产下降，保证劳动者基本的社会经济权利；把化公为私的财产归还人民并置于国家监督之下；为商品生产者创造条件，使之能在法律范围内有成效地进行生产；组织好劳动集体的自治和对国家财富生产和分配的监督。在这个阶段，仍然将保留多种经济结构，权力代表机构和政府将保证国家安全和独立，保证不让所谓的"世界新秩序"的主导者攫取俄罗斯的自然资源和生产基地。促进独联体一体化。

第二个阶段，即恢复和过渡时期。在取得相对的政治和经济稳定后，劳动者将能够通过苏维埃、工会以及其他形式的人民自治机构积极广泛地参与管理国家事务。在经济上，最能保证人民福利的社会主义经营方式的主导作用将明显地表现出来。

第三个阶段，在符合最佳的社会主义发展模式要求的经济基础上，最终形成社会主义关系。生产资料的公有制形式将占优势。随着劳动社会化水平的提高，公有制形式在经济中的统治地位将逐步确立。①

　　总之，"三阶段论"的模式，就是先取得政权，再改变政权的性质和形式，最后建立该政权的经济基础。"三阶段论"是俄共实现社会主义目标的政治策略的大原则。党需要经过这三个阶段始终不渝地、循序渐进地向预定的目标推进。为了实现自己的奋斗目标，党必须结合俄罗斯具体的现实国情，提出一系列具体的政治、经济和社会方面的基本政策主张，团结全体俄罗斯人民，完成第一阶段的任务，为向第二阶段过渡打下坚实的基础。

　　其次，叶利钦时期，俄共主席久加诺夫等领导人在多次中央全会和代表会议上分析了国内形势，认为，俄罗斯的现状不仅复杂，而且极其危险。"在一个经历了75年社会主义发展的国家里正在复辟资本主义。俄罗斯的经济和整个社会基础正在崩溃之中。"因此，"1992年开始实行的改革，实质上纯粹是根本改变俄罗斯社会制度的一种政治手段，是为了通过侵占几代苏维埃人创造的国民财富造就一个私有者集团"。② 所以，当前俄罗斯的资本主义是寡头资本主义，是投机性的、高利盘剥的资本主义，同时也是罪犯横行的、野蛮的资本主义，更是买办的资本主义。因此当代俄罗斯的资本主义是无生产效能的、寄生性的资本主义，是反人民的、反俄罗斯的资本主义，是没有前途的资本主义。③ 从这一结论出发，俄共指出，复辟俄罗斯资本主义的正是以叶利钦为首的执政当局，"叶利钦主义是一种具有特定的社会基础、思想体系和组织结构的极其有害的社会现象"，④ 它的"社会基础是买办资产阶级、被收买的官僚和刑事罪犯。现今克里姆林宫的主人尽力维护的正是这些社会集团的利益"；⑤ 它的思想体系是建立在敌视俄罗斯民族传统世界观的基础之上的；它的组织结构是一种专横的制度。正因为如此，这个政权对正义和良心置若罔闻，肆意破坏一切国家制度和管理机构，由此产生的政治和经济混乱成为金融投机者和犯罪集团的理想的生存环境。有关民主和人民的权力等言论只是为了

---

　　① http://www.kprf.ru/party/program.
　　② 参见［俄］《对话》1999年第3期。
　　③ 范建中：《世纪之交的俄共：基本主张与策略方针分析》，《当代世界与社会主义》1999年第4期，第58页。
　　④ 参见［俄］《对话》1999年第1期。
　　⑤ 同上刊，1999年第8期。

掩人耳目，实际权力集中在人数极少的寡头阶层手里。强加于人的宪法使总统享有无限制的权力，国家政权系统所能完成的任务就是对国家的洗劫和将权力保持在叶利钦及其亲信的手里。因此，必须推翻现政权，以社会主义代替资本主义，才能使俄罗斯走上健康的发展之路。

再次，普京执政后，俄共对现政权的看法没有实质性的改变。俄共认为，普京主义不过是叶利钦主义的继续，"掌权者不是在为人民的利益工作，其主要作用是保障最富的阶层剥夺大多数人。正是这种功能使得执政当局越来越专横霸道，贪图虚名代替了干实事，贪污受贿盛行，买官卖官，院外活动促使有利于少数人的法律得以通过"。①

正因为如此，俄共确认，普京执政后，俄罗斯国家正处在"犯罪的资本主义已经复辟、犯罪的—黑社会的资产阶级已经形成"这样一个历史时期。"执政当局实施的方针具有破坏性，其目的与劳动人民的利益、俄罗斯的历史经验、俄罗斯各族人民的传统相背离。这一方针正在导致民族灾难。"② 随后，俄共进一步确认国家制度的资本主义性质，认为"俄罗斯正经历近 15 年来战略性背叛的第三阶段。如果说戈尔巴乔夫'出卖了'党，叶利钦为了权力摧毁了联盟，那么普京在实践上抛弃了我国千百年形成的整个地缘政治遗产"。③

到了 2004 年，俄共领导人在九届十二中全会和十大的报告中开始用"官僚的资本主义"、"集权的资本主义"、"波拿巴主义制度"来界定普京的政治制度。久加诺夫在十大报告中指出，俄罗斯资本主义的特征在于，它完全是官僚一手制造的，官僚创造了资本主义，还想完全掌控资本主义。在俄罗斯，执政阶级的产生是腐败的官僚、投机的资本和有组织的犯罪共生的结果。这种制度在历史上称为波拿巴主义制度。历史上，波拿巴主义往往在社会的基本阶级力量薄弱的条件下产生。而在今天的俄罗斯，社会阶级处于重新改组的混乱时期，从前的社会主义社会的阶级结构已被摧毁，资本主义社会的阶级结构尚未形成，正是在这种情况下，当代

---

① Мельников И. И. *Мы — партия социальной справедливости*. http：//www. kprf. ru/ 19. 05. 2003.

② *Очередные задачи партии*. Советская Россия，07. 12. 2000.

③ Зюганов Г. А. *КПРФ — партия широких трудовых масс，партия национальных интересов. Доклад на VIII（внеочередном）съезде КПРФ*. http：//www. kprf. ru/23. 01. 2002.

俄罗斯的波拿巴主义才得以确立。① 2005 年 10 月俄共召开十一大，进一步确认波拿巴主义制度在俄罗斯已经确立下来。

在俄共看来，叶利钦的执政当局所采取的政治经济方针使俄罗斯在经济、社会、人口等领域全面倒退，使俄罗斯日益变为西方发达国家的原料附庸。普京执政后，在政治上更加强权；在经济上继续了叶利钦的自由主义方针，未能提出使国家真正摆脱危机的长期战略，反而进一步摧毁了社会领域中苏联时期的遗产，加剧了社会的两极分化；在外交上采取妥协立场，使俄罗斯的地缘政治地位更加削弱。因此，祖国处于危难之中。俄罗斯人民面临着这样的抉择："要么是一个伟大强国和社会主义，要么是继续瓦解并变成殖民地。"②

四　对俄共基本主张的评价

在整个叶利钦时代，俄共作为执政当局的反对党，提出的关于政治、经济和社会发展的基本主张，迎合了社会的要求，反映了民众的心声，赢得了广泛的支持。作为俄罗斯政治舞台上的一支健康力量，俄共依托这些政策主张，与反人民的执政当局进行了坚决的斗争，维护了民众尤其是中下层民众的利益，壮大了自身的力量，为俄罗斯社会主义运动的复兴、为俄罗斯的社会稳定作出了巨大贡献。特别是 1998 年金融危机爆发后，俄共的马斯柳科夫出任第一副总理，将俄共的政治、经济和社会方面的主张部分地付诸实施，从而化解了危机，这充分说明俄共的政策主张具有一定的合理性。

普京执政后，采取了一系列纠正以前错误的措施，如签发了增发养老金、工资的法令，恢复中央对地方政权的管理和控制，坚持加强国家宏观调控，努力发展民族经济，向别列佐夫斯基、古辛斯基、霍多尔科夫斯基等金融寡头宣战，裁减和改革军队等。实际上，普京已经将俄共的一些主

---

① *Доклад заместителя председателя ЦК КПРФ И. И. Мельникова на XV пленуме ЦК КПРФ.* http：//www. kprf. ru/27. 03. 2004. ; *Зюганов Г. А. Мы выстояли. Впереди трудный марш！Политический отчет ЦК КПРФ X съезду Коммунистической партии Российской Федерации.* http：//www. kprf. ru/04. 07. 2004. 参见刘淑春等《当代俄罗斯政党》，中央编译出版社 2006 年版，第 156—157 页。

② 刘淑春等：《当代俄罗斯政党》，中央编译出版社 2006 年版，第 157 页。

张变成了现实。普京的治国方略保障了国家经济持续发展和社会政治稳定，受到了大多数群众的拥护。但是俄共依然像叶利钦时代那样，将现政权作为打击的目标，导致了一部分此前还支持俄共的民众转向了支持现政权，这说明俄共对社会形势的判断已经严重地脱离了俄罗斯目前的现实。俄共应当结合目前的俄罗斯国情，适度调整自己的政策主张。比如，坚持保存社会保障体系、维护民众特别是中下层民众的利益，维护社会公平，是俄共的基本主张之一，应当说，俄共的这一政策主张本身并无可挑剔之处，问题的关键是，俄罗斯社会的优惠政策和福利补贴很多，几乎全民不同程度地享受各种优惠待遇。这些优惠中许多是不合理的，往往最需要帮助的中下层民众却得不到帮助。各种不合理的优惠政策已成为俄政府的沉重负担，成为经济发展的阻力，社会福利制度的改革势在必行。2004 年 8 月 5 日，俄国家杜马通过《关于以津贴取代优惠》法案，该法案主要内容包括 2005 年 1 月 1 日起取消免费医疗、免费乘坐公共交通工具、免费打电话、免费疗养等优惠政策，代之对享受福利的公民进行现金补贴。俄政府对社会福利制度的改革正式开始实施。改革措施出台后，引起了城市低收入者和社会弱势群体的强烈反对。他们的理由是所发现金不足以抵偿原有的优惠和通货膨胀，同时也不相信补贴能及时足额发放。俄共等左翼团体从 7 月起就上街游行，抗议取消社会福利。笔者以为，俄共为民请命，提出社会公平的诉求，有其合理性，但是这不能成为全盘否定社会福利制度改革的充分理由。如果俄共在抗议政府不合理改革措施的同时，着眼于把社会公平与经济发展有机地、和谐地结合起来，既促进经济发展，又保障社会公平，从而提出更加合理的改革替代方案。这要比简单地反对改革本身，更能赢得多数民众的信任和支持。

第五章　俄共与俄政党政治

政党政治是政党的政治活动及其相互影响，它体现了各政党之间的互动关系。政党政治是现代国家政治生活的一个重要现象，它产生的基本前提是多党制的实行。政党政治发展到一定阶段后，逐步走向规范化，其结果就是政党制度的形成。在俄罗斯，多党制的实行直接催生了俄共，并对俄共的发展产生了重大影响。反之，俄共的存在和发展又促进了俄政党政治的规范和完善，但是俄共在参加政党政治的问题上仍然存在诸多的难题。

一　俄政党政治发展进程中的俄共

俄罗斯多党制的实行始于苏联剧变的后期。十多年来，俄罗斯的政党政治经历了一个发展变化的过程，这一过程大体上分为三个阶段。① 政党政治的实行和发展对俄共产生了重大影响。

1. 俄政党政治开创和起步阶段的俄共

这一阶段的时间，从苏联 1990 年 3 月宣布实行多党制开始，到 1993 年 12 月俄罗斯新宪法通过为止。这一阶段的特点是，苏联（俄罗斯）开始从一党制转向多党制，各派政党纷纷创建；各政党之间分化组合异常频繁，违法和违规现象十分严重，政党政治的发育还处于低水平上；政党政治很不规范，政党政治的活动方式表现为无序，有时甚至表现为"流血"斗争。

众所周知，随着苏联后期戈尔巴乔夫改革陷入政治斗争的泥潭，苏共党内和社会上各种反共反社会主义势力逐渐形成派别，并且开始向政党方向发展。1990 年 3 月，苏联人民代表大会批准修改宪法，取消了苏共的

---

① 王正泉：《俄罗斯多党政治发展的三个阶段》，《俄罗斯中亚东欧研究》2003 年第 1 期，第 31 页。

法定领导地位，同时规定："公民有权结成政党"，一切政党"应在宪法和法律的范围内进行活动"。宪法的修改，为创建共产党以外的各派政党提供了法律依据，实际上正式承认了当时苏联（俄罗斯）业已存在的多党制现实。这标志着苏联开始进入多党制时期，俄罗斯的多党制也是在这个时候开始的。当时，由于刚刚开放党禁，五花八门的政党、组织应运而生，各类政党、"运动"、"协会"和"联盟"多如牛毛。据统计，1992年6月，仅在俄罗斯司法部门正式登记的政党和组织就有1000多个。①

与此同时，苏共内部自由化思潮急剧泛滥，各种政治主张纷纷亮相，形成繁多的党内派别，各派之间斗争尖锐激烈，党的团结和统一受到严重损害。在1990年7月召开的苏共二十八大上，民主派的骨干分子退出苏共，宣布与苏共彻底决裂。此后，大批党员开始退党，苏共的分裂趋势不断加剧。与此同时，受各加盟共和国民族主义和民族分离主义运动大潮的影响，一些加盟共和国的党组织相继提出独立要求。

正是在这种背景下，多党制的实行直接催生了俄共。1990年6月19—23日，俄共召开了成立大会。会议选举波洛兹科夫为俄共中央第一书记，伊里因为第二书记。当时，俄共创始人的基本目标是与资本主义复辟的企图和资产阶级意识形态作斗争。他们经常批评苏共和苏联国家领导人在改革中的种种失误，因此遭到种种责难和非议，被认为是保守派和顽固势力的代表，党的威望很低。到1991年7月，就有7万余人宣布退出俄共。

俄共成立后，俄罗斯总统选举、"8·19"事件、苏联解体、"休克疗法"、总统与议会激烈对抗、"炮打白宫"等重大政治事件接连发生，层出不穷。围绕这些重大事件，包括俄共在内的各派政治力量之间分歧严重，斗争激烈。这进一步加剧了俄共与其他政党，特别是左派政党的分化组合。

在第一届俄罗斯联邦人民代表大会上，以俄共代表为主的左派党团和由"民主派"组成的"民主俄罗斯"党团各占据了1068个代表席位中的近500个席位，成为代表大会的两大党团。随着形势的发展，两大党团间的争斗日趋激烈。1991年6月12日，俄罗斯第一届总统选举举行，叶利钦以绝对优势当选，这标志着俄罗斯政权的易手，共产党从此失去执政地

---

① 据［俄］《论据与事实》1992年第24期。

位。因此，在实行多党政治的过程中，俄共丢失政权的时间比苏共的垮台更早。

"8·19"事件后，大权在握的叶利钦趁打击苏共之机，对俄共进行了报复，宣布解散俄共的组织机构，停止俄共在俄罗斯境内的活动，并没收俄共的财产。目的是想把共产党人从俄罗斯社会政治生活中彻底排挤出去。在苏共和俄共被禁止活动后，原来的共产党人分别建立了不同的左派组织，其中包括麦德维杰夫领导的"劳动人民社会党"、安德烈耶娃领导的"全联盟布尔什维克共产党"、安皮洛夫领导的"共产主义工人党"、克留奇科夫领导的"共产党人党"、普里加林领导的"共产党人联盟"等。1992 年 10 月，40 多个左派和民族爱国主义政党、组织成立了救国阵线，经过大分化的左派力量出现了联合的趋势。与此同时，1991 年 12 月，俄罗斯人民代表大会的 36 名共产党代表联名向俄罗斯宪法法院提出起诉，指控叶利钦"禁共令"违法，与其宣称实行多党制的民主机制相矛盾。经过近一年的斗争，俄左派政党获得了重建共产党组织的合法权利。1993 年 2 月 13—14 日，俄共召开了第二次非常代表大会，又称俄共重建与联合大会，俄共得以重建。

这一时期的政党政治很不规范，对俄共也产生了重大影响。由于政局动荡不安，社会转型剧烈，经济危机严重，加上法制很不完备，当时的执政当局常常违规操作，例如，叶利钦总统一方面宣称实行多党制，另一方面又在 1991 年 8 月下令禁止共产党的活动，并没收共产党的财产。1993 年 10 月叶利钦"炮打白宫"后，他又下令禁止俄共、"救国阵线"、"劳动俄罗斯"和"军官联盟"等 20 多个反对派政党和组织的活动，并停止《真理报》、《苏维埃俄罗斯报》等 10 多家报刊的发行。由于俄共未参加总统与议会之间的武装对抗，后经据理力争，俄共才重新取得合法地位，被允许参加新的议会——国家杜马的竞选。

与此同时，各派政党和组织，动辄发动群众性的罢工、集会和游行示威，对政府施加压力，与上层的权力斗争相呼应。许多政党和组织甚至把"街头对抗"作为主要的活动方式，导致多次流血事件的发生，作为反对党的俄共也不例外。

重建后的俄共对叶利钦改革政策产生的社会不满情绪估计过高，对广大群众厌倦社会运动的政治冷淡主义趋向估计不足，"将希望寄托在人民义愤很快爆炸和统治制度很快垮台上面"。于是频繁不断地组织各种集会和游行，发动党员及其支持者参加街头抗议，成了俄共这段时间的主要活动内容。在1993年5月底召开的俄共中央执委会上，久加诺夫曾经指出过党的工作中的这一重大缺陷，承认"党在行动中始终忙于日常琐事，沉溺于短期设想，而对中期远景却不甚了了，长期远景更无从谈起"。但这些问题没有得到应有的重视和解决。[①]

2. 俄政党政治形成和运行阶段的俄共

这一阶段的时间，从俄罗斯通过1993年宪法开始，到2000年上半年为止。这一阶段的特点是，各派政党的活动逐步走上宪法轨道，多党政治基本形成并开始运行，但政党格局的变化较大，政党的地位并不算高，政党政治尚不成熟。这一阶段前期，"政党热"继续升温。1997年后"政党热"逐渐降温，有些政党和组织自生自灭，有些政党和组织则合并或联合起来。到1998年11月，各类政党和组织减为250个。

1993年12月12日，俄罗斯举行全民公决，通过了一部新宪法。这部宪法对政党的建立、活动及地位作了原则的规定，从而为多党政治奠定了法律基础。（1）规定了多党政治的原则和思想基础。宪法规定："承认政治多元化和多党制"；"承认意识形态的多样性"，"任何意识形态均不得被规定为国家的或必须遵循的意识形态"。（2）规定了政党建立和活动的自由。宪法规定："每个人都享有结社的自由"，"社会团体的活动自由受到保障"。同时规定：禁止建立旨在以暴力手段改变宪法制度，煽动社会、民族和宗教纠纷的社会团体；禁止在司法机关和武装力量中建立政党。（3）确立了政党的政治地位。宪法规定："社会团体在法律面前一律平等。"也就是说，俄罗斯不存在法定的执政党，各个政党和社会团体的法律地位是平等的，它们有权而且必须通过议会选举、总统选举和地方选举来发挥作用并争得自己的政治地位。

随后，俄罗斯又根据1993年宪法的原则，制定了其他有关法律，对政党的建立和活动作了具体的规定。例如规定：各政党必须遵守宪法和法律，违者将被追究责任；有关机关将对各个政党的收入和纳税情况、遵守法律和执行自身章程的情况等进行监督；政党有权建立传媒设施，从事出

---

① 于洪君：《俄联邦共产党的目前状况及其发展趋势》，《当代社会主义问题》1994年第2期，第34页。

版活动，创建经济组织，等等。① 新宪法以及其他有关法律的通过对俄共的发展产生了深刻的影响。

早在 1993 年 2 月，俄共恢复重建大会明确提出了以推翻现政权为党的主要任务。经过 1991 年和 1993 年同执政当局的两次"武装对抗"，俄共认识到，目前在俄罗斯武装夺取政权几乎是不可能的。因此俄共逐渐改变了同执政当局斗争的方式和策略：由街头抗议改为议会斗争。1993 年10 月俄共正式宣布参加议会选举，其目的是通过合法的斗争方式"剥夺背叛民族反人民的政权"。因此，新宪法以及其他有关法律的通过迎合了俄共斗争方式和策略的改变，为把俄共纳入宪法轨道搭建了平台。尤其是1993 年俄共在俄第一届国家杜马选举中意外获胜，更使俄共看到了通过合法途径夺取政权的希望。

1993 年新宪法通过以后，俄共不再热衷于"街头对抗"，而把主要精力放在合法斗争、参加选举方面，其活动逐渐步入宪法轨道。在俄政党政治发展的这一阶段，俄罗斯共举行了三次议会选举和两次总统选举，地方行政长官和地方议会也举行了相应的选举。围绕这些选举，俄共遵照有关法律，精心进行准备，制定竞选纲领，展开宣传鼓动，尽力争取选民支持，提高自己的得票率，以便进入各级权力机关，获得自己应有的政治地位。也就是说，选举运动成为俄共活动的主要场所。

众所周知，在俄罗斯社会转型的过程中，始终存在左、中、右三大派政治力量，其中每一派都有为数众多的政党和组织。三次议会选举和两次总统选举的展开，促进了各派政党的分化组合，也检阅了各派政党的实力。结果，若干力量强、影响大的政党和组织便脱颖而出，它们获得较多选民的支持，能够进入议会并发挥较大作用，从而构成多党政治的主框架。俄共就是这样一个极富影响力的政党。

在俄政党政治形成和运行阶段，尽管左、中、右三大派政治力量相互争夺的总格局始终不变，但具体的政党格局和力量对比却变化很大，前期、中期和后期各有不同。（1）在前期（即 20 世纪 90 年代前期），俄罗斯的政党格局是右派占优，以俄共为首的左派较弱，中派无所作为。1993 年 12 月议会选举的结果，政权党"俄罗斯选择"明显占优，

---

① 王正泉：《俄罗斯多党政治发展的三个阶段》，《俄罗斯中亚东欧研究》2003 年第 1 期，第 32 页。

成为第一大党团,但它和同属右派的"亚博卢"集团未能形成协作关系。俄共因重建不久,力量较弱,只列为第三大党团,但它有"农业党"等一批左派政党作为盟友,力量呈现不断上升之势。中派组织则遭到严重挫折,"公民联盟"连议会都未能进入,"民主党"和"妇女运动"虽然进入议会,但议席很少。(2)在中期(即90年代后期),俄罗斯的政党格局是以俄共为首的左派占优,右派衰落,中派也不景气。1995年12月议会选举的结果,俄共成为第一大党团,加上其他左派议员,左派力量已占全部议席的一半左右。盖达尔领导的"俄罗斯民主选择"党一落千丈,未能进入议会。作为中右派组织和政权党的"我们的家园——俄罗斯"运动成了第二大党团,它取代盖达尔的右派组织,成为左派的主要对手,形成两强对峙、左派占优的局面。(3)在后期(即普京执政初期),俄罗斯的政党格局是中派占优,以俄共为首的左派下降,右派低迷。1999年12月议会选举的结果,俄共仍是第一大党团,但议席已比上届减少47个,加上其他左派力量,只占全部议员的1/3左右。中派组织政权党"团结党"成为第二大党团,"祖国—全俄罗斯"运动成为第三大党团,中派力量联合起来,已超过全部议员的一半。"右翼力量联盟"、"亚博卢"和"自由民主党"虽都进入议会,但它们的议席都比较少,不成气候。因此,议会中形成政权党"团结党"和俄共两强对峙、中派占优的局面。

从以上分析可以看出,参加三次议会选举的政党和组织虽然很多,但最后进入议会的始终只是少数几个比较大的政党和组织。同时,尽管三届国家杜马的组成情况不完全一样,其内部始终存在左、中、右三大派别,但主框架始终是作为反对派的俄共和"政权党"的对峙。

3. 俄政党政治整顿和规范阶段的俄共

这一阶段的时间,从2000年下半年时任总统普京着手政党改革开始至今。这一阶段的特点是,《政党法》、《政党法》修正案及《选举法》等一系列相关法律相继出台并付诸实施,政党体制改革顺利推进;通过政党合并及重组壮大政党规模,政党数量大幅减少;政党政治逐渐走向规范、稳定、有序;相对稳定的"多党并存,一党独大"政党格局最终确立。这一阶段按照政党体制改革所产生的影响来看,以2004年9月的别斯兰人质事件为界,可以分为前、后两个时期。

（1）前期（2000 年下半年—2004 年 8 月）

普京执政之初，俄罗斯的多党政治虽已走上正轨，但仍存在许多缺陷和问题。这主要表现为政党数量依然不少，到 2000 年 12 月，正式注册登记的政党和组织仍有 180 个，政党之间纲领雷同，界限不清，内部组织混乱，稳定性很差，分化组合过于频繁，多党政治不够成熟。普京主政后，从 2000 年下半年开始，着手进行政党改革，目标是建立"有效的多党制"，培育"有威望的、形成了体系的党"，实行"有两三个或三四个政党参加的多党制"。俄罗斯的政党政治从此进入整顿和规范阶段。

2001 年 6 月 21 日，国家杜马三读通过了普京提出并经过修改的《政党法》。同年 7 月 11 日，普京总统签署《政党法》，随后即颁布生效。《政党法》规定：所有政党都要重新登记；一个政党必须拥有 1 万名以上党员，在一半以上（即 45 个）联邦主体拥有地区分部，每个分部不少于 100 名党员，才能获准登记；只有全国性政党才能参与国家政治生活，政党之外的团体和组织不得参加议会选举。这些规定，显然是要淘汰中小政党，迫使它们与大党联合，并促使各种社会团体或转化为政党，或加盟其他政党。① 《政党法》的通过和颁布实施，对俄罗斯规范政党活动和完善竞选运动具有重要意义。

《政党法》通过后，各派政党出现重新分化组合的新浪潮：中派组织、右派组织各自实行改组和联合，并升格为政党，而左派力量的情况恰恰相反。2000 年 3 月久加诺夫竞选总统的失败，使俄共的凝聚力进一步减弱，也使左派阵营的分化进一步加剧。"共产主义工人党"、"共产党人党"和"劳动俄罗斯"等左派力量始终不愿同俄共进行联合，而且不断批评俄共。2002 年 6 月，前苏共中央总书记勃列日涅夫的孙子又成立了一个"新"共产党，自称联合了 40 多个"左翼"组织，现有 52 个分支机构，党员超过 1 万人。但该党宣布，"新共产党人"在任何情况下都不会同俄共合作。②

与此同时，俄共内部也矛盾加剧，出现分裂危险。党内比较激进的"列宁派"公开提出，要筹建自己的党。俄共中央委员、"共产党联盟—

---

① 王正泉：《俄罗斯多党政治发展的三个阶段》，《俄罗斯中亚东欧研究》2003 年第 1 期，第 35 页。

② 常东：《俄罗斯出了个"新"共产党》，《环球时报》2002 年 7 月 4 日。

苏共"理事会主席舍宁不顾久加诺夫的警告，在 2000 年 7 月 15 日召开了"俄罗斯和白俄罗斯联盟共产党"成立大会，随后又向俄共中央提交了"退党声明"。① 而谢列兹尼奥夫则从实用主义立场出发，主张对当局进行建设性合作。由于俄共高层内部思想不统一，2000 年 7 月 15 日谢列兹尼奥夫从俄共队伍中拉出一部分人组建了"俄罗斯"运动。新成立的"俄罗斯"运动宣布赞同欧洲社会民主党的思想，主张同普京政权合作，但不同俄共分裂。谢列兹尼奥夫强调，该组织将加入"人民爱国联盟"，成为俄共的盟友，但今后将独立参加议会选举和总统选举，该运动在国家杜马不单独成立议会党团，但在地方杜马将成立议会党团。② 其实，"俄罗斯"运动是在违抗俄共中央并得到普京支持和鼓励的情况下建立起来的。很多观察家认为，克里姆林宫是该运动的幕后策划者，其目的是削弱俄共的力量，建立一个"温顺的反对派"。俄共中央曾极力阻挠该运动的建立，久加诺夫不仅多次找谢列兹尼奥夫谈话，希望他放弃这一计划，而且同普京进行会谈，希望总统不要加以支持，但都遭到拒绝。③ "俄罗斯"运动的成立预示着俄共内部分歧的进一步发展，谢列兹尼奥夫企图"另立山头"，同久加诺夫争夺领导权。

　　2002 年 4 月 3 日发生的"杜马风波"，对俄共来说是一个转折点。当时，中派议员和右派议员联合起来，操纵国家杜马通过一项决议，剥夺俄共 7 个杜马委员会的主席职位，只给俄共留下两个无足轻重的委员会主席职位。于是，俄共领导人气愤地宣布："俄共退出杜马中所有的领导职位！"随后，俄共中央全会通过决议，要求谢列兹尼奥夫辞去杜马主席职务，但谢列兹尼奥夫以"国家利益高于党派利益"为由拒绝辞职。5 月 25 日，俄共中央再次召开中央全会作出决定，把谢开除出党。同时被开除的，还有拒绝辞去杜马委员会领导职务的古边科和戈里亚切娃。谢被开除党籍后向记者发表谈话说，中央全会将他开除出党是一个严重错误。国家杜马"人民代表"议员团领导人赖科夫认为，谢列兹尼奥夫被开除出

---

① 刘淑春：《从舍宁退出俄共看俄罗斯共产主义运动的分化》，《国外理论动态》2000 年第 12 期，第 24—25 页。

② 据俄塔社以及法新社莫斯科 2000 年 7 月 15 日电；孙占林《"俄罗斯"运动成立标志着俄共走向分裂》，新华社莫斯科 2000 年 7 月 23 日电。

③ 李庆义：《俄议长另建"俄罗斯"》，载《中国青年报》2001 年 1 月 16 日。

党是俄共分裂的开始。①

这一事态的发展，影响巨大，非同小可。谢列兹尼奥夫在俄共党内颇有影响，作为国家杜马主席、俄共中央委员、全国性政治家，他极力主张同普京政权合作，不做反对派，几年来一直同久加诺夫对立。他代表一种思潮，即社会民主主义思潮，在党内有一定的市场，得到俄共议会党团一些人的支持，得到地方上一些"红色州长"的支持，得到部分党员的同情。同时，谢有自己的组织基础，他所领导的"俄罗斯"运动，号称拥有50万成员，其中包括一批俄共党员和基层组织。谢被俄共开除后，立即在7月13日宣布，他将以"俄罗斯"运动为基础，创建一个社会民主主义性质的新政党。9月7日，"俄罗斯"运动正式改名为"复兴党"，并召开成立大会，同时宣布，该党将单独参加下届议会选举，并同普京政权进行建设性合作。该党的建立，必定对俄共产生一定的影响。当然，俄共可以保住自己的基本队伍，但难免会有一部分人被该党拉走。②

2003年12月7日，俄罗斯联邦第四届国家杜马选举举行。俄共全力以赴迎接杜马大选，力图获得杜马第一大党的地位。然而事与愿违，在这次杜马选举中，俄共受到重创，得票率仅为12.7%，比1999年几乎减少一半，沦为杜马第二大党，从而在这次杜马竞选中输给了政权党"统一俄罗斯"党。造成俄共此次杜马选举失利的重要因素之一就是，在此次杜马选举前不久，俄罗斯人民爱国联盟协调委员会主席之一格拉济耶夫离俄共而去，另组"祖国"竞选联盟，拉走了原本属于俄共的许多选票。

此次杜马选举的失利，使俄共的内部矛盾再次凸显出来。2004年3月19日，俄共党内主张与普京妥协的亲克里姆林宫派首领、俄人民爱国联盟执委会主席谢米金因不同意以久加诺夫为首的俄共领导层的政策，倡议召开了有15个政党和60个组织参加的俄罗斯爱国者大会，会上决定开始组建新的左翼爱国力量竞选联盟以替代俄人民爱国联盟。5月18日，俄共中央主席团召开会议，认为谢米金搞的是分裂活动，决定把谢米金开除出俄共。

2004年7月3日，久加诺夫主持的俄共第十次代表大会在莫斯科一

---

① 据新华社莫斯科2002年5月25日电，《人民网》2002年5月26日。

② 王正泉：《俄罗斯多党政治发展的三个阶段》，《俄罗斯中亚东欧研究》2003年第1期，第36页。

家饭店里举行。几乎就在同时，俄共内部的谢米金派召集部分党代表，在莫斯科河的一艘游船上也召开了十大。一时间，俄罗斯出现了两个俄共并存的局面。虽然 8 月 3 日俄罗斯司法部正式宣布，由俄共反对派召开的俄共代表大会不足法定人数，被认定为不合法。但是，分裂对俄共自身发展造成巨大的负面影响已经无法避免了。

（2）后期（2004 年 9 月至今）

经过前期的整顿和规范，俄罗斯的政党格局发生了巨大变化：政党数量不断减少，到 2003 年 12 月，经登记有资格参加俄第四届国家杜马选举的还剩下 44 个政党和 20 个选举联盟；左翼和右翼政党都遭到不同程度削弱，中派力量逐步上升，成为普京的主要依靠力量；第四届杜马选举后，"统一俄罗斯"党成为杜马第一大党，"多党并存，一党独大"的政党格局初步形成。

2004 年 9 月在奥塞梯共和国别斯兰市发生车臣恐怖分子劫持人质事件后，普京采取了一系列新措施，以加强中央政权机关的权力，进一步打击恐怖主义。其中包括对政党体制进行大刀阔斧的改革，由此掀起了新一轮政党体制改革的热潮。普京明确指出："能够保障社会和政府在与恐怖主义斗争中进行对话及互动的机制之一应当是全国性政党。"① 根据普京总统的倡议，第四届杜马通过了一系列新法案，对政党体制作了改革，主要有以下一些方面：修改《政府法》，允许包括部长在内的高级官员担任政党领导人；修改《政党法》，对建立政党的条件作了更严格的规定，由原先规定的每个政党至少必须拥有 10000 名党员提高到必须拥有 50000 名党员；修改《国家杜马议员选举法》，由混合选举制改为比例选举制，只有得票率达到并超过 7% 的政党有权分配杜马席位；修改俄罗斯联邦主体行政长官产生办法，俄罗斯各联邦主体的领导人将不再由民选产生，而是由总统提名之后，由地方杜马投票确认。

新一轮政党体制改革进一步促进了各派政治力量的分化组合。2006 年 10 月，在时任总统普京的支持下，俄罗斯生活党、退休者党和祖国党三个中左翼政党合并组建了新的政党——"公正俄罗斯"党。该党由于得到了当局的支持被称为"统一俄罗斯"党之外的另一个政权党。它在支持普京政策路线的同时，打着中左翼政党的旗号，提出了以"捍卫劳

---

① http://www.strana.ru/13.09.2004.

动者利益、维护社会公正"为宗旨的平民主义方针,其主要目的在于扩大在社会中下层群体中的影响,继而与俄共争夺这部分选民。[①]

由此,新一轮政党体制改革对俄罗斯的政党格局产生了深刻的影响:政党数量继续减少,在 2007 年 12 月的俄第五届国家杜马选举中获得参选资格的政党仅有 11 个;以右翼力量联盟和亚博卢为首的右翼势力持续低迷,继第四届国家杜马选举失利后,在第五届杜马选举中再次败北;"统一俄罗斯"党在当局的支持下不断壮大,尤其是普京总统在第五届杜马选举中同意领衔"统一俄罗斯"党候选人名单,使该党获得了杜马绝对多数,到 2007 年年底,"统一俄罗斯"党不仅是全俄罗斯最大的政党,而且党员人数已达到 130 多万;[②] 第五届杜马选举后,"多党并存,一党独大"的政党格局最终确立。

新一轮政党体制改革对俄共的影响具有双重性。一方面,俄共在政治上面临着被边缘化的趋势。这表现在:第一,作为议会反对派,俄共在议会中的影响力受到抑制。普京利用政权党在议会中的多数席位,在无须与俄共等反对派协商的情况下,政府提交的各项法案都在议会顺利获得通过,而俄共不仅无力阻止这些法案的通过,而且由它提出的很多社会发展的方案也难以被议会采纳。第二,改革后的俄罗斯联邦主体行政长官产生办法,在制度上进一步巩固了政权党的作用,同时也限制了俄共作为政府反对派的发展空间,俄共在地方上的影响力被大大削弱。众所周知,积极参加地方选举并通过执掌地方政权实现自己的政策主张,曾是俄共的主要工作之一。改革地方行政长官选举制度之前,有近 1/3 的地方行政长官曾由俄共党员或左翼政党代表担任,这些由俄共等左派政党控制的地区也曾被称为"红色地带"。2005 年以后,大部分属于俄共或左派阵营的地方行政长官,有的被普京撤换掉,有的为了保住自己的职位,宣布脱离俄共、加入"统一俄罗斯"党。到 2007 年底,仅剩下两名俄共党员担任地方行政领导人。[③] 而在各联邦主体地方议会选举中,俄共的得票率也远远落后于"统一俄罗斯"党。据统计,在 2003 年 12 月—2007 年 4 月期间举行

---

① 郑羽、蒋明君主编:《普京八年:俄罗斯复兴之路(2000—2008)》(政治卷),经济管理出版社 2008 年版,第 232 页。

② 王超:《浅论当代俄罗斯政党体制的变化及特点》,《西伯利亚研究》2008 年第 1 期,第 31 页。

③ http://www.gazeta.ru/17.02.2009.

的地方议会选举中，俄共共获得 16.76% 的选票，"统一俄罗斯"党获得 51:07% 的选票。[①] 第三，俄共的部分基础选民被亲政府的中左翼政党分流，尤其是有第二政权党之称的"公正俄罗斯"党建立后，俄共不仅要面对来自当局以及"统一俄罗斯"党的强大压力，而且面临自称社会主义政党的"公正俄罗斯"党的激烈竞争。"公正俄罗斯"党成立后不久，该党主席米罗诺夫曾宣称，已有一些共产党员退出俄共并加入了"公正俄罗斯"党。[②] 并且据俄罗斯媒体报道，在"公正俄罗斯"党的宣传攻势与利益引诱下，2007 年 8 月，俄共的外围青年组织——"俄罗斯青年共产主义者联盟"的部分成员宣布脱离俄共，公开支持"公正俄罗斯"党。这一切对俄共都极为不利。但是另一方面，由于新一轮政党体制改革后除俄共外的其他左翼反对派政党都被排除出议会之外，俄共成为新议会中唯一真正的政府反对派。这种新的政治力量对比，为俄共联合各政府反对派，建立新的反政府联盟创造了条件。目前，俄罗斯左翼政党联合的迹象已经显现出来。在 2007 年议会选举期间，"全俄罗斯未来共产党"、"俄罗斯共产主义工人党"等左派政党的领导人发表联合声明，表示要在议会选举中共同支持俄共，声明指出："在目前复杂的形势下，俄共是唯一可以与政权党相抗衡的力量，粉碎统一俄罗斯党试图建立一党制议会的最有效方法，就是反对派联合起来，共同支持俄共。"[③] 并且严峻的形势也迫使俄共上下团结一致，积极行动起来，"从社会防御转向社会进攻"。[④] 由于俄共的不懈努力，它不仅守住了原有阵地，而且选民支持率有了增长的势头：在大多数地方选举中俄共都进入了议会，组成了自己的党团，并且大多数地区的支持率都有较高幅度的增长；在 2007 年 12 月俄第五届国家杜马选举中，俄共的得票率为 11.57%，获得国家杜马 450 个席位中的 57 个。尽管俄共比自己在上届杜马选举中的得票率降低了一个百分点，但议会席位却增加了 10 个。并且在此次杜马选举中，俄共直接面对的竞

---

① http://www.cikrf.ru/cikrf/actual/regvibory_110507.jsp. 参见郑羽、蒋明君主编《普京八年：俄罗斯复兴之路（2000—2008）》（政治卷），经济管理出版社 2008 年版，第 231—232 页。

② 李兴耕：《"公正俄罗斯"党的崛起及其"新社会主义"》，《当代世界》2007 年第 10 期，第 39 页。

③ 郑羽、蒋明君主编：《普京八年：俄罗斯复兴之路（2000—2008）》（政治卷），经济管理出版社 2008 年版，第 238 页。

④ Зюганов Г. А. *Народный подъем в России и задачи партии. Доклад ЦК КПРФ XI (внеочередному) съезду партии.* http：//www.kprf.ru/29.10.2005.

争对手是普京亲自挂帅、阵营最强大的党——"统一俄罗斯"党,还面临来自侧翼的两个对手:同样得到当局支持的"公正俄罗斯"党和俄共的老对头俄罗斯自由民主党。考虑到俄共正是在与来自上述三方竞争对手的较量中参加议会选举的,取得如此战绩,实属不易。

二　俄共对俄政党政治发展的影响

俄共建立十多年来,在俄罗斯政党政治的发展过程中扮演了极其重要的角色。尤其是 1993 年恢复重建以来,俄共的存在促进了俄政党政治的规范和完善,对俄罗斯政党政治的发展产生了极大的影响。

第一,俄共是迄今为止俄政党政治舞台上唯一一个形成了体系的、经典意义上的群众性政党,是一支健康的社会力量。俄共 1993 年恢复重建以来,以其强烈的意识形态色彩、广泛的群众基础和严密的组织结构,发展成为俄罗斯政治舞台上举足轻重的力量和对执政当局最具威胁的左翼反对派政党。十多年来,在前苏联空间,俄共是一个始终保持共产党名称,坚持社会主义目标,纲领完备,组织机构健全的党;是一个取得成就非常显著(在 1995 年和 1999 年两届杜马选举中的得票率都领先于其他政党,获得了杜马第一大党的地位,全俄多个联邦主体的行政长官曾由俄共党员或俄共同情者担任,俄共主席久加诺夫 1996 年 6 月、2000 年 3 月和 2008 年 3 月三次参加总统选举,虽然败北,却取得不菲的成绩)的党;是一个处在俄罗斯这个举足轻重的大国,因而特别引人关注、国际影响非常大的党。① 虽然普京执政后,俄共一方面受到杜马中支持普京政权的中右翼势力的联合挤压,另一方面又因党内不同派别之间的斗争而出现分化,导致了俄共第四届国家杜马选举的失利,沦为第二大党。但是俄共作为一个真正的群众性政党,在国家政治生活中仍拥有较深厚的群众基础和较广泛的政治影响。

第二,俄共是俄政党政治最主要的参与者之一,对俄罗斯政党政治的发展起着特殊的作用。迄今为止,俄罗斯共举行了五次议会选举,参加的政党和组织虽然很多,但最后进入议会的始终只是少数几个比较大的政党和组织。同时,尽管五届国家杜马的组成情况不完全一样,但主框架始终

---

① 俞邃:《俄共当前的处境与可能的选择》,《国外理论动态》2003 年第 4 期,第 1 页。

是反对派俄共和"政权党"的对峙。俄共1993年恢复重建以后，其领导人在各种场合都表露出希望俄共成为体制内政党的愿望。所以，重建后的俄共首先放弃了传统共产主义理论中有关阶级斗争和暴力革命的思想，表示认同议会民主的道路。从1993年至今，俄共凭借积极参加国家和地方各级政权机关的选举基本上实现了"成为体制内政党"的目的。目前，在俄罗斯各派政治力量中，只有俄共可以称得上是"历届议会大党"和"现政权最大的反对派"。而与其对立的"政权党"则随着政府的更迭不断地更替。其中第一个"政权党"是盖达尔领导的"俄罗斯选择"，该党是1993年12月俄罗斯首届议会选举中的第一大党；第二个"政权党"是切尔诺梅尔金领导的"我们的家园—俄罗斯"运动，它是1995年第二届议会选举中的第二大党；第三个"政权党"是"团结"党，该党是由绍伊古领导并得到普京总统直接支持的党，是1999年第三届议会选举中的第二大党；第四个"政权党"，即当前的政权党"统一俄罗斯"党，该党是由格雷兹洛夫领导并得到普京总统直接支持的党，是2003年第四届杜马和2007年第五届杜马选举中的第一大党。虽然每一个"政权党"在不同的历史时期都产生了很大的影响，从一定意义上说，它们的出现也反映了当时的社会倾向。但是，俄罗斯的"政权党"是借助于政权力量的扶植才得以进入议会的，是一种政权力量的产物。正是由于"政权党"与政权力量的特殊关系，在每一次各派政治力量激烈角逐的议会选举中，依靠政权力量的特殊关照，"政权党"都能得到由政权力量控制的最强大、最直接的舆论支持和财政支持，以及各种最强大的财团力量的资助和扶持，这为"政权党"的竞选成功奠定了强大的物质基础。因此，在一定程度上，俄罗斯的"政权党"是改革既得利益者的代表。在俄罗斯多党政治的运作过程中，"政权党"有着得天独厚的优势，这是其他任何政党所无法比拟的。① 每一个"政权党"在不同的发展时期都有其特定的作用、意义和影响。但是俄罗斯的这种"政权党"现象并不同于经典意义上的政党政治，这表明了俄罗斯政党政治的不成熟性，只有俄共的参与才使俄政党政治的发展呈现了良性发展的趋势。俄罗斯要出现经典意义上的政党政治，还有很长的路要走，其中最主要的是，要大力发展如同俄共的

---

① 王秋文：《浅析俄罗斯的"政权党"现象》，《当代世界与社会主义》2003年第3期，第89页。

群众性政党，而不是所谓的"政权党"。

第三，俄共在参加俄政党政治过程中，始终按照宪法和法律规定的程序进行，促进了俄政党政治的规范和完善。1993 年、1995 年、1999 年、2003 年和 2007 年的五次议会选举，实际上是各派政党争夺国家立法权的斗争。在议会选举中，俄共按照宪法和法律的有关规定提出自己的议员名单，力争获得尽可能多的得票率。每届议会选举之后，俄共立即按规定组成俄共议会党团，围绕国家的重大问题，在讨论和通过各项立法提案的时候，充分阐述自己的政见，力争其他各派政党议会党团的支持。议会最后通过的决定，往往对总统和政府的决策产生重大影响。

例如，1994 年 2 月，以俄共为核心的反对派在国家杜马中提出了对"8·19"事件、1993 年"十月事件"的组织者和参与者实行大赦的议案，这个议案获得通过，迫使叶利钦总统接受既成事实。1998 年 8—9 月，俄共主导下的国家杜马两次拒绝叶利钦总统提名的总理人选，迫使叶利钦作出重大让步，改提普里马科夫为总理人选。此外，俄共主导下的国家杜马还多次拒绝批准叶利钦总统 1993 年签署的俄美《第二阶段削减核武器条约》以及政府提出的《土地法》和《劳动法》。所有这些都是政治舞台上的重大斗争，而且对执政当局起了明显的制约作用，但所采用的方式方法又完全符合宪法和法律的规定，也符合现代政党政治的原则。

1996 年、2000 年、2004 年和 2008 年各派政党争夺政权的四次总统选举也是如此。在总统选举中，俄共按规定推举自己的总统候选人，全力以赴地进行竞选活动。尽管四次总统选举都主要是俄共的候选人（前两次和最近一次都是久加诺夫，第三次是哈里托诺夫）同执政当局的候选人（先是叶利钦，后是普京、梅德韦杰夫）之间的拼搏，其结果也都是执政当局取得胜利，俄共遭到失败。但是四次总统选举都是在政党基础之上、按照宪法和法律规定的程序进行的，符合现代政党政治的基本原则。

以上情况说明，正是俄共在参加俄政党政治过程中，促进了俄政党政治的规范和完善，在俄政党体制的发展中扮演着无可替代的角色。

三　俄共在政党政治问题上的两难及前景

俄共在政党政治问题上的两难首先表现在俄共成为体制内政党与其推翻现政权、实现社会主义的长远目标之间的矛盾。俄共自 1993 年恢复重建以来，始终以推翻现存的反人民政权、实现社会主义作为自己的战略目标。当然，它也清楚地认识到，这一目标只能循序渐进地和平实现，并且需要与执政当局展开坚决的毫不妥协的斗争。但是，随着俄共成为体制内政党，参加各级政权（如参加议会，某些党员甚至在执行权力机关中工作），并且不得不在现行法律框架内活动，这就意味着，俄共从事实上承认了现政权的合法性。实践表明，作为体制内反对派政党的俄共，只能以建设性政党的形象出现，而建设性政党的实践结果又会与共产党的性质和目标发生冲突，尤其是在今天强总统弱议会的俄罗斯，共产党试图通过议会途径夺取政权的希望更加渺茫。① 况且俄共作为体制内政党，它提出的一些建设性主张，常常授人以柄，给社会留下"俄共无所作为，无能为力，只能在体制内修修补补"的印象。在俄共中一直存在着为什么要参加政权的争论。但俄共领导人至今仍然认为，在俄罗斯目前条件下，共产党人参加议会和政权机构的工作是必要的。但俄共也清醒地意识到，俄共参加现政权本来是要捍卫劳动人民的权利，抑制资本主义复辟的速度，可是这在客观上却促进了现行制度的保存和完善，并且影响了俄共自身的存在，不利于俄共推翻现政权的长远目标的实现。② 如何解决成为体制内政党与其奋斗目标的矛盾成为俄共亟待解决的迫切任务。

其次，俄共在政党政治问题上的两难还表现在，坚持原则与采取灵活策略之间的矛盾。如前所述，俄共为了实现奋斗目标，需要与执政当局展开坚决的毫不妥协的斗争，需要在一系列重大问题上坚持自己的原则，但是有时现实决定俄共不妥协的斗争对其不利，又要采取灵活的策略，两者之间存在着非此即彼的矛盾和两难。2000 年 2 月 8 日，普京在会见大学生时指出，只有那种欧洲式的"稳固的"政党体系才能确保政治稳定。同日，普京在接受电视台采访时又说："任何时候都应当有反对派，否则政权就十分虚弱，很快就会失去现实感。"③ 2 月 27 日，普京在"团结"运动大会上发表讲话，呼吁建立"有效的多党制"，并强调：俄罗斯"还没有形成一个能够发挥作用的政党体系"；俄罗斯缺少"有威望的、形成了体系的党"，俄共是目前国内唯一一个"形成了体系的党"；俄罗斯应

---

① 刘淑春等：《当代俄罗斯政党》，中央编译出版社 2006 年版，第 184 页。

② 刘淑春：《俄共复兴社会主义目标的途径和手段》，《科学社会主义》2002 年第 1 期，第 73 页。

③ 据俄塔社莫斯科 2000 年 2 月 8 日电。

实行"有两三个或三四个政党参加的多党制"。① 这就是普京心目中的多党政治的目标模式。在普京的多党政治模式中，其中一个重要位置极有可能是预留给经过其改造的俄共的。因为普京认可拥有广泛社会基础的俄共存在之必要，并在自己的施政纲领中借用了俄共的某些主张，他希望俄共能成为服从、完善而不是改变现行制度的社会民主党。② 为此，2001 年 7 月 18 日，俄罗斯总统普京在记者招待会上谈到左翼运动时，建议俄共改名为"社会民主工党"，以将俄共纳入其期望的轨道。而俄共也曾幻想成为如普京所描绘的两党或三党制中的一个政党，但俄共改名涉及原则问题，它无法接受改变党的性质——"共产党社会民主党化"这一前提条件，不想为此付出可能危及党的生命的代价。因此，对普京的建议，俄共领导人在不同场合都作出了否定的回应。2003 年 8 月，在纪念俄国社会民主工党二大 100 周年之际，俄共中央主席久加诺夫回答了俄共各地区新闻媒体代表提出的问题，其中再次明确地阐述了俄共拒绝更改党的名称和俄共不实行社会民主党化的立场。俄共的不配合自然受到执政当局及其扶植下的政权党"统一俄罗斯"党的攻击，并扶植俄共内部的反对派，从而达到分化瓦解俄共的目的。在内外夹攻下，加上俄共本身的失误，俄共逐渐走向衰弱和分裂。

俄共不仅是原苏东地区最大的社会主义政党，也是世界社会主义的重要组成部分。俄共的衰弱和分裂使俄罗斯的社会主义运动再次陷入低潮，今后的道路必将困难重重。如果俄共继续萎缩直至最后消亡，那就意味着俄罗斯最后一支对执政当局起强劲牵制作用的社会力量遭到毁灭，这对俄罗斯的社会主义运动乃至整个俄罗斯国家而言，都将是一场真正的悲剧。正如俄罗斯选举制度发展研究所的负责人尤林所指出："如果俄共不复存在，那留给我们的实际上将是一个一党制。俄共是唯一系统化的反对党，单单出于这个原因，这个社会也需要它的存在。"③ 据笔者看，如果俄共真的消亡，那留给俄罗斯的实际上将是一个零党制，因为目前在俄政党政治中占主导地位的"统一俄罗斯"党虽然在最近两次杜马选举中"战绩"卓著，但是它却存在严重缺陷，没有任何指导思想，没有明确的纲领和意

① 据俄塔社莫斯科 2000 年 2 月 27 日电。
② 刘淑春等：《当代俄罗斯政党》，中央编译出版社 2006 年版，第 184 页。
③ 弗雷德·韦尔：《俄罗斯共产党的演变》，载于［美］《基督教科学箴言报》2003 年 12 月 2 日。

识形态，完全以权力为基础，以支持总统（总理）为己任①，算不上真正意义上的政党。为了邀请时任总统普京领导"统一俄罗斯"党，该党不惜临时改变党的章程。在普京明确拒绝成为"统一俄罗斯"党成员的情况下，该党仍然一致同意选举普京出任党主席。② 据笔者了解，在政党政治日益成熟的今天，不是一个党的成员却能当选该党主席的创举，对于一个严肃的、负责任的政党来说，是一件值得商榷的原则性问题。并且"统一俄罗斯"党作为"政权党"，是借助于政权以及各种最强大的财团力量的资助和扶持才得以进入议会的政党。各级行政官僚在党员的组成中占了相当大的比例，在党内拥有很大影响，党的领导层更是被一些重量级的国家高级官员所把持，人们把该党称为"官僚党"是完全有根据的。这些官员加入"统一俄罗斯"党，在很大程度上是为了维护自己的既得利益和某些集团的利益。因此，在一定程度上，"统一俄罗斯"党是改革既得利益者的代表，不会成为社会利益的代表者。最明显的事实是，2004年8月5日，"统一俄罗斯"党主导下的国家杜马通过了《关于以津贴取代优惠》的法案，俄政府对社会福利制度的改革正式开始实施。该法案主要内容包括自2005年1月1日起，取消免费乘坐公共交通工具、免费医疗、免费打电话、免费疗养等优惠政策，代之对享受福利的公民进行现金补贴。改革措施出台后，引起了城市低收入者和社会弱势群体的强烈反对。他们的理由是，所发现金不足以抵偿原有的优惠和通货膨胀，同时也不相信补贴能及时足额发放。据俄媒体介绍，这次改革受冲击最大的是老战士、退休者和残疾人，而178万俄各级官员所享受的优惠待遇没有改变。最具有讽刺意味的是，这次福利制度改革是在大幅度提高政府官员工资之后开始的。4月份，俄总统普京签署命令，大幅度提高政府高级官员的工资。由此可见，政权党"统一俄罗斯"党一党独大，垄断了议会绝对多数席位，这虽然有助于贯彻当局的意志，有利于实现普京的治国方略和政策方针，其存在具有一定的必要性和合理性，但弊端也相当明显：国家决策无法充分体现社会各阶层、各利益群体的利益，得不到自下而上的有效监督，无法使政党更好地发挥其联系人民与政权的纽带作用，不利于

---

① "统一俄罗斯"党的支持对象取决于普京的意愿，具有较强的主观色彩。

② http：//www.vesti.ru/15.04.2008.

俄罗斯政党政治的进一步健康发展。①

　　所以说，这样的一种畸形制度如继续下去，则意味着俄政党政治的倒退，也未必能保证俄罗斯的长治久安。据报道，俄当局下一步准备推进两党制的建设，一是把"统一俄罗斯"党改造为真正的政党，使之成为一个"中右派"政党，二是把俄共改造为西欧社会民主党那样的"中左派"政党，或者撇开俄共另建一个西欧社会民主党那样的"中左派"政党。俄共过去一再声明自己绝不改名为"社会民主党"，今后更名的可能性也微乎其微。而要使那些从俄共分裂出去而且野心很大的各派组织联合成为一个西欧社会民主党那样的"中左派"政党，则更是难上加难。② 2006年10月当局支持三个中左翼政党合并建立的"公正俄罗斯"党，并没有达到其替代俄共的预期目标，似乎更加证明了这一点。因此，俄共的发展应当引起整个俄罗斯社会的关注，而俄共自身更应该痛定思痛，通过改革重新走向复兴之路。

---

① 刘淑春等：《当代俄罗斯政党》，中央编译出版社2006年版，第84页。
② 王正泉：《俄共发生分裂的原因和影响》，载《千龙网》2004年7月8日。

第六章　俄共与议会

俄共 1990 年 6 月成立之时，公开宣称自己是苏共的一部分，从其成立至 1991 年与苏共一起被禁止活动这段时间，俄罗斯正处于从议行合一的苏维埃制度向三权分立的西方民主制度的转轨过程中，所以本章仅讨论 1993 年 2 月恢复重建后作为独立政党和政治反对派的俄共与议会之间的关系。虽然俄罗斯议会分为两院——联邦委员会和国家杜马，但是由于国家杜马是议会活动的核心，在比较宽泛的意义上，一般提到议会时，即意指国家杜马，因此本章的议会概念具体涵指国家杜马。

一　杜马是俄共表达自己政策主张的主要阵地

俄共恢复重建后，俄共领导人在各种场合都表露出希望俄共成为体制内政党的愿望。所以，重建后的俄共首先放弃了传统共产主义理论中有关阶级斗争和暴力革命的思想，表示认同议会民主的道路。从 1993 年至今，俄共走上了议会斗争的道路。从其议会斗争的实践看，俄共不仅接受了多党制的现实，而且还有不俗的表现，成为一个在议会斗争中有所作为的政党，杜马因而成为俄共表达自己政策主张的主要阵地。虽然目前俄共在国家杜马中屈居第二，但是从持续性和稳定性来看，在俄罗斯各派政治力量中，只有俄共可以称得上是"历届议会大党"。由于俄共参加第四届国家杜马选举的状况直接涉及其发展的关键转折点，本章将在第二部分予以详细介绍，而俄共参加第五届国家杜马选举的状况直接涉及其近期走向问题，具体内容参见第十一章"俄共的近况与前景"第一部分，因此本章第一部分只对俄共参加前三届国家杜马的情况作一简单回顾。

1. 俄共在 1993 年杜马选举中初试锋芒，首战告捷

俄共 1993 年 2 月恢复重建之后，仅仅半年多的时间，不但从组织上得到了确立和发展，而且还以反对党的面目活跃在俄罗斯的政治舞台上。与俄罗斯的其他共产党组织和反对派组织不同的是，俄共在坚持社会主义

理想的同时，采取的斗争政策和策略一般不走极端，因此容易得到那些反对叶利钦的现行政策、拥护社会主义理想的人们的支持。所以俄共很快就成了俄罗斯最大的反对派政治组织，其影响急剧增长。

1993年10月，俄罗斯发生了叶利钦炮打"白宫"，用武力解散议会的事件。事件发生后，叶利钦把这次事件的起因归结为"法西斯分子与共产党人互相勾结"，以期建立"血腥的共产主义法西斯独裁"，以此为借口再次停止俄共活动。面对这种情况，俄共宣布自己不怕被禁止，被禁止的俄共可以采取其他手段，在其他场合进行斗争，同时俄共又宣布自己反对"政治极端主义"。俄罗斯当局害怕禁止这个最大的反对派组织参加新议会——国家杜马大选，会影响自己在选举中获得广泛的支持率。因而，叶利钦又决定允许俄共推举候选人参加议会选举。在重新取得合法地位后，为保存队伍，扩大影响，俄共在其他左翼党派强烈抵制参加新议会选举的压力下，经过党内上下的激烈辩论，决定承认现实，改变策略，放弃街垒战，走向合法斗争，并立即投身于新议会的竞选活动。

俄罗斯第一届国家杜马大选定于1993年12月举行。由于这次选举是在"十月流血事件"后举行的，所以这次选举对新恢复的俄共和所有共产主义力量来说都是一场考验。选举前，俄共进行了认真的竞选准备，为夺取竞选的胜利而成立了竞选总部、新闻处。俄共推荐了151名竞选国家杜马代表的候选人。这些代表候选人到各地频繁会见各界人士，宣传俄共的主张，以争取选民的支持。他们批评新政府的政策，特别是"休克疗法"经济政策和联邦政策，同时严厉批评总统批准的将在12月12日提交全民投票的新宪法草案。在竞选过程中，"民主派"曾以俄共批评宪法草案为由试图阻止俄共参加杜马选举，但是未能得逞。

经过激烈的角逐，在1993年12月12日举行的俄罗斯新议会选举中，俄共获得12.35%的选票，仅次于"俄罗斯选择"和自由民主党，位居第三。如果加上其他共产主义、社会主义组织所得选票，则共产党人及其盟友在议会选举中得票总数大大超过盖达尔领导的激进"民主派"竞选联盟"俄罗斯选择"的票数。而且由俄共提名的候选人雷布金以超过半数票当选国家杜马主席，俄共成员科瓦廖夫出任国家杜马副主席。上述情况表明，共产党人在大选中取得了举世瞩目的成就，在重新崛起的道路上迈出了一大步。其影响所及，就连"俄罗斯选择"领导人盖达尔也不得不承认，目前在俄罗斯真正的党还很少，"其中最强大和最有活动能力的是共产党"。①

俄共在苏联剧变后的第一次议会选举中获胜，这是俄共政治生命的转折点，是其在逆境中不断探索、不懈努力和斗争的结果。究其原因主要有：第一，客观形势对俄共竞选有利。从某种意义上说，以建立西方式自由主义市场经济为目的的"休克疗法"改革失败帮助了俄共，正如前苏联最高苏维埃主席卢基扬诺夫所说："现政权越是把自己强制推行资本主义的毁灭性的试验强加给社会，他们越是在我们巨大欧亚国家遵守西方资本家所开的药方和要求，那么共产党就越有机会成为国家这艘大船的驾驶盘，使它回到社会主义的道路上来。"② 第二，俄共能够总结苏共失败的历史经验教训，坚持从实际出发，使斗争顺应形势发展的客观需要。第三，竞选纲领顺应民心。针对俄政局动荡、人心思定的现状，俄共及时调整竞选纲领和斗争策略，首先强调维护俄罗斯统一，恢复国内秩序与法制，和平解决国内危机。同时强调与犯罪和贪污腐化作斗争，主张各种所有制并存、共同发展。显然，俄共这些主张顺应民心，能够被人民所接受。第四，竞选运动组织工作得力。以久加诺夫为首的俄共中央领导层亲自指挥政治宣传工作，尽可能地多在公众场合亮相，宣传俄共的观点，让群众了解自己。民意测验表明，俄各地人民对俄共提出的建议、计划和目标抱有越来越多的同情和支持，从而增加了俄共获胜的机会。

此次选举的胜利，标志着俄共在艰难的条件下不仅恢复了组织，而且开始步入国家的政治舞台，为在国家政治生活中发挥更有力的影响和作用奠定了基础。西方某些舆论认为，历经磨难的俄共已基本上顺应了俄罗斯历史巨变后所形成的极为复杂的社会政治现实，它已在初具轮廓的多元主义的国家政治舞台上站住了脚。作为一个议会型政党，它不仅为自己的再生和发展找到了新的位置，并且已经摸索出发挥自身作用和影响的某些方式和方法。同昔日的苏共和其初创时期相比，俄共无论在意识形态、道德、面貌还是社会基础、组织原则和活动方式方面，都发生了重大变化。③ 久加诺夫在评价选举结果时指出："不应过高地评价俄共在联邦议

　　① 詹真荣：《俄罗斯联邦共产党的现状及其发展趋势》，《江西师范大学学报（哲社版）》1995年第1期，第16页。

　　② 同上刊，第16—17页。

　　③ 于洪君：《俄联邦共产党的目前状况及其发展趋势》，《当代社会主义问题》1994年第2期，第37页。

会选举中的成就。必须清醒地认识到，这一成就与其说是对共产党现在的功绩和威望的认可，不如说是对它的过去功绩和威望的承认。为了重新赢得多数人信任，党需要崭新的工作水平。"这表明，俄共对自己和社会现状都有客观的认识。

在选举中获得胜利后，俄共立即组成杜马俄共议会党团，并部署下一步工作。1994年2月，以俄共为核心的反对派在国家杜马中提出了对1991年"8·19"事件、1993年"十月事件"的组织者和参与者实行大赦的议案，这个议案获得通过并得以执行。事实上，由于以俄共为首的议会反对派的存在，1993年以后俄罗斯政府对各项政策都进行了适度调整：放弃了"休克疗法"式激进经济改革政策，代之以内容没变但方式较为温和的渐进性改革方案；俄罗斯的外交政策由向西方的"一边倒"逐渐转向"全方位"外交，等等。与此同时，以俄共为首的左派力量在地方杜马选举中也旗开得胜。在1994年举行的地方选举中，甚至有多个联邦主体选出的地方杜马，全是俄共成员及其盟友。

2. 俄共在1995年杜马选举中大获全胜，开始主导杜马

为了迎接1995年12月举行的第二届国家杜马选举，早在1995年年初俄共就拉开了架势，开始为年底的议会选举进行精心准备。在竞选活动中，与其他政党和选举联盟相比，俄共的竞选策略更具有针对性。由于俄罗斯政府执行的激进经济改革政策导致物价上涨、失业率上升、社会贫富悬殊加剧以及犯罪活动猖獗等一系列严重社会问题，加上旷日持久的车臣战争，民众对现政权的不满情绪也越来越强烈。而俄共具有平民主义色彩的宣传攻势也勾起了部分选民对苏联时期社会安定与温饱生活的怀念，在俄罗斯民众中引发了一股颇为强烈的怀旧情绪。俄共有声有色、有条不紊的准备工作为取得竞选的胜利打下了良好的基础。

1995年12月，俄罗斯举行第二届国家杜马选举。选举结果，俄共异军突起，获得22.3%的选票，比1993年得票多一倍，由第三大党跃为第一大党。连同在单席位选区获得的议席，俄共独揽157席，占议会议席总数的1/3以上。俄共的议席加上其盟友"政权属于人民"议员团和农业党议员团，左派议员已占全部议席的一半左右。同时，俄共的谢列兹尼奥夫还当选为国家杜马主席。可以说，以俄共为代表的左派力量在这次杜马选举中取得了大胜利，在国家杜马中占有明显的优势。

俄共在这次议会大选中取得这一成绩并不是偶然的，它是俄罗斯执政者内外政策失败的直接反映，也是俄共合法化近三年来坚持社会主义发展方向、自身力量和影响不断发展壮大的真实写照。也就是说，俄共的获胜有客观原因，也有主观原因。

从客观上讲，有三个主要原因。第一，执政当局几年来实施的内外政策使生产持续下降，经济危机难以扭转，社会贫富两极化，成千上万职工领不到工资，退休金得不到保证，俄罗斯广大民众对此深表不满。政治动荡、社会不稳、车臣战争久拖不决等问题更使他们大失所望，并由此产生了强烈的怀旧情绪。加上改革之初政府执行亲西方政策，俄的民族利益受损，大国地位丧失殆尽，严重伤害了俄罗斯人的自尊心。俄共利用了当局的失误，抨击其内外政策，这是俄共在大选中获胜的一个重要原因。第二，曾是俄共劲敌的民主派四分五裂，社会基础日渐缩小。加之分裂后的民主派各派别间又相互猜疑，各自为政，造成在竞选中得票率分散，也是俄共获胜的原因之一。另外，极端民族主义政党自由民主党在社会上的威信下降，选票下跌，也给俄共获胜帮了忙。第三，国际因素的影响。在一系列东欧国家中，从 1993 年开始，在前共产党基础上组建或演变而来的左翼党派陆续在大选中获胜而重新上台执政，在某种程度上也对俄罗斯民众支持俄共的情绪产生了影响。

如果说以上的客观因素对俄共获胜起了重要作用的话，那么在俄共获胜的原因中，还有更为重要的东西，这就是俄共自身的主观因素和不懈努力。第一，俄共是俄罗斯各政党中人数最多，组织最健全的党。俄共拥有约 60 万党员，两万多个基层组织，遍布除车臣之外的 88 个联邦主体，是俄所有政党中地方组织最完善、纪律性最强的政党，也是全俄唯一在各级立法机关中都有议员团的政党。在议会中，俄共极其活跃，一再联合其他议员团对政府发难，如就预算、"布琼诺夫斯克事件"①等问题，提出对政府的不信任案，险些使政府倒台；它又提出弹劾总

---

① 1995 年 6 月 14 日，车臣非法武装战地指挥官巴萨耶夫率领约 100 名匪徒闯入俄罗斯斯塔夫罗波尔边疆区布琼诺夫斯克市市立医院，扣押了 1000 多名人质，要挟俄罗斯军队立即停止一切军事行动并撤出车臣，否则将杀死全部人质。经过谈判，俄罗斯政府作出了重大让步，基本上满足了巴萨耶夫的要求。6 月 19 日，800 多名人质获释，人质事件结束。该事件历时一周，最终造成 100 多名人质死亡，其中许多是医院病人。该事件在俄罗斯国内引起了强烈反响，对俄罗斯政府的批评之声甚众。

统，使总统威信下降。此外，它还多次利用十月革命节和五一节等纪念日，组织群众抗议活动和游行集会，广泛宣传俄共的纲领主张，抨击当局的政策。俄共的自强不息，使其获得了稳步发展，进一步扩大了影响。第二，俄共在总结过去的经验教训基础上，提出了比较符合俄罗斯实际的竞选纲领。俄共对苏共批判性继承，接受了市场经济和民主制度，主张建立多种经济并存的"混合型经济"和"有计划的市场经济"，但"公有制必须在多种经济成分中起主导作用"，反对全面私有化，特别是土地私有化，"制止掠夺国家和社会财富"，反对出卖国家利益的外交政策，强调维护俄的大国地位和利益。它提出"俄罗斯、劳动、人民权利、社会主义"的政治口号，把爱国主义和民族主义放在突出位置。俄共的主要目标是恢复苏维埃政权、恢复苏维埃联盟。俄共1995 年 8 月召开的代表会议讨论通过了名为"为我们的苏维埃祖国而斗争"的竞选纲领。俄共的竞选纲领，比较符合当时多数俄罗斯民众的心态和愿望，代表了他们的利益，因而也增加了广大劳动群众对俄共的信任。第三，制定了适当的竞选策略，争取了群众。首先，俄共强调通过合法斗争途径来实现自己的目标，放弃暴力解决问题的方法。其次，俄共注意团结其他左翼力量和一切爱国力量，共同反对现政权。再次，俄共依赖自己的 60 万积极分子在选民中组成坚强的核心，使自己拥有一批政治积极性较高的相对稳定的选民。此外，俄共还同左翼及其他具有爱国主义倾向的政党和运动进行磋商，在单席位选区推举出统一的候选人，从而保证了这些候选人的顺利当选。

经过此届国家杜马选举，俄共已经从复兴走向崛起。俄共在国家杜马中的优势地位也使它开始主导杜马，成了现政权最大的反对派。从第二届国家杜马开始，俄罗斯国内常常习惯地将国家杜马称为"共产党的杜马"或"左派的杜马"。由于以俄共为首的反对派力量在议会中明显增强，俄政府在继续奉行"民主市场改革"的同时，加强了国家在某些经济领域的调控作用；加强了社会保护，着手解决居民的一些实际问题；对外政策方面，新外长普里马科夫称，俄将奉行东西方兼顾的全方位外交政策，更注重维护俄罗斯国家利益。与此同时，俄共还继续联合其他左派势力，以议会为阵地，进行合法斗争，同时广泛深入基层群众之中进行宣传，继续扩大自己在社会上的影响。

3. 俄共在 1999 年杜马选举中优势勉强，逐渐衰弱

1999 年议会选举前，先有俄共重要领导人图列耶夫闹独立，接着是波德别列兹金拉起"精神遗产"全俄社会政治运动一班人马，独立参加杜马选举，俄共力量因此大受损伤。与此同时，由俄共领导的左翼"人民爱国联盟"也出现了分裂，"农业党"领导人拉普申抱怨自己在国家杜马中屈居人下，沦为二流领导人，农业党成为俄共的"农村分部"，以此为借口，拉普申宣布俄农业党脱离人民爱国联盟，加入普里马科夫和卢日科夫的"祖国"竞选联盟。与此同时，在议会中一部分党派愿意通过"圆桌会议"或"四方会晤"与叶利钦政府合作，另一部分党派则坚决反对。由于内部的分化与组织上的分裂，这一时期以俄共为首的左翼反对派已经基本丧失了与现政权抗衡的能力，其影响力开始萎缩。

但是俄共作为俄政坛上的一支劲旅，在党员数量、组织纪律和参政范围等方面仍然拥有优势。第一，俄共是俄罗斯当时的第一大党，人数众多，组织健全。俄共有 50 多万党员，在联邦各主体中共建有两万多个基层组织，社会基础较为雄厚。第二，俄共组成了第二届杜马最大的议会党团。俄共不仅在国家杜马中占有 1/3 强的议席，而且杜马主席谢列兹尼奥夫就是俄共党员，俄共代表领导着国家杜马的九个委员会。加上其他左翼党团，左翼在相当程度上掌握着国家杜马，俄共仍是俄最大的一支政治力量。同时，由于俄共及其支持者在部分联邦主体中担任行政长官，控制着比较稳定的"红色地带"，选票来源可靠。第三，竞选纲领比较切合实际。1999 年 9 月 4 日，俄共召开第六次代表大会，专门讨论了俄共及其盟友的竞选纲领。纲领规定俄共的最高目标是"建立一个公正、繁荣的社会"。该社会的五个原则基础是：公正、平等、强国政策、人民政权及精神文明。俄共主张把"被洗劫的东西还给人民"，确保国家对具有战略意义的经济部门的控制。第四，俄共正在建立和扩大自己的舆论阵地。由俄共掌握的全俄性的报纸已经有相当大的数量，其中比较著名的有：《真理报》、《苏维埃俄罗斯报》、《明日报》、《俄罗斯真理报》等。同时俄共还有庞大的地方报业网，其中州级报纸 70 多份，市区级小报 700 多份。①

---

① 王秋文：《久加诺夫和俄罗斯联邦共产党》，《国外理论动态》1999 年第 11 期，第 30 页。

正因为拥有这些优势，在 1999 年 12 月举行的第三届国家杜马选举中，俄共仍然取得了不俗的战绩，得票率为 24.29%，加上单席位选举中当选的席位，俄共共获得 110 个议席，保住了议会第一大党的地位，俄共党员谢列兹尼奥夫再次当选为国家杜马主席。但由于"人民爱国联盟"的分裂，左翼力量严重受挫，其影响已让位于以"团结"党为主的中右翼势力。

普京执政后，对俄共采取了"外松内紧"的策略。一方面，以"强国富民"的口号赢得俄共的合作，在议会中与俄共党团开展建设性对话，以期在一系列内外政策上寻求俄共等左派党团的支持。另一方面，利用各种手段挤压俄共。如促成议会多数通过《俄罗斯政党法》；推动中右翼政党"统一俄罗斯"党的建立，其后该党取代俄共成为议会第一大党。

2002 年 4 月，议会中支持普京政权的中右派势力向以俄共为首的左翼反对派发动了"政变"，要求剥夺由俄共控制的一些议会委员会主席职位。在这场议会左、右两大派别的争斗中，俄共中央委员、杜马主席谢列兹尼奥夫等俄共上层领导人因拒不执行俄共中央《有关俄共党员自动放弃所有担任的议会职位的决议》被开除出党这一事件在俄共党内引起了轩然大波，表明俄共内部矛盾进一步公开化，俄共逐步走向衰弱。

二　2003 年杜马选举中的俄共

2003—2004 年是俄罗斯联邦的大选年，俄第四届国家杜马和俄联邦总统都在这一期间选举产生。对于俄共来说，2003 年 12 月 7 日举行的杜马选举尤为重要。因为俄共从 1993 年重建以来，以其强烈的意识形态色彩、广泛的群众基础和严密的组织结构，发展成为俄罗斯政治舞台上一支举足轻重的力量和对执政当局最具威胁的左翼反对派政党。俄共在 1995 年和 1999 年两届杜马选举中的得票率都领先于其他政党，获得了杜马第一大党的地位，杜马因而成为俄共与执政当局进行斗争的坚固阵地。然而普京执政后，俄共一方面受到杜马中支持普京政权的中右翼势力的联合挤压，另一方面又因党内不同派别之间的斗争而出现分化。面对挫折俄共精心准备，欲借第四届国家杜马选举之机一举夺回失去的阵地。然而结果事与愿违，在这次如期举行的杜马选举中，俄共受到重创，得票率仅为 12.7%，比 1999 年几乎减少一半，沦为杜马第二大党。

1. 俄共全力以赴迎接杜马大选

普京执政后，俄罗斯联邦立法部门相继通过了一系列法律文件，对现行的议会和总统选举作出新的规定，比如缩短国家杜马竞选运动的时间，将第四届国家杜马的选举日从 2003 年 12 月 14 日提前至 12 月 7 日，等等。一般来说，各参选政党的选举纲领和选举联盟的最终确定要在选举运动正式开始后，即 9 月 7 日后由党的代表大会通过后公布。

虽然按规定竞选运动应于选举前 3 个月正式启动，但俄罗斯各派政治力量早在一年多以前就开始了竞选的准备工作。俄罗斯社会舆论普遍认为，由于俄罗斯此前形成的政治力量格局相对稳定，左、中、右各派能进入议会的政党已经很明朗，因此这届杜马选举的结果不会像往届那样富有戏剧性，唯一的变数是俄共和"统一俄罗斯"党这两个党哪一个能夺取议会第一大党团的最后胜利，因为民意调查结果显示两党的支持率相差无几。被称为"政权党"的"统一俄罗斯"党凭借其实力可谓野心勃勃、志在必得，而曾经连续两次获得杜马第一大党地位、只是近两年才成为议会少数派的俄共也不甘示弱，决心借本次杜马选举之机一举收复"失地"。

俄共早在 2002 年年初就开始了竞选的准备工作。根据 2001 年出台并生效的俄罗斯《政党法》，只有登记合格的"政党"（而不是"运动"）才有资格参加国家杜马的选举。因此，俄共于 2002 年 1 月 19 日召开（非常）八大，将作为"全俄政治社会组织"的俄共改组为作为"政党"的俄共。随后俄共及其地区分部向司法部登记注册。同年 6 月 22 日，俄共召开八届九中全会。全会通过的决议强调，即将面临的选举不仅对俄共中央，而且对基层领导乃至普通党员都是一次严峻的考验。全会研究制定了俄共 2002—2004 年全国及地区选举战略，并确定了参加国家杜马和总统选举的战略目标，即争得实际权力以实现自己的纲领：由人民掌握政权，使国家转向社会主义。全会提出的俄共本届杜马选举的具体目标是：力争获得杜马 450 席中的 150 席，在杜马中建立有威信的、代表俄罗斯所有地区的俄共议会党团，从而为夺取 2004 年初总统选举的胜利奠定坚实基础。全会同时决定，将与人民爱国联盟及其他左翼组织和爱国主义组织组成竞选联盟以增强左翼在杜马中的力量，力争使人民爱国力量得到可以左右杜马的多数席位——226 席。①

2003 年 3 月 6 日，俄共八届十一中全会召开。全会听取并通过了久加诺夫所作的《关于当前形势和党为使国家摆脱危机而提出的刻不容缓的建议》的报告。报告认为，当前俄罗斯并没有摆脱危机，要根本扭转俄罗斯的经济和社会形势，必须解决国内工农业生产（包括中小企业）的发展和俄罗斯各联邦主体的发展这两个决定性环节。为此俄共提出了较为具体的使国家摆脱危机的建议。关于国内生产，俄共主张，第一，必须对具有战略意义的经济部门重新实行国有化；第二，实行国家保护主义与有效吸引国外投资相结合的政策，以促进国内的生产；第三，进行税制改革，把税收的重心从低收入者向高收入和超高收入者转移，实行累进税制，免除用于发展生产和科研开发等目的的支出的税负；第四，保证最低工资和养老金不低于最低生活保障线，大幅度提高职工工资，恢复公民享受免费中、高等教育及免费医疗的权利，房租不高于家庭总收入的 10%；第五，实现独联体国家的经济一体化。关于各联邦主体，俄共认为，联邦中央现行的地方政策是，将所有资源和资金都集中于中央，压制了地方的积极性，地方政权正在变成联邦政权的附庸。为此俄共主张在中央和地方关系方面恢复联邦制原则，地方应有足够的全权和资金保障以解决自己的问题，国家的任务是帮助地方发展。报告还提出，要以苏维埃民主宪法取代总统专制的宪法。为了改变国家的现状和改善公民的生活，使俄罗斯摆脱危机和走向未来，必须使社会生活苏维埃化，权力执行机构必须服从于人民代表机构。社会主义、苏维埃政权和联盟国家是俄共纲领的三大支柱。②

此外，全会还对俄共参加 2003 年年底的国家杜马选举作出部署，成立了各专门工作组，分别负责竞选的纲领拟订、资金筹措、法律咨询等项工作，俄共的竞选准备工作进入实质性阶段。

俄共八届十一中全会后，俄共领导层率领俄共议员代表团奔赴全国各地，采用会见当地各阶层代表、举办报告会、与选民直接对话等多种形式宣传俄共的政策主张，并利用一切场合和机会呼吁选民投票支持俄共。

2003 年 5 月中旬，俄罗斯"政治评论网"邀请各政党领导人就"党

① *Трудный марафон. О стратегии КПРФ в избирательных кампаниях 2002—2004гг. Доклад Г. Зюганова на пленуме ЦК КПРФ 22 июня 2002г.* Советская Россия，25. 06. 2002.

② *О текущем моменте и первоочередных предложениях партии по выводу страны из кризиса. Доклад Г. А. Зюганова на пленуме ЦК КПРФ.* http：//www. kprf. ru/10. 03. 2003.

的思想和选举立场"阐述本党的观点。俄共中央副主席、俄罗斯国家杜马俄共党团副主席梅利尼科夫代表俄共就上述问题阐述了俄共立场。他认为，在现存政治体制中，俄共作为一支以社会目标为取向的左翼力量持反对派立场，反对依据收入水平将社会分成不同等级的政策。俄共是爱国主义反对派，是知道如何使国家摆脱危机的反对派。如果俄共能够获得大选成功，本身就是对多党制发展、保持分权原则的贡献，而如果政权党获得议会多数，那就意味着独裁主义将得到加强，反对派将失去对政府和总统施加影响的任何机会。为此他呼吁，俄共必须同选民进行真诚对话。第一，俄共必须尽一切可能让民众了解，谁在杜马中真正维护他们的利益；第二，俄共必须对民众说明解决哪些问题对国家来说是首要的，并证实其立场更接近今天人们所迫切关心的需要和利益。俄共不是"袖珍"反对党，而是依靠绝大多数人的支持、强烈反对执政当局的唯一力量。俄共在杜马中的工作表明了其政策的思想性和连续性。俄共真诚地为保存社会保障体系、为降低小商业税负、为提高学生助学金和职工工资而斗争。俄共反对丘拜斯控制下的能源改革，反对波奇诺克提出的工资改革方案，反对盲目进行行政改革。最主要的，俄共是唯一提出自然资源收入再分配必须有利于全社会而非垄断寡头的政党。

关于本届国家杜马选举，梅利尼科夫认为，俄共的最低目标是要得到150 席，这是否决审议宪法法律的底线。不管未来谁选举获胜，俄共都要致力于修改宪法，维护选民的利益。相反，与俄共对立的政治力量会通过新的宪法法律以巩固目前极权的寡头政权。否决此类倡议是俄共及其盟友在新一届杜马中的主要任务之一。[①]

2003 年 6 月 27 日，俄共召开了八届十二中全会。全会研究并通过了库普佐夫所作的《关于俄共在 2003—2004 年议会和总统竞选中积极开展组织工作和政治工作以捍卫劳动人民的利益》的报告。在报告中库普佐夫提出了俄共的竞选纲领要点，这些要点将成为俄共领导下的竞选联盟的政治纲领的基础。要点包括：左翼爱国力量在取得选举胜利后，将能源和其他自然资源收归国有，使之造福于全体人民；采取一系列措施来保障劳动人民的社会、经济和公民权利，提高工资、养老金、津贴和补助金，大

---

① Мельников И. И. Мы — партия социальной справедливости. http：//www. politcom. ru/ 19. 05. 2003.

幅改善劳动人民的生活质量；制定新的土地政策，坚决反对土地自由买卖；加强国防力量以维护国家安全；消除腐败并严惩有组织犯罪；使俄白联盟最终变成现实。另外报告还提出了俄共的竞选口号是"社会主义、民主和人民政权"。[①]

2003 年 7 月 10 日，俄共通过广播电台，举行了全俄共产党员广播大会，动员所有党员为竞选的组织工作和政治工作贡献力量。与此同时，俄共领导人加紧组建竞选联盟，与盟友就杜马代表候选人名单和竞选联盟的力量配置进行磋商。8 月 18 日，俄共中央主席团举行会议，俄共中央主席久加诺夫强调，团结在人民爱国联盟旗帜下的各左翼力量应该"以俄共为核心组建广泛的竞选联盟"。[②]

2003 年 9 月 6 日，俄共举行了第九次（非常）代表大会第一阶段会议，会议提出其竞选的主要政纲是对自然资源重新国有化，国家预算内工作人员的月工资达到 7000—8000 卢布，恢复免费教育和免费医疗，降低能源价格，进行宪法改革，取消"总统自行其是"等。尽管久加诺夫与俄共第一副主席库普佐夫存在分歧，但大会还是比较顺利地产生了俄共竞选名单。其中排在第一位的是久加诺夫，第二位是克拉斯诺达尔边疆区前行政长官孔德拉坚科，第三位是农业党领导人哈里托诺夫。至此俄共杜马竞选活动进入最后冲刺阶段。

总之，俄共经过一年多的精心准备，取得了不菲的成绩。全俄社会舆论研究中心的民意调查结果揭示了这一点。俄罗斯主要政党 2003 年 1—11 月份支持率如下（表 6 - 1）。

表 6 - 1　　　　　2003 年 1—11 月俄罗斯主要政党的支持率（%）[③]

月　份	1 月	2 月	3 月	4 月	5 月	6 月	7 月	8 月	9 月	10 月	11 月
俄共	24	24	31	28	28	27	26	28	23	26	23
"统一俄罗斯"党	14	23	21	21	23	26	27	23	28	26	29
自由民主党	6	6	7	7	10	6	5	9	5	5	8
"亚博卢"	8	7	5	6	8	8	5	5	5	5	5
右翼力量联盟	5	6	6	6	5	3	4	5	5	4	6

① Купцов В. А. Об активизации организаторской и политической работы КПРФ по защите интересов трудового народа в избирательных кампаниях 2003—2004 годов. http：//www. kprf. ru/ 27. 06. 2003.

② 据俄罗斯国际文传电讯社 2003 年 8 月 19 日电。

③ http：//www. levada. ru/reitingi. html.

从以上数据可以看出，远远将其他政党抛在后边，属于"第一梯队"的俄共与"统一俄罗斯"党在 2003 年的支持率相差无几，并且在大多数月份，俄共的支持率要略高于"统一俄罗斯"党。而且全俄社会舆论研究中心 2003 年 7 月 8—13 日在俄罗斯的六个大城市——新西伯利亚、伊尔库茨克、特维尔、乌兰乌德、赤塔和巴尔瑙尔进行的调查结果（表 6 - 2）也显示，在百万人口以上的大城市"统一俄罗斯"党正输给俄共，并且输得很惨。

表 6 - 2　　　　　如果最近周日举行杜马选举，你将支持哪一个政党①

政党	俄共	"统一俄罗斯"党	"亚博卢"	自由民主党	右翼力量联盟	其他党	反对一切党	不参加选举	不回答
支持率（%）	16.6	13.3	8.5	8.5	8.1	16.9	9.5	4.5	14.1

然而在此后不久如期举行的杜马选举中，全力以赴的俄共不仅没有夺回失去的阵地，反而受到重创，得票率仅为 12.7%，比 1999 年几乎减少一半，沦为杜马第二大党。究竟是哪些原因导致了俄共的失利？

2. 俄共杜马选举失利原因分析

此次杜马选举结果一出，俄共党内普遍感到震惊，但在震惊之余俄共并没有就此一蹶不振，而是从上到下立即行动起来，对此次杜马选举进行了深刻反思和总结。俄共中央主席久加诺夫指出："我党在国家杜马竞选中失败了，我们必须认真地分析失败的原因，更重要的是确定下一步的行动。"②

2003 年 12 月 28 日，俄共在莫斯科召开（非常）九大第二阶段会议，俄共中央主席久加诺夫在大会上作了报告，对俄共参加杜马选举结果进行了总结并对俄共失利原因进行了深入分析，提出了党下一步的任务。

报告承认，在此次杜马选举中俄共遭受了失败，失去 857.3 万选民，一些大组织受到严重损失，即使那些积累了很多工作经验并善于团结一致

---

① http://www.gazeta.ru/19.07.2003.

② *О политических итогах выборов в Государственную Думу Российской Федерации и задачах КПРФ. Доклад председателя ЦК КПРФ Г. А. Зюганова на IX внеочередном съезде КПРФ.* http://www.kprf.ru/09.01.2004.

工作的主要组织也概莫能外。报告接着分析了俄共失利的外部原因,认为,强大的国家机器向俄共发难,56 个自治共和国总统、州长、部长和市长一起加入到"统一俄罗斯"党队伍中去,并动员所有资源,包括利用媒体进行造谣中伤等卑鄙手段来反对俄共,特别是强加给俄共并迅速传播开来的寡头问题,玷污了俄共在俄罗斯民众中的形象。俄共被控与别列佐夫斯基、霍多尔科夫斯基之类的寡头有染,而事实上,俄共与他们没有任何联系。与此同时,俄共中几个被称为"寡头"的候选人(尤其是维季马诺夫①)被诬蔑存在"经济问题",事实上这完全是子虚乌有的栽赃陷害。这是导致俄共失利的重要原因。

关于此次俄共杜马选举失利的内部原因,报告认为,1995 年和 1999 年杜马大选成功后的盲目乐观阻碍了俄共前进的步伐,特别是在左翼阵营中的主导地位使其丧失了进取精神。当时党内很多人认为,无论如何俄共也能最低得到 20% 的支持率。此次失利的主观原因可以概括为以下几个方面。

第一,直接投入竞选工作太晚。俄共虽然举行了 4 次全会和 15 次大型讨论会,对所有的基层组织也进行了重新训练,并仔细研究了几十个、几百个候选人,但直到 2003 年 1 月,单席位选区也仅提出 115 名候选人,甚至到九大召开前夕候选人名单还未最后敲定,由此拖延了候选人竞选前的直接准备工作。实际上,失去时间就等于降低了获胜的几率。

第二,没有遵守党性原则。一方面俄共很清楚,只有集中起所有爱国力量才能保证胜利,事实上俄共也一直与农业党人、妇女和青年运动等左派组织保持着联盟;另一方面却又在是以人民爱国联盟还是以俄共的名义参加竞选问题上一直争论不休,以至于整个爱国联盟发生分裂,人民爱国联盟领导人之一格拉济耶夫出走另组"祖国"联盟,丧失了应有的票源。

第三,基层组织力量薄弱。俄共虽然拥有一个比较严密的基层组织网络,但由于近年来未能及时补充新生力量而逐渐失去活力,2/3 的组织正在萎缩,这必然影响到俄共基层组织工作的开展。代表大会和中央全会多次通过决议,要求每一个老共产党员培养出一名年轻人,但结果并不理想。

---

①　维季马诺夫多年来领导着一个有 70 万人、包括 5000 家企业的大型集团公司,审计部门在对他进行多次讯问调查后,没有发现任何问题。

第四，对于对手的攻击，尤其是对俄共领导人的诽谤和攻击，俄共没有采取相应的、及时的、有实质意义的反击行动。

在指出此次杜马选举失利的外部原因和内部原因后，报告又深入分析了影响此次选举的社会因素。认为，首先必须彻底揭露反俄共力量的阶级本质，也就是寡头资本、各级官僚和犯罪组织的联盟。近年来，这三股势力之间的力量对比发生了变化。如果说从前国家屈从于寡头资本，那么现在国家机关作为一个单独的社会集团，已经利用强力手段将寡头资本和犯罪资本置于自己的控制之下。以"第四政权"自诩的媒体则成了国家机关的仆从。但这只是权力和财富激烈争夺前的暂时平衡。官僚在控制住政权后，将力求重新分配经济果实，这就必然导致波拿巴主义，即个人专断制度。国家杜马将因此而沦落为专门给总统办公厅的决定盖章的机构。

一方面官僚势力得到了加强，另一方面社会却进一步分化。人们所熟悉的由工人、农民、知识分子组成的社会结构已经崩溃。随着建立在大工业和集体经济基础之上的苏联式经济模式的解体，工人阶级作为一个阶级在一定程度上分化了，既出现了工人贵族（尤其是能源领域），也出现了因为被边缘化而失掉了阶级本性的大军。但是无产阶级的中坚部分保存了下来，这包括在大型航空航天企业、国防和机械制造业领域工作的人们。

与此同时，出现了完全新型的社会群体，它包括中小企业主阶层、官僚阶层和边缘化阶层。官僚变成了一个具有自己特殊利益的单独群体。边缘化的阶层大大增加，这些变动不居的社会群体的人数、心理、社会阶级利益还没有固定下来，因而也就没有固定的政治观点。对俄共来说，这并不单纯是一个理论问题。新社会群体松散的构成决定了俄共工作的难度。社会分化程度还在不断加深，一翼是2%—3%超级富豪及为其服务的10%—12%的人，另一翼是绝大多数贫困民众。社会不满情绪在继续蔓延。

统治集团只是稳坐在克里姆林宫里，控制住预算这个肥差以从中渔利，根本不能肩负起使国家摆脱危机的重任。国内经济和政治稳定严重依赖于能源尤其是石油的出口；石油储备由于掠夺式开采而日趋减少；大量超额收入没有用于建立现代化经济的基础，反而被偷偷瓜分掉了；外汇流失，投资减少，生产下降。贫困人数激增。由此，1991—1993年向民主转变时俄罗斯激进民主派提出的大幅提高经济效率和人民生活水平的目的不但没有达到，反而使俄罗斯陷入深刻的危机之中。从这一意义上讲，有利于左翼爱国反对派的客观因素仍然存在。

此外，报告在分析影响选举的政治因素时指出，经济分化并没有相应地导致政治分化，"统一俄罗斯"党现象即是例子。它本质上代表的是官僚和寡头犯罪团伙的利益，但却靠"偷窃"我们的"国家爱国主义和社会公正"这一口号赢得了失去生计的民众阶层的暂时支持。事实上，政权党（"统一俄罗斯"党）并不是一个真正意义上的政党，而是一个公开的右翼集团，是一个贪婪的、丧失天良的官僚派别，其首领就是现总统普京。普京绝不是什么中派主义者，而是自由主义本能的信仰者。

右翼力量联盟和"亚博卢"由于其从前的社会支柱——知识分子在"改革"中自我消亡而不复存在。俄罗斯唯一真正的政党是俄共，这也是西方所公认的。俄共是唯一纲领完整、组织完备、领导班子经验丰富、善于在复杂条件下工作的现实反对派，是议会中唯一不受克里姆林宫左右的政党。正是由于俄共的存在，才使国家杜马保留了一点代表权力机关的样子。

俄共是人民的党，是为人民的利益而斗争的党，它不是在电视屏幕上成长起来的。俄共有100年的历史，它的思想基础是善良、真理和公正。但是统治集团却妄图把它作为劳动人民最后的希望来消灭。

选举结果表明人民是支持俄共的思想的。"统一俄罗斯"党、"祖国"联盟和俄罗斯自由民主党的成功恰恰首先是因为它们截取了俄共关于必须同寡头作坚决斗争的主张，而且，从它们口中抛出的许多俄共的口号受到了选民的支持，这一点对于俄共是很有启发意义的。

应当说，报告对俄共此次杜马选举失利原因的分析基本上是正确的，但也有偏颇之处。俄共在此次选举中遭受重创，究其原因，其中既有社会、政治等方面的客观因素，也有俄共自身策略方面的严重失误。笔者认为以下几点对俄共选举失利产生了重大影响。

首先，俄共对社会形势的判断已经严重地脱离了俄罗斯目前的现实。众所周知，俄罗斯经历了苏联解体后的十年政治动荡，经济崩溃，人民生活水平严重下降，国力衰退，国际影响今非昔比。普京2000年就任总统后，首要的任务就是结束长期以来俄罗斯社会纷争不已的局面，实现政治稳定，改善民众生活。在普京的领导下，经过4年的努力，政治上，俄恢复了宪政与法律秩序，重建了自上而下的联邦执行权力机构，将议会转变为职业化的立法机构，恢复了国家统一的法律空间，阻止了军队和执法机

构的进一步衰弱；经济上，从 2000 年开始，俄 GDP 连续 4 年分别增长了
9.0%、5.0%、4.3% 和 7.3%。同 1999 年前相比，通货膨胀率和失业率
普遍下降，居民实际收入大幅增长，中央银行外汇储备达到历史最高水
平，经济增长由主要依靠石油价格的高水平、卢布贬值效应、扩大原材料
出口等外部因素开始向扩大内需、居民消费和投资等内部因素转变，经济
增长质量有所提高。可以说，在普京第一个任期内，整体上实现了经济的
持续增长。经历了长达十余年的贫困和动荡，俄罗斯人对普京执政以后出
现的政治稳定和经济增长格外珍惜。俄罗斯社会舆论普遍认为，普京虽然
没有也不可能在 4 年时间里解决十年巨变积累的所有问题，但是民众从他
的身上看到了国家发展的希望。民意测验表明，普京执政 4 年赢得了民
心，其支持率一直保持在 70% 以上。[1] 正如俄著名学者、全球化问题研究
所所长鲍·卡加尔利茨基所言："三年的工业增长如今正影响着选民的行
动。总体来说，在这十年间人们在某种程度上已经融入了新的现实当中，
意识到了自己的利益，他们已经不再凭激情而是根据自己的利益做出自己
的选择。"[2] 但是俄共却无视这种现实和民情，一味对普京及其政权持否
定态度，特别是在杜马竞选期间表现得尤其突出。

　　在叶利钦时代，俄共的支持者中有相当一部分人，与其说是拥护
"光明的过去"，不如说是反对"黑暗的现实"。俄共的崛起是与叶利钦时
代的一系列错误密切相关的。普京上台后，采取了一系列纠正以前错误的
措施，如签发增发养老金、工资的法令，恢复中央对地方政权的管理和控
制，向别列佐夫斯基等金融寡头宣战，裁减和改革军队等。实际上，普京
已经将俄共的一些主张变成了现实，用俄共中央主席久加诺夫的话说就是
"政权党"盗用了俄共的纲领口号。但是俄共在此次杜马竞选中，依然像
叶利钦时代那样，将现政权作为打击的目标，导致了一部分此前还支持俄
共的选民转向了支持现政权。

　　当然，俄共对社会形势的分析具有一定的合理性，其批评的问题也客
观地存在，但问题的关键是，俄共不仅对普京执政期间所取得的巨大成就
视而不见，而且还过分夸大其消极的方面，加之俄共在此次杜马选举中没

---

　　[1]　http：//www.levada.ru/prezident.html.

　　[2]　［俄］鲍·卡加尔利茨基：《俄罗斯联邦共产党的微弱魅力》，载于《新报》2002 年 1 月
23—29 日。

有根据目前俄罗斯的现实提出新的主张和政策去吸引选民，从而失去了他们中相当一部分人的支持。

其次，竞选策略错误。如前所述，俄罗斯经历了苏联解体后的十年政治动荡，经济崩溃，人民生活水平严重下降，贫富悬殊严重。特别是在私有化的进程中，财产的重新分配一方面造就了俄罗斯一代超级富豪——寡头，另一方面造就了一个庞大的贫困阶层。在俄罗斯，10%最富裕者的收入是10%最贫穷者的14倍，而这一数字在美国与欧洲仅分别为7倍和4倍。私有化掠夺分化了俄罗斯，也激起了俄罗斯普通民众的强烈不满。如今，许多普通俄罗斯人在谈到私有化以及在私有化浪潮中青云直上的富裕阶层时，往往用"仇恨"来形容他们的心情。在此背景下，普京采取一系列措施严厉打击寡头权贵，深得民心，而俄共作为坚持社会主义、维护社会公正和劳动人民利益的党，却将那些寡头权贵作为其候选人。① 这种做法，对于许多共产党的传统支持者和一些共产党官员来说，无异于政治上的自杀。共产党官员列·马耶夫斯基的话道出了许多此前支持俄共选民的心声："大资本家先是买下所有财产，剥夺了我们的物质财富。现在他们又想买下我们的政党，剥夺我们的精神财富。"他说："这些人怎么能代表工人阶级呢？他们和工人阶级有什么共同点？共产党领导人完全背叛了投票给他们的选民。"② 一些俄共老党员甚至上街游行，指责俄共领导人久加诺夫违背党的意志。俄共自身竞选策略的失误再加上新闻媒体铺天盖地的宣传和煽风点火，造成了俄共传统支持选民的严重流失。

再次，俄共领导层不团结，搞派别活动，以及左翼队伍的内部竞争，削弱了俄共实力。先是以俄共中央委员舍宁为代表的激进派在2000年退党，接着以谢列兹尼奥夫为代表的温和派在2002年4月"杜马风波"后与俄共分裂，后又有以格拉济耶夫为代表的一部分人离开俄共，另组"祖国"竞选联盟，拉走了原本属于俄共的许多选票。

在此次杜马选举中，谢列兹尼奥夫领导的中左联盟虽然没有越过5%的门槛而进入议会，但却分散了左翼的选票，使俄共及其盟友的选票至少减少了一两个百分点。但是对此次俄共杜马选举失利产生最直接严重影响

---

① 在俄共的前18名候选人中，就有5名百万富翁。"尤科斯"石油公司的股东、年薪1000多万美元、银行存款达5000万美元的穆拉夫连科和"尤科斯"公司的主管、年薪63万美元、银行存款达5000万美元的孔道罗夫都是俄共的杜马选举候选人。

② 据英国《每日电讯报》2003年11月22日报道。

的是，俄共一直信赖的、本来承诺要与俄共一同参加竞选的俄罗斯人民爱国联盟协调委员会主席之一格拉济耶夫也离俄共而去，另组"祖国"竞选联盟。2003年8月24日，以格拉济耶夫和罗戈津为两主席的"俄罗斯地区党"与其他16个政党和运动联合组建了"祖国—人民爱国主义联盟"竞选同盟，即"祖国"联盟，目的是争取杜马中的多数。格拉济耶夫希望俄共及"人民爱国联盟"的成员也加入到该同盟中来。[①] 但俄共仍坚持自己的立场不变，多次明确拒绝了格拉济耶夫的倡议。

"祖国"联盟崇尚爱国主义，主张建立公正社会，反对金融寡头分割国家资源，其竞选纲领和口号在许多方面与俄共别无二致。在此次杜马选举中，"祖国"联盟异军突起，得票率达到9%，一举成为本届选举杀出的黑马。应当说，在"祖国"联盟的支持者中，有相当一部分人此前是俄共的拥护者。

总之，由于上述各方面因素的综合作用，致使俄共在此次杜马选举中惨遭失利。

三　俄共参加杜马的困境及前景

俄共参加杜马与参加政党政治是一个问题的两个方面，与参加政党政治一样，俄共在参加杜马问题上，面临着一系列的困境和难题。

第一，理论上的困境和挑战。经过1991年和1993年同执政当局的两次"武装对抗"，俄共认识到，目前在俄罗斯武装夺取政权几乎是不可能的。因此俄共逐渐改变了同执政当局斗争的方式和策略：由街头抗议改为议会斗争。1993年10月俄共正式宣布参加议会选举，其目的是通过合法的斗争方式"剥夺背叛民族反人民的政权"。尤其是1995年和1999年两次杜马选举的胜利，使俄共成为俄罗斯最重要和最有影响的政党之一。俄共认为，自己的目标是在俄罗斯建成真正的社会主义，而非简单的倒退到过去。其基本途径就是通过在合法的范围内活动，最终通过议会制度获得政权，一贯只使用合法手段是俄共与其他一些以共产主义为目标的党派和团体的不同之处。俄共声称，他们现在坐在议会之中，"为的是利用议会

---

① http：//www.glazev.ru/25.08.2003.

斗争形式和立法行动来恢复其政党的基本合法性"。① 在议会中俄共议员团努力树立一种负责任的形象：议会出席率最高，在所有的议会派别中出国旅行最少。尽管俄共参加议会，而且参加国家一级的政治活动，但仍把1993 年 10 月 3 日和 4 日（强行解散旧的最高苏维埃的日期）以来的一切政治事件都斥为反人民的非法事件，否认执政当局和据以组成国家杜马的新宪法的合法性。这说明它陷入了理论上的两难境地。

第二，俄共参加国家杜马受到俄罗斯现行政治体制的严格限制，从而减弱了俄共对俄罗斯政局的影响。虽然俄国家体制形式上为三权分立，权力由俄罗斯联邦总统、联邦议会（联邦委员会和国家杜马）、俄罗斯法院行使，但实际上目前俄罗斯实行的是以"强总统，弱议会"为基本特征的政治体制。宪法赋予总统以巨大的凌驾于议会、政府和法院之上的权力，总统作为权力核心独揽国家大权，因而俄罗斯的总统制被称之为"超级总统制"。俄罗斯的"超级总统制"将国家执行权力集中于总统一人手中，对国家政治生活有决定性影响。而议会政治作用相对弱化，从而使依靠议会为主要政治舞台的俄共受到限制，其作用的发挥缺乏足够的权力支持。而且在俄总统制下，议会对总统的直接制约力非常有限，难以同总统相抗衡。比如，国家杜马草拟的国家法律只有在总统签署之后方能生效；根据俄罗斯宪法规定，如果国家杜马连续三次拒绝批准总统提名的总理人选或在三个月内两次通过对政府的不信任案而总统又决定不解散内阁，总统就有权解散国家杜马。② 因此，即使在 20 世纪 90 年代中后期，以俄共为首的左派主导了国家杜马，对俄政坛和俄罗斯社会产生了巨大影响的情况下，由于现行政治体制的限制，这种影响力本身也被大打折扣。据笔者看，退一步说，即使俄共赢得国家杜马大多数议席，在现行的政治框架内，其和平夺权也没有百分之百的保证。

第三，俄共参加国家杜马受到俄罗斯正统派共产党人的责难和挑战。俄共参加议会选举的事实表明，它承认叶利钦政体是现实的，并且赞成按民主的规则进行竞选。久加诺夫在自己的演说中经常宣传保持国内和平的必要性，同时强调俄共拒绝通过革命的方式解决问题。由于在参加议会选举问题上的分歧，共产党人实际上分裂为两派：一是以俄共为代表的

① 韦姗：《今日的俄罗斯共产党》，《当代世界》1995 年第 1 期，第 21 页。
② 谢峰：《没有执政党的俄罗斯政党政治》，《党的生活》2002 年第 9 期，第 23 页。

"制度内的"议会反对派，它掌握温和的、开明的左翼；二是持激进观点的"制度外的"正统派分子。由于在选举中取得的成就，俄共越来越明显地成了俄罗斯共产主义运动和国内反对派无可争议的领袖。议会外的共产党，以及某些从俄共内部分化出来的人企图通过加强对俄共领导的批评来削弱该党的地位，如指责俄共是社会民主主义倾向，是政治上的机会主义，为了俄罗斯的民族主义而放弃马克思主义等。在进行论战性攻击的同时，左倾正统派分子还在建立自己团结一致的政治组织方面作了很多努力，并且企图分裂俄共的地方机构。

1993 年 12 月，俄罗斯共产党人联盟宣布成立。参加这一组织的有全联盟布尔什维克共产党、俄罗斯共产主义工人党、俄罗斯共产党人党、共产党人联盟等所有正统的共产党。但是，由于该联盟创立者之间在思想、政治和个人等方面的矛盾，它并没有成为团结一致的政治组织，仅仅发挥了非常有限的配合作用。1994 年 4 月，共产党人联盟还曾企图建立所谓"苏联共产党莫斯科城市组织"以取代俄共的地方组织，但通过这种方式来分裂俄共的行为并没有获得成功。

此后，由于俄共参加国家杜马所取得的巨大成就，左倾正统派共产党人大都转变了态度，积极投入杜马竞选。但在参加杜马一系列问题上，与俄共仍然存在原则性分歧，这集中表现在俄共与正统派共产党人的代表舍宁的矛盾上。舍宁指责俄共奉行欧洲社会民主党的路线，在理论上和实践上放弃了马克思主义的基本原则，称俄共领导人如继续采用所谓中间方案，就会蜕变为欧洲型社会民主党。2000 年舍宁与俄共的公开决裂表明了这种原则性分歧的不可调和性。①

第四，走议会斗争、成为体制内政党的道路还涣散了俄共上层的斗志，在党内产生了一些既得利益者，加剧了俄共内部的矛盾。在俄罗斯，国家杜马代表享有政治豁免权和其他特权，其月工资相当于部长的月工资；地区行政长官同样享有各种实权。这一切对某些俄共议员和州长是一种诱惑，他们有时把保住自己的议员席位和州长职位看得比党的利益还重要，每次竞选俄共内部都会出现争夺候选人资格的争斗，俄共第四届杜马选举的失利，在一定程度上也与议员候选人名额分配不均有关。一些党员

---

① 刘淑春：《从舍宁退出俄共看俄罗斯共产主义运动的分化》，《国外理论动态》2000 年第 12 期，第 26 页。

议员满足于议会内的舒适生活而不愿意做议会外的群众工作，一些党员凭借俄共的资源和影响当上行政长官以后就开始疏远党，不管放弃还是保留自己的政党身份，都转而服从总统和政府的方针，尽管有的是出于不得已。这些人已经成为体制内的既得利益者，他们的行动背离了俄共的初衷，俄共参政本来是要捍卫劳动人民的权利和利益，可是在客观上却损害了俄共自身的机体和形象，使它很难履行自己的使命。

一般而言，作为体制内的反对党，要想通过合法途径走上执政地位，这需要具备成熟的主客观条件，即在当权者无法再继续统治下去，下层民众无法再继续生活下去的时候，反对党具备足够的力量，其主张能赢得大多数选民的支持，进而取得议会的绝大多数席位，并能获得组阁权。而在今天的俄罗斯，俄共显然尚不具备这些条件，至少在目前情况下不具备这些条件。因此俄共近年来在不放弃议会内工作的同时，加强了议会外的斗争，把工作重心转到议会外，是一种迫不得已的现实选择。①

应当说，随着新世纪的到来，世界格局发生了巨大变化，和平与发展已成为世界主题。信息时代的到来，国家间的交往空前密切，这一切都预示着 21 世纪的新特点。在这种形势下，俄共深刻地总结了苏共的经验教训，确定了通过议会夺取政权、建立社会主义社会的基本目标。尤其可贵的是，在没有先例可以遵循、效仿的情况下，俄共在理论上和实践上都做了大胆的探索，体现了"与时俱进"的精神，对于其探索中的失误，也不应苛求。虽然赢得选举胜利的道路十分艰难，并且赢得选举胜利与建成社会主义也还有一大段距离，但这种努力本身是不应该被抹杀的。我们有理由相信，只要俄共坚持为最大多数人民的利益而奋斗的原则不变，假以时日，俄共终究会赢得俄罗斯人民的信任和支持。

---

① 刘淑春等：《当代俄罗斯政党》，中央编译出版社 2006 年版，第 184—185 页。

第七章 俄共对执政当局的策略方针

1991 年 6 月 12 日，俄罗斯第一届总统选举举行，叶利钦以绝对优势当选，这标志着俄罗斯政权的易手，俄共从此失去了执政党地位，落入了反对党境地。1993 年俄共恢复重建后，作为反对党，对执政当局采取怎样行之有效的斗争策略，成为俄共急需解决的首要课题。

一 叶利钦时期俄共对执政当局的策略方针

俄共宣布自己作为坚持社会主义的政党，将忠实地捍卫劳动人民的利益，毫不妥协地反对建立资本主义制度，俄共对执政当局的态度是从执政当局是否接受其方针政策出发的。在叶利钦执政时期，俄共根据形势的变化，适当地调整了自己对执政当局的策略方针。根据调整的幅度，可以1996 年 6 月俄第二届总统选举为界，分为前后两个阶段。

第一阶段：俄共作为不妥协的反对派阶段。叶利钦在俄罗斯掌权后，确立了总统行政权力主导的权力结构，并于 1992 年年初正式启动了向资本主义转轨的激进式改革方案。1993 年俄共恢复重建后，认为叶利钦实行的是"总统个人独裁的制度"，是"资产阶级专政"，明确宣布自己是一个以社会主义为价值取向的政党，是现政权不妥协的反对派，俄共绝不参加现政府，其目标是要推翻现政权，建立"人民信任的政府"。在恢复重建初期，由于俄共对叶利钦改革政策产生的社会不满情绪估计过高，对广大群众厌倦社会运动的政治冷淡主义趋向估计不足，于是频繁不断地组织各种集会和游行，发动党员及其支持者参加街头抗议，成了俄共这段时间的主要活动内容。并且俄共为改变现行行政权力主导型的政治体制，曾积极支持议会激进派的斗争。但该斗争 1993 年 10 月被叶利钦镇压以失败而告终。随后制定的《俄罗斯宪法》从法律上再次肯定并进一步强化了总统行政主导权力体制。

"十月事件"后，俄共仍然坚持反对叶利钦政权的总方针，是当局不妥协的反对派，在几乎所有问题上都与叶利钦政权相对立，但以久加诺夫为代表的党内主流派转向采取宪法范围内的斗争方式，不再采取非宪法的斗争手段。因为俄共认识到，虽然"十月事件"后的俄罗斯社会矛盾仍然十分尖锐，但并不存在采取激进手段改变现行制度和政策的形势。当然，这不意味着放弃政治斗争，而是采取符合实际的有效的斗争方式，不搞冒险的激进行动；也不意味着采取消极的反对党立场，把党置于无所作为的地位。[①] 1993 年 10 月 26 日，俄共召开了第一次全俄代表大会，大会的主要议题就是讨论俄共是否参加即将举行的议会选举问题。讨论的结果，大会决定参加于 12 月 12 日举行的俄第一届国家杜马选举。经过精心准备，在如期举行的杜马选举中，俄共获得杜马 450 个席位中的 65 席，成为议会第三大党。这一选举结果对俄共来说意义重大，非同小可，它标志着曾受到现政权打压的俄共以合法身份又回到了政治舞台，重新找到了发挥自己影响力的场所和机会，同时也让俄共领导人看到了利用合法手段夺取政权的可能性。议会选举后，俄共、农业党等左翼反对派开始联合，并以议会为舞台在俄罗斯政治生活中发挥着实际作用。在斗争方式上，俄共也逐渐放弃了街头斗争和大规模游行示威，转而主要在议会范围内活动，即通过选举和议会斗争的方式实现党的政治目标。

　　1995 年 12 月，俄罗斯举行第二届国家杜马选举。选举结果，俄共得票率领先，在国家杜马 450 个议席中获得 157 席，遂成为议会第一大党，同时，俄共的谢列兹尼奥夫还当选为国家杜马主席。可以说，俄共在这次杜马选举中取得了重大胜利，作为反对派政党，俄共的影响继续扩大，成为现政权强有力的竞争者。在 1996 年 6 月举行的总统选举中，俄共推举的候选人久加诺夫虽然以微弱劣势惜败于时任总统叶利钦，俄共也由此失去了一次最有希望执掌政权的机会，但是同过去几年相比，从选民支持率来看，俄共还是可以说取得了巨大的胜利。作为反对派政党，俄共的影响进一步扩大，不仅成为现政权强有力的竞争者，而且几乎改变了俄罗斯政治进程的发展轨迹。在这期间，俄共虽然宣称开展议会内外斗争，实际上以议会斗争为主。特别是 1995 年 12 月议会大选以后，议会更成为俄共的主要活动场所和斗争舞台了，俄共出现了过分依赖于议会，削弱和忽视议会外斗争的倾向。

　　第二阶段：俄共对现政权采取既对抗又妥协方针阶段。1996 年总统

---

　　① 刘沛汉：《俄共的反对党策略选择》，《俄罗斯研究》1997 年第 4 期，第 25 页。

选举的失利打断了俄共夺取政权的计划，一向以"不妥协的政权反对派"自居的俄共走到了它发展的十字路口。为适应选举后俄罗斯新的社会政治形势，避免再次同现政权发生直接政治对抗，俄共领导层适度调整了自己的斗争策略，暂时放弃"夺取政权"、"改变国家发展方向"等激烈的政治口号，对现政权采取既对抗又妥协、反对现政权与有限度地支持政府的方针。一方面，俄共利用自己在国家杜马中的优势，对现政权的政策措施以及人事安排提出批评和反对意见；另一方面，也适可而止，不愿同现政权发生激烈的对抗，寻找机会进行妥协。例如，1996 年俄总统选举之后，俄共一方面同其他政治力量一起，通过议会斗争，迫使现政权调整了国内经济政策，加强了对贫困阶层的社会保障；另一方面，占议会多数的俄共议会党团与执政当局达成妥协，首肯了切尔诺梅尔金再任总理。在 1997年冬季，俄共一方面反对政府的预算方案，要求丘拜斯下台，还威胁要对政府提出不信任议案；另一方面接受叶利钦的倡议，同意参加由总统、总理、议会上下两院议长参加的"四方会谈"和由议会各党派参加的协商性"圆桌会议"，俄共议会党团最后时刻放行了政府的 1997 年国家预算。在 1998—1999 年的政府危机中，俄共一方面联合议会其他各派力量，以通过否决案的方式迫使总统作出了部分让步，并在叶利钦执政后期，利用日益加深的社会矛盾，发起组织了对叶利钦的弹劾案和有关限制总统权力的修宪运动；另一方面利用执政集团内部在国家发展战略和利益分配问题上的分歧，在议会表决中支持主张采取稳健经济政策的切尔诺梅尔金政府和普里马科夫政府的各项提案，在许多问题上同现政权达成妥协。这种策略表明，俄共对现政权的态度，实际上已由不妥协的反对派变成"建设性的反对派"。

俄共采取这种策略是基于以下考虑：首先，斗争的实际效果。对政府凡事都反对，并不一定得到人民群众的支持。发动对政府不信任投票，不一定能达到使政府辞职的目的，反而有可能导致总统解散议会，从而大大减少俄共在杜马中的席位，丧失俄共在议会中的主导和优势地位。其次，当前即使"推翻"了现政权，俄共也难以控制局势，顺利取得和掌握政权，因为各主要政治力量不会自动消失，争斗将继续下去，这种争斗不能解决国家面临的具体问题，只能使国家遭受更严重的破坏，甚至四分五裂。再次，冒险分子可能乘机取得权力。他们心中既没有强大的国家，也没有民族利益，会为夺取权力进行殊死的、没有任何规则的斗争，甚至使用犯罪手段。

正是从这种认识出发，俄共认为，对政府进行有限地支持是必要的和可能的政治妥协。作为政治反对派别，不仅在一定条件下可以参加政府，进行建设性合作，而且应当善于利用这种权力。由以俄共为核心和真正关心国家命运的人形成的广泛联盟，充当建设性反对派，进行理智妥协，这是俄罗斯摆脱危机的基础。

俄共四大对这一策略也进行了重大调整和完善。确认现政权为反人民政权，决定采取不调和的但是负责任的反对派立场。所谓"不调和"，即不屈从于叶利钦，对俄罗斯执政当局采取不妥协的反对立场。把杜马变为抗议的讲台，反对其"反人民的方针"，反对国家日益资本主义化和殖民地化。所谓"负责任"，即要从国家和民族的全局利益出发，为国家的完整而斗争，"反对私人资本侵犯劳动者的权利"，"反对玷污俄罗斯的文化道德"，等等。可以同政府达成某种妥协，但这不意味着支持"现政权"。俄共"要转入进攻"，把"取代执政当局"、"改变现行社会经济和政治方针"、"维护国家利益和建立人民信任的政府"作为主要任务。

俄共在理论上进行思考的同时，在实践上也作了有益的探索。1998年9月普里马科夫出任总理后，俄共支持并参加这个政府，做新政府的合作者。当时，普里马科夫组成一个联合政府，由俄共的马斯柳科夫担任第一副总理，而农业党的库利克则担任副总理。人们认为，这个政府带有"中左"色彩。这就说明，俄共对现政权的态度发生了重大的转变。一方面，俄共仍然要求叶利钦总统辞职下台；另一方面，俄共又表示基本上支持普里马科夫政府。俄共的目的，是要组成以议会多数派为基础的联合政府，以便架空叶利钦总统，甚至力图通过"弹劾"把叶利钦搞下台。① 在以俄共为首的左翼力量的斗争下，叶利钦元气大伤，进入"没落"时期。

二 普京时期俄共对执政当局的策略方针

如前所述，在叶利钦执政前期，俄共始终和叶利钦政权处于尖锐对立的状态。虽然后期俄共适度调整了自己的斗争策略，对现政权采取既对抗又妥协、反对现政权与有限度地支持政府的方针，但是对待叶利钦，俄共

---

① 王正泉主编：《剧变后的原苏联东欧国家》，东方出版社 2001 年版，第 70—71 页。

仍然持强烈反对态度。虽然俄共始终没能够掌握政权，但在1996年总统选举中对叶利钦构成了相当大的威胁，在杜马中也不断对叶施压，甚至到了"凡是叶利钦坚持的俄共都要反对"的地步。叶利钦也多次试图解散俄共，两者始终处于剑拔弩张的状态。普京执政后，采取了一些受到大众普遍欢迎的措施，俄共也对普京执政初期的业绩给予了肯定。但是随着普京改革的深化，俄共又走到了普京的对立面，又开始在与当局的对立中寻找自己生存的意义。普京执政时期，根据俄共对执政当局策略方针的调整与变化，也可以2001年3月俄共提出对政府不信任案为界，分为前后两个阶段。

第一阶段：普京上台后俄共的反对派立场有所调整，并在最初的一年里采取了"建设性"的反对派立场。普京2000年当选总统上台执政后，高举着爱国主义、强国思想的大旗，改变了叶利钦激进的自由化市场进程改革，采取了一些颇得民心的举措，如恢复中央对地方政权的管理和控制；向金融寡头开刀；加强同犯罪分子作斗争；实施军事改革；加强国家对媒体的控制；运用高科技手段坚决打击车臣非法武装；抨击西方人权高于主权的价值观；承认苏联时期的巨大成就，以苏联国歌的旋律作为俄罗斯国歌的旋律，等等。普京的行动赢得了俄罗斯社会的广泛赞同，同时也使许多人产生了错觉，以为他要对叶利钦时代的大政方针作重大修改，这理所当然也受到了俄共的欢迎与支持。与此同时，普京同反对派，尤其是同以俄共为首的左翼反对派逐步走向缓和。普京对俄共采取了不同于叶利钦的态度，认为与俄共保持稳定的合作和对话关系，对政府政策的顺利通过有好处。普京对拥有近1/3选民支持的俄共表示尊重。2000年2月27日，普京在"团结"运动大会上发表讲话时强调，俄罗斯缺少"有威望的、形成了体系的党"，俄共是目前国内唯一一个"形成了体系的党"。[①]普京的这种表态使俄共认为，与普京之间的共性大于分歧，遂寄希望于普京，希望通过普京实现其政治主张，甚至很多俄共党员认为普京会成为俄共的总统。正如"政策研究咨询"基金会的主席安德烈·费奥多罗夫所言："俄共完全有能力在一定程度上校正普京的政治策略，这种校正可能并且能够给俄共、同时也给总统本人带来好处"，"完全可以说，俄共现在有可能（将来更有可能）充分参与到重建国家体制、建立真正强大和

---

① 据俄塔社莫斯科2000年2月27日电。

有效国家的进程中去。这一工作将通过国家杜马、联邦委员会，甚至通过国务院进行，更不用说通过地方上的立法机构了"。①

上述情况使俄共和普京逐渐接近。在普京执政后的近一年时间里，俄共领导人多次接受普京的邀请，与之进行长达几小时的会谈，就有关问题进行协商，而且对谈话结果深表满意。同时，俄共一直批评格列夫纲领，试图说服总统不将其付诸实施。这个时期，俄共明显务实地调整了自己的政治态度，即对普京采取"建设性"的立场，而对其政府的经济改革方针则采取"不妥协的反对派"立场。2000 年 8 月，久加诺夫与普京会面，在表明俄共不赞同格列夫经济纲领的前提下，与普京在打击寡头、奉行积极的对外政策、加强同犯罪和恐怖行为作斗争等问题上达成共识。紧接着，当普京因为"库尔斯克"号核潜艇失事事件受到谴责时，俄共领导人将批评的矛头转向叶利钦，认为叶利钦应该为破坏国家，包括军队承担责任。②

2000 年 12 月，俄共七大召开，普京总统给大会发来了贺电，贺电说，俄共获得了相当一部分选民的稳定支持，在国家政治生活中发挥了显著作用。他希望俄共坚定不移地执行"建设性对话和明智妥协"的方针。但是，此时俄共对普京的评价已有所变化，久加诺夫在七大政治报告中明确表达了俄共同当局的关系：俄共对当局持"负责任的不妥协的立场"。对总统的正确决定，俄共一向支持；对错误的就无情地提出批评。强调自己是"资本主义化破坏方针的不妥协的反对派"，与普京当局的关系则是"建设性反对派"，"要对普京采取审慎的路线"。这就是说，俄共不是无原则、无条件地支持普京，而是有所保留。正如安德烈·费奥多罗夫在七大召开前几天所言："俄共目前还不能说也不想说'普京是我们的总统'。这说明俄共最终还没有找到'普京是什么样的人'这个问题的答案。这个答案只有当普京转向俄罗斯经济和社会领域，当他成为国家改革的基本推动力的时候才能被找到。""除了经济领域，普京和俄共之间没有也不会有特别的分歧。经济领域正是俄共现在捍卫自己的观点、能够足够激烈地行动的领域，在此它不怕同总统分道扬镳，因为俄共在这里的胜利是显

①　安德烈·费奥多罗夫：《后叶利钦时代的俄共》，载《独立报》网站 2000 年 11 月 30 日。
②　莉·安德鲁年科：《共产党人向普京提出自己的方针——总统调动左翼倾向自己》，载《独立报》网站 2000 年 8 月 26 日。

而易见的。"①

俄共对普京总统的策略调整反映了俄共因时而变、不执拗、不僵化的正面形象。同总统在可能的领域合作有利于扩大俄共的影响，促进俄共的发展。但俄共对总统显然寄予了过高的期望，过于强调俄共与总统的共同之处，对普京可能采取的经济改革措施乏思想准备，应对不足。另外，俄共对总统和政府采取了程度不同的反对派立场，这虽然使俄共既能和政府合作，又能保持维护社会权益的形象，但是它忽略了政府本身即是总统任命的事实。当俄共与政府尖锐对立时，俄共与总统的分裂还是不可避免的。这埋下了俄共重回到总统的"不妥协的反对派"的伏笔。②

第二阶段：从"建设性"的反对派回到"不妥协"的反对派。如前所述，俄共与总统和政府的分歧主要表现在经济领域，普京虽然多次与俄共领导人会见，但在经济政策领域并没有采纳他们的建议，这令俄共失望。2001 年 3 月 14 日，俄国家杜马对俄共提出的对政府不信任案进行了表决。表决结果是 127 票赞成，76 票反对，5 票弃权。在出席会议的 400名议员中，有 192 人拒绝投票，俄共提案被否决。俄共要求政府下台的真正目的是向国人显示自己的存在，强化俄共的反对派形象，恢复俄共不可替代的反对派领袖地位。俄共在普京总统的威信居高不下的情况下，将攻击矛头指向了政府，并通过对政府表示不信任打击普京总统。这一事件标志着俄共同当局开始了新一轮较量。

2001 年 3 月 22 日，俄罗斯联邦政府通过了以格列夫纲领为基础的《俄罗斯长期经济社会发展基本方针》。③ 4 月 3 日，普京发表了第二个国情咨文。普京政府的基本战略方针通过这两个文件得到了最终的表述。用普京的话说，"俄罗斯当局的任务是使民主自由的原则不可逆转，经济方针不变"。他在谈到私有化问题时特别强调，"我对 90 年代改革的目标和任务没有疑问"，"我反对重新分配财产"。④ 这一切表明，普京经过一年的反复掂量，对经济改革的方案几经犹豫，决定在较大程度上倾向于自由主义市场经济后，终于在执政一周年之际系统地推出了自己的改革方针，

① 安德烈·费奥多罗夫：《后叶利钦时代的俄共》，载《独立报》网站 2000 年 11 月 30 日。
② 黄宗良、林勋健主编：《冷战后的世界社会主义运动》，北京大学出版社 2003 年版，第142 页。
③ 《俄罗斯 2010 年前经济发展新纲领条例》，《经济与生活》2000 年第 24 期。
④ 普京 2001 年《国情咨文》，载《俄罗斯报》2001 年 4 月 4 日。

即坚持叶利钦改革的既定目标，在制度结构上完善以私有制为基础的自由市场经济体制。为使经济战略得以实施，普京在政治方面的准备工作也已基本就绪：建立了新的联邦委员会、国务委员会和各联邦区；调整了各边疆区、州以及地方自治的执行权力机关和代表权力机关；改组了内阁班子；推动《政党法》尽快通过，形成了新的支持总统的政党和联合组织。普京政府上述行动使俄共更加失望。同年4月，俄共第一副主席库普佐夫在接受《独立报》记者采访时表示："俄共用了整整一年的时间，非常积极地与总统合作，进行过几次长达数小时的集体会面。我们对会谈的结果曾感到满意并一直抱有希望，以为会谈后会采取某些行动。""去年总统的国情咨文使人产生一种在国内政策方面将有重大改变的希望。从某种程度上说，我们感到精神振奋。但一年过去了，我们得到新的国情咨文，却对其内容感到失望。一切爱国主义的话题和社会领域话题都从这个国情咨文当中消失了，我们事实上得到的是一个俄罗斯资本主义化的宣言。在这个宣言中，提到首位的不是人民，而是寡头。民众的社会保护问题被推到了计划的末尾。普京在国情咨文中宣布了一切我们所不支持的方案：让议会通过政府拟定的《劳动法典草案》、实行退休金累计制、将教育和医疗从由社会的战略性资金拨款转向一般的有偿服务、允许农用土地的买卖。得到这个文件后我们方才明白，资本的政权正在得到加强，对我们来说，极为重要的是确定自己的行动纲领。何况，能够组成当局反对派的只有俄共。"① 久加诺夫也发表意见说，"形势看来发生了转变"，因为现政权"在沿着叶利钦的轨迹爬行"。② 随后，俄共不断明确"不妥协的反对派立场"，批评普京和政府侵害社会利益，在杜马中坚决反对"政党法"、"土地法"、"劳动法典"等改革方案。2001年4月，俄共召开七届二中全会，库普佐夫的报告认为普京没有把保护国有制提上日程，使俄共认清了普京政权的实质，强调要把议会内与议会外斗争结合起来，向当局施加压力。

　　2001年7月，议会通过了以普京方案为基础的《政党法》，普京也支持扩大政权党，形势不利于俄共。9月28日，俄共召开七届三中全会，俄共中央副主席梅利尼科夫作报告，他的报告对普京持完全否定的态度，

---

① 安娜·扎卡特诺娃：《只有俄共能够组成反对派》，载《独立报》网站2001年4月14日。

② 安娜·扎卡特诺娃：《俄共的"新"政治战略》，载《独立报》网站2001年4月27日。

其中心思想是要进行有组织的抗议运动。为此俄共中央成立了支持劳动人民抗议运动大本营，各州也建立了罢工运动指挥部。在俄共和人民爱国联盟的号召和组织下，10 月 3—5 日，约有 200 万人参加的大规模的群众抗议行动在俄罗斯各地举行，抗议议会通过《土地法》、《劳动法典》以及当局推行新的改革计划。

2001 年 12 月，俄共召开四中全会，俄共领导人表示不仅对政府，同时也对普京完全失望。久加诺夫说，"我们原来希望普京会发生转变"，但可能的"妥协被寡头们阻碍了"。① 四中全会重申了俄共不妥协的反对派立场，并决定于 2002 年 1 月 19 日召开八大。

2002 年 1 月 19 日，久加诺夫在俄共（非常）八大上谈到与政权的关系时说："在从原则上激烈批评自由主义的、破坏性的和有损尊严的方针的同时，我们也将继续与国家政权对话。不管喜不喜欢，我们应该而且能够影响政权。杜马虽然变成了反人民的，但它是与群众联系的可能和必须利用的平台与手段。要多做地方行政长官的工作。积极参加各级选举。"②

俄共对总统重又回到反对派立场，这里面既有务实的一面，也有迫不得已的一面。其实，俄共和克里姆林宫的冲突不仅缘于当局的自由主义经济政策，还在于深受普京支持的中右大党——"团结党"（"统一俄罗斯"党的前身）的崛起，从而使俄共在国家杜马的地位日渐削弱，既左右不了立法，更难以钳制总统。虽然俄共在与支持普京的中派力量占主导的议会斗争中没有取得任何实质性的成效，但俄共在"土地法"、"劳动法"、"住房公用事业"改革等方面表明了自己的立场，声明了自己对人民利益和社会福利的维护，表现了党的原则性和先进性。在这样的情况下，俄共作出策略调整，要将工作的重心从议会内转移到议会外，希望凭借社会中下层民众的支持，对当局形成强大的压力，恢复其在议会中举足轻重的地位，进而对政府的决策产生影响。至于说俄共的议会外斗争能否对政府的决策真正产生影响，这还取决于多种变数。当然，俄罗斯现在处于转型时期，转型时期的政治经济改革需要不断地探索，各种政策孰优孰劣还有待于实践的检验。而俄共对总统上述改革措施的反对能否最终获得民心，更

① 安娜·扎卡特诺娃：《反对派分子走入时尚》，载《独立报》网站 2001 年 12 月 4 日。
② http://www.kprf.ru/party/congress.asp.

要看这套改革成败与否。① 此后发生的一系列重大事件也证明了这一点。

如前所述，在执政当局的支持下，中派和右翼联合起来挤压俄共，导致俄共失去了对议会的主导权。此后，俄共被迫调整工作方针，将工作的重心从议会内转移到议会外，发动群众，进行一系列抗议活动。针对政府进行的经济社会改革方针，俄共于 2002 年年中倡议对此轮改革涉及的四个问题举行全民公决。这四个问题是：（1）土地及其他自然资源应属于全体俄罗斯人民所有，不允许买卖除宅旁园地、菜地、别墅地块以外的土地；（2）保障国家安全的燃料、能源、国防企业、铁路应归国家所有；（3）工资和养老金不低于最低生活保障线；（4）住房、电力及其他公用事业服务的费用不应高于家庭总收入的 10%。② 当局很清楚，俄共是要通过全民公决来宣传自己的主张，阻止政府推行的改革方针，于是再次动用立法权对俄共实行封杀。正当俄共联合盟友在地方上征集签名、准备进行全民公决时，国家杜马于 2002 年 9 月抢先通过了对现有《全民公决法》的修正案。修正案规定禁止在议会和总统选举前的一年里举行全民公决。这样，俄共在议会外的反对现政权的行动也受到限制。③

在当局的打压下，俄共内部矛盾加剧。先是以谢列兹尼奥夫为代表的温和派在 2002 年 4 月"杜马风波"后与俄共分裂，后又有以格拉济耶夫为代表的一部分人离开俄共，另组"祖国"竞选联盟，独立参加第四届国家杜马选举，拉走了原本属于俄共的许多选票。在内外夹攻之下，加上自身的策略失误，俄共在 2003 年 12 月举行的杜马选举中受到重创，得票率仅为 12.7%，比 1999 年几乎减少一半，沦为杜马第二大党。俄共竞选失败引发了严重的党内危机，从而导致了俄共恢复重建以来最大的一次分裂。

经历了以上这些内部分裂和外部瓦解，俄共元气大伤。虽然党的组织结构基本保存下来，仍不失为俄罗斯最大的反对派政党，但组织规模大大缩小，基层组织受到一定程度的削弱，选民支持率大大下降。同样，俄共在国家杜马中的处境也很不利。截至 2004 年年底，俄共党团在国家杜马

① 黄宗良、林勋健主编：《冷战后的世界社会主义运动》，北京大学出版社 2003 年版，第 144 页。

② *O текущем моменте и первоочередных предложениях партии по выводу страны из кризиса. Доклад Г. А. Зюганова на пленуме ЦК КПРФ.* http：//www.kprf.ru/10.03.2003.

③ 刘淑春等：《当代俄罗斯政党》，中央编译出版社 2006 年版，第 138 页。

中仅剩 47 席，根本无法与占据议会多数席位（306 席）的"统一俄罗斯"党抗衡。正因为如此，俄共在不放弃议会斗争的同时，把斗争的重心逐渐转移到议会外，发动和组织民众进行抗议活动，"从社会防御转向社会进攻"①。

众所周知，2004 年普京进入自己的第二个总统任期后，抛出了酝酿已久的社会领域和政治体制改革计划。其中最引人注目的当属福利制度改革。改革措施出台后，引起了城市低收入者和社会弱势群体的强烈反对。面对这种情况，俄共中央组建了由中央副主席卡申领导的抗议行动司令部，吸引 26 个政党和工、青、妇、老战士等组织参加。俄共通过其地方组织、互联网在全国掀起反对福利货币化的抗议集会和游行，抗议运动不仅波及贫困落后的边远地区，也波及一些相对富裕的大城市。② 2006 年初，俄共针对政府推行的住房及公共事业改革方案，再次发动群众掀起抗议浪潮。与此同时，俄共继续坚持就社会领域问题举行自己的"全民公决"，以此宣传俄共的主张。到 2006 年 3 月底，俄共宣称有 700 多万人对俄共的问卷作出回应，其中的 96％ 赞成俄共提出的每一个方案。③ 抗议运动对政府出台的社会领域改革方案产生了压力，政府被迫重新审议有关福利货币化的 122 号法律的预算，仓促出台的福利货币化改革被迫推延。与此同时，政府承诺将在医疗、教育、住房和农业四大领域拨款实施"国家项目"，以解决社会保障问题。

应该看到，俄共在议会内外的行动和主张对当局的内外政策调整产生了相当大的影响。事实上，普京总统任内采取了一系列措施，努力使俄罗斯从自由市场经济转向国家干预的市场经济，其中许多措施是吸收了俄共的主张，如征收自然资源使用税，提高原油出口税；加强对具有战略意义的国有企业的监管，扶持国有企业的扩张，私有能源企业重新国有化；建立稳定基金；延缓福利货币化改革，增加货币补偿标准；在医疗、教育、住房和农业四大领域实施国家项目等。在对外政策上，普京进入第二个任期后，更强调"主权民主"，对以美国为首的西方向独联体的渗透作出抵

① Зюганов Г. А. *Народный подъем в России и задачи партии. Доклад ЦК КПРФ XI (внеочередному) съезду партии.* http：//www. kprf. ru/29. 10. 2005.

② 刘淑春：《从社会防御转向社会进攻——俄共十一大简介》，《国外理论动态》2006 年第 2 期，第 28 页。

③ *Наказ народа—Программа действий КПРФ.* http：//www. kprf. ru/29. 03. 2006.

制性回应。因此可以说，从政治力量对比上看，俄共的力量在相对衰落，但从国家发展道路的选择上看，俄共的某些主张越来越被社会甚至当局所接受。诚然，俄共与俄罗斯其他政治派别在最高纲领上是有区别的，共产党的战略目标是使俄罗斯重返社会主义发展道路。正如久加诺夫在俄共十一大报告中所说，共产党人应当明确地向人们解释，俄共的斗争不是在不改变所有制关系和政治制度的情况下仅仅为人民讨要一点小恩小惠，而是要夺取政权和争取劳动人民的所有权！这也正是当局在政治上抑制作为反对派政党的共产党的原因所在。①

在 2007 年 12 月的国家杜马选举和 2008 年 3 月的总统选举中，俄共均排名第二。面对来自"统一俄罗斯"党、"公正俄罗斯"党以及俄自由民主党的强大压力和激烈竞争，作为反对党的俄共不仅守住了阵地，而且选民支持率有了增长的势头。这一结果向社会展示，俄共是勇于接受挑战并经受住了考验的坚强政党。在当今俄罗斯政治舞台上，只有俄共一以贯之，坚持自己的反对派立场不变，在现行法律框架内为自己赢得生存空间。随着俄罗斯社会两极分化的日趋严重，占人口多数的利益受损阶层需要有自己的代言人，执政当局也不能完全无视这一阶层及其代言人的呼声。事实上，俄共的反对派政党的地位已经得到社会甚至得到执政当局的承认，没有哪个政党可以将之取代，俄共的某些纲领主张也被"统一俄罗斯"党甚至当局所吸收。这表明，作为反对派政党的俄共是俄罗斯社会所需要的一支政治力量，俄共的生存和发展是有其客观基础的。②

三　关于俄共对执政当局策略方针的评价

随着新世纪的到来，世界格局发生了巨大变化，和平与发展已成为时代主题，世界社会主义运动的主客观条件也发生了深刻变化。20 世纪的社会主义作为一种实践形式，其理论创新明显偏弱，对各种现实挑战的回应往往力不从心，因而使社会主义的发展受到阻滞。而且科技发展彻底改变了社会运作模式，社会关系经历着改组与重构，产业结构和社会阶级结

---

① 刘淑春：《21 世纪以来俄罗斯共产主义运动面临的危机与挑战》，《马克思主义研究》2007 年第 1 期，第 96 页。

② 刘淑春：《经受大选考验的俄共——俄共大选结果解读》，《当代世界与社会主义》2008 年第 3 期，第 72 页。

构都在全面改革。社会主义要获得生命力，就要理论创新，也要在新形势下制定和选择新策略。在世界社会主义运动仍然处于低潮的情况下，恢复重建后的俄共明确宣布自己是坚持社会主义的政党，忠实地捍卫劳动人民的利益，毫不妥协地反对建立资本主义制度。这是十分难能可贵的。坚持社会主义固然是俄共的基本原则，但是重建后的俄共的任务不是恢复昔日的社会主义，而是开辟新条件下的社会发展。党的策略固然要反映党的性质和纲领，但制定策略不能只从党的性质出发，而要从当前面临的形势和任务出发。

正是基于这一点，在整个叶利钦执政时期，俄共根据形势的变化，适当地调整了自己对执政当局的策略方针，迎合了社会的要求，反映了民众的心声，赢得了广泛的支持。作为俄罗斯政治舞台上的一支健康力量，俄共依靠灵活的策略，与反人民的执政当局进行了坚决的斗争，维护了民众的利益，壮大了自身的力量，为俄罗斯社会主义运动的复兴、为俄罗斯的社会稳定作出了巨大贡献。特别是 1998 年金融危机爆发后，普里马科夫出任总理，俄共适时调整自己的策略，支持并参加这个政府，做新政府的合作者，从而化解了危机。

普京执政后，采取了一些受到大众普遍欢迎的措施，在强化中央政权等方面曾与俄共合作，关系一度比较融洽，俄共也对普京执政初期的业绩给予了肯定。但是当普京对经济改革的方案几经犹豫、决定在较大程度上倾向于自由主义市场经济时，俄共与之分歧加深，俄共又走到了普京的对立面，对普京的政策及其成绩持完全否定的态度。久加诺夫在俄共第八次（非常）代表大会上的报告指出："国内局势继续复杂化，危机加深，俄罗斯正经历 15 年来第三个被叛卖的阶段。如果说戈尔巴乔夫'出卖'了党，而叶利钦为了权力破坏了联盟，那么普京则在实际上摒弃了我国千年来的地缘政治遗产。""国有财产被陆续窃光，其比例取决于各地区，只占 4%—16%。我们的战略资源实际上在被挥霍。食品 50% 以上靠进口……金融资本集团，确切说是寡头得到了巩固……史无前例地出现了一个工业国变成了原料出卖者。""在经济领域是极端自由主义的统治：所有权力都掌握在寡头手中，盖达尔的方针一刻也没有停止执行，只有5%—7% 的人对继续执行这一方针感兴趣。""国家没有建设性战略，政权党继续破坏自由的意识形态。克里姆林宫变成了同学会、同乡会，政府反映的是这少部分人的利益。"应该"直截了当地说：现政权在全国奉行的意识形态，在很大程度上是自由法西斯主义的意识形态"。表现在居民收入低而死亡率高，每年有上百万人死亡；一切拜倒在金钱权力面前，文化受辱，使各代间争吵不休。尽管还没有出现铁腕人物，但自由法西斯主义在成熟，警察屠杀机关正在形成。代表大会宣布："祖国在危急中！必须马上着手准备制定我们在不久的将来的选举战略，在最近召开的中央全会上将讨论这一问题。不能排除新的选举期将临近，经济状况将恶化，权力机关可能在年底前搞提前选举。"①

　　实际上，普京执政后，俄罗斯在各个领域的状况好转已为世人所公认：政治上，俄恢复了宪政与法律秩序，重建了自上而下的联邦执行权力机构，将议会转变为职业化的立法机构，恢复了国家统一的法律空间，阻止了军队和执法机构的进一步衰弱；经济上，从 2000 年开始，俄 GDP 连续 8 年高速增长。同 1999 年前相比，通货膨胀率和失业率普遍下降，居民实际收入大幅增长，中央银行外汇储备达到历史最高水平，经济增长由主要依靠石油价格的高水平、卢布贬值效应、扩大原材料出口等外部因素开始向扩大内需、居民消费和投资等内部因素转变，经济增长质量有所提高。可以说，在普京任期内，整体上实现了经济的持续增长。经历了长达十余年的贫困和动荡，俄罗斯人对普京执政期间出现的政治稳定和经济增长格外珍惜。俄罗斯社会舆论普遍认为，普京虽然没有也不可能在 8 年时间里解决长期以来积累的所有问题，但是民众从他的身上看到了国家发展的希望。民意测验表明，普京执政 8 年赢得了民心，其平均支持率一直保持在 70% 以上。② 俄共却无视这种现实和民情，依然像叶利钦时代那样，将现政权作为打击的目标，一味对普京及其政权持否定态度，这成为俄共在 2003 年第四届国家杜马选举中遭到失败的重大因素之一。

　　当然，俄共对社会形势的分析具有一定的合理性，其批评的问题也客观地存在，但问题的关键是，俄共不仅对普京执政期间所取得的巨大成就视而不见，而且还过分夸大其消极的方面。俄共看不到这些变化，一味否定现政权的工作，不是一种实事求是的态度，也难以得到普遍认同。如果俄共不顾实际，继续扮演其在叶利钦时代曾扮演过的不妥协反对派的角色，其结果将难以预料。

① http：//www. kprf. ru/party/congress. asp.

② http：//www. levada. ru/prezident. html.

　　笔者赞同俞邃教授的观点，他认为，俄共针对执政当局的一些做法是否对头，应该有一个基本前提，那就是要看当局的路线政策是否符合俄罗斯国情民意与时代特征。^① 如果当局的所作所为背离了大多数民众的利益，那么俄共采取反对派立场无疑是正确的；如果当局的政策受到俄罗斯人民群众较普遍的欢迎，那么俄共对于自己的反对派立场就要作具体分析。因此，对于自称是当局反对派的俄共来说，关键的问题是，应该做怎样的反对派和怎样才能使自身的战略和策略适应形势的新发展。俄共只有审时度势，开拓进取，不断扩大社会和阶级基础，争取更广泛的支持，才能找到一条适合本国国情、符合人民心愿和适应时代进步潮流的社会发展道路，也就是具有俄罗斯特点的社会主义发展道路，充当名副其实的中流砥柱。

---

① 俞邃：《俄共当前的处境与可能的选择》，《国外理论动态》2003 年第 4 期，第 3 页。

第八章　俄共的统一战线政策

如果说俄共的社会基础指的是，在当今俄罗斯社会，党要依靠哪些社会阶级或阶层支持，来实现自己的奋斗目标的话，俄共的统一战线政策则意味着，在当今俄罗斯政治舞台上，俄共需要联合哪些政党和组织以及其他可以联合的政治力量，以完成面临的现实任务。

一　俄共统一战线的形成和发展

1. 俄共统一战线的酝酿和形成

1991 年 "8·19" 事件后，俄共同苏共一起被禁止活动。此后俄共以其他形式的执政当局反对派面目出现，同叶利钦为首的反共势力进行了顽强的斗争。1993 年 2 月，俄共恢复重建大会召开，进一步明确了以推翻现政权为党的主要任务。经过 1991 年和 1993 年同执政当局的两次 "武装对抗"，俄共认识到，目前在俄罗斯武装夺取政权几乎是不可能的。因此俄共逐渐改变了同执政当局斗争的方式和策略：由街头抗议改为议会斗争；由单纯依靠下层劳动人民变为联合一切可以联合的力量。俄共主张把社会主义的、中派的和彻底民主主义的政党及进步的爱国主义运动作为自己的同盟者，团结工人、农民、妇女、老战士、青年、企业家、教育工作者和创作工作者组织以及所有传统教派的宗教团体。俄共这样做的理由是，俄共争取社会主义的方针是与争取国家复兴、解决一般民主主义的任务紧密相连的，作为现行制度的反对派，俄共与当局的斗争需要得到广泛的社会组织的支持。因此俄共要与一切珍视国家民族利益、具有爱国主义情感的人合作。与此同时，这些组织和人士是分散的，力量薄弱，他们也需要联合到俄共这个反对派的旗帜下，在这个统一阵营内争得自己的权利和利益。①

---

① 刘淑春等：《当代俄罗斯政党》，中央编译出版社 2006 年版，第 178—179 页。

1993 年 10 月俄共正式宣布参加议会选举，其目的是通过合法的斗争方式"剥夺背叛民族反人民的政权"。此后，俄共 1995 年的三大、1997 年的四大在其政治纲领中都把自己定位为不调和的但是负责任的反对派。这样的定位是俄共作为苏共继承者和马克思主义政党的必然选择，也是俄共团结、吸引一切反对现政权的力量，建立广泛的人民统一战线的必要条件。同时，这一立场客观上促进了以俄共为首的左翼和以叶利钦为首的右翼两大对立阵营的形成，而且左翼力量呈现强劲上升之势。俄共鲜明的反对派立场，使自己成为执政当局反对派的核心和中坚力量。

众所周知，1993 年的国家杜马大选是在"十月流血事件"后举行的。这次选举对刚恢复活动的俄共和所有共产主义力量来说都是一场严峻考验，俄共决定参加这次选举并通过了有关的竞选文件。选举前，俄共进行了认真的竞选准备。在竞选过程中，俄共领导人旗帜鲜明地号召选民和所有爱国主义政党、组织团结起来，同反人民的现政权进行坚决的斗争。结果俄共获得 12.35％ 的选票，仅次于"俄罗斯选择"和自由民主党，位居第三。如果加上其他共产主义、社会主义组织所得选票，则共产党人及其盟友在议会选举中得票总数大大超过盖达尔领导的激进"民主派"竞选联盟"俄罗斯选择"的票数。与此同时，另一些著名共产党人，如原苏联最高苏维埃主席团主席卢基扬诺夫、前议会反对派领导人巴布林等也被选入议会，参加了其他议会党团。原俄共中央书记、后任俄共中央执委会成员的拉普申领导的农业党，更是带有准共产党性质。俄共与该党在议会中密切协作，相互策应，支持曾任俄共中央组织部长、俄劳动人民党七主席之一的前议会共产党人议员团协调人雷布金，使雷氏当选为国家杜马主席。而且在新产生的四名国家杜马副主席中，有一名是俄共成员科瓦廖夫，并且争得国家安全委员会主席等几个较为重要的议会职位，为共产党人的议会活动奠定了较为有利的基础。包括叶利钦在内的各民主派势力被迫接受这一现实，西方国家也对俄共刮目相看。共产党人在大选中取得了举世瞩目的成就，影响所及，就连"俄罗斯选择"领导人盖达尔也不得不承认，目前在俄罗斯真正的党还很少，"其中最强大和最有活动能力的是共产党"。①

---

① 詹真荣：《俄罗斯联邦共产党的现状及其发展趋势》，《江西师范大学学报（哲社版）》1995 年第 1 期，第 16 页。

此次选举的胜利使俄共更加认识到建立统一战线的重要性和迫切性。杜马选举后，俄共立即召开中央全会，讨论和制定党在新形势下的行动策略。久加诺夫在报告中指出，俄现行政治体制实际上类似于旧俄国历史上的权力"三角"：不受监督和不向人民代表机构汇报工作的专制独裁者、由他任命和同样不受人民代表机构监督的政府、权力有限并且只能被解散但却不能影响独裁者和政府的两院制议会。他认为，在当前历史时期，俄罗斯社会的主要矛盾是，依靠买办资本意在毁灭俄罗斯的反社会反国家势力同正在形成联盟的民族爱国力量之间的矛盾。因此，俄共愿意同议会中为祖国命运担忧的各议会党团进行合作，否则"根本谈不上社会主义复兴"。[①] 针对俄罗斯政治形势极不稳定这一状况，久加诺夫提出俄共将同所有党派共同努力，建立一个强大的中左联盟，实际上是建立"反叶利钦的统一阵线"，推翻现政权。

1994 年 2 月，俄共、农业党和自由民主党采取联合行动，使议会通过了大赦全部政治犯的决定。同年 3 月，为了反对叶利钦及其倡议的"社会和睦条约"，俄共、农业党以及其他政党组成了"为俄罗斯而和解运动"，久加诺夫同鲁茨科伊等反对派领导人一致拒绝在和睦条约上签字。10 月，在国家杜马会议上，俄共、农业党和自由民主党议会党团的代表再次向政府发难，迫使杜马通过了批评政府工作不得力并建议总统调整政府的决议。会议结束后，叶利钦迫于压力，对政府进行了重大的改组。俄共的上述活动有力地加强了自己在议会中的地位，扩大了其在俄罗斯政坛上的影响，成为影响俄罗斯政治格局的重要力量。

与此同时，俄共也通过多种途径和方式，加强与议会外其他政党、组织及政治力量的联系和合作。1994 年 2 月，久加诺夫领导的俄共和舍宁领导的共产党联盟—苏共举行了两党领导成员集体会见，共同审议了在实现两党代表大会决议方面采取协调行动的问题。同年 3 月，久加诺夫在俄共中央执委会上指出，俄共现阶段的战略任务是扩大反对党的社会基础，形成包括从共产党人、社会党人到中间派甚至民主派的广泛联盟，并通过议会途径使这一联盟掌权。5 月下旬，俄共参加了由"共产党联盟—苏共"倡议召开的苏联各共和国"共产党代表协调性会晤"，并签署了相关文件。

---

① 于洪君：《俄联邦共产党的目前状况及其发展趋势》，《当代社会主义问题》1994 年第 2 期，第 36 页。

过去俄共不承认自己是共产党联盟—苏共的一部分并拒绝参加共产党联盟—苏共二十九大，俄共参加这次会晤被认为是恢复联盟统一党的"重大步骤"。此外，俄共还同公开反共的民族主义团体"保持着良好的关系和友好交往"，如经常同救国阵线、俄罗斯民族统一、俄罗斯全国会议等组织共同搞一些活动；同保皇党、哥萨克、军官联盟也和睦相处，并对亲叶利钦的民主派组织采取区别对待的做法，如在一些问题上与沙赫赖的统一和谐党也采取合作态度。俄共三大还作出加强共产党人统一行动的决议，号召所有共产党在同志、互助和集体主义道德的基础上建立相互关系，主张各共产党平等和互利合作，共同解决理论以及战略和策略问题。①

俄共认为，建立广泛的统一阵线，组成爱国主义力量联盟，是使俄罗斯社会摆脱危机，保持俄罗斯国家主权、民族尊严和文化传统的重要条件。对于俄共来说，提倡爱国主义就是要恢复历史的公正性。爱国主义是人民意志纯洁和高尚的表现，它拒绝接受不文明的行为，毫不留情地同黑手党作斗争，捍卫俄罗斯各族人民的共同利益；爱国主义也反映了建立具有苏维埃人民政权形式的联盟国家的共同需要，符合俄罗斯人的社团集体主义习惯。因此，俄共有意识地把社会主义同爱国主义联系在一起，以便在复兴国家的前提下把一切进步的政治集团、社会团体以及所有爱国公民联合起来。为了解决这一历史性任务，俄共已经在1994年8—9月期间举行了成立爱国主义力量联盟的代表大会。这次代表大会使俄共的政治力量得到空前的壮大，成为左右俄罗斯政局发展方向的重要因素。

1995年12月，俄罗斯举行了第二届国家杜马选举。结果俄共在参加选举的43个政党中异军突起，得票率为22.3%，加上在单席位选区中赢得的席位，俄共共获得157个议席，占450个杜马议席中的1/3强，一跃成为国家杜马第一大党。俄共能在这次杜马大选中获胜的重要原因之一是，俄共在总结过去经验教训的基础上，提出了坚持社会主义方向的新党纲和比较符合俄罗斯实际的竞选纲领，注意团结其他左翼力量和一切爱国力量，集中力量反对现政权。并且俄共始终作为现政权的反对派开展活动，对现政权进行批评和谴责，主张剥夺反人民的现政权的权力，建立以劳动人民为主体的爱国力量的政权，维护国家的统一和完整。与此同时，

①　赵龙庚：《俄共在斗争中求生存谋发展》，《东欧中亚研究》1996年第4期，第93—94页。

俄共同左翼政党和运动以及其他具有爱国主义倾向的政治力量进行磋商，在单席位选区推举出统一的候选人，从而保证了这些候选人当选。

但是俄共也清醒地认识到，议会选举的胜利并不会使俄共有大的作为，因为根据宪法，议会的权力有限，处处受制于总统，所以俄共把目标放在1996 年的总统选举上，联合一切可以联合的力量，争取在总统选举中获胜。为此在第二届杜马中，俄共联合农业党和雷日科夫的"人民政权"议员团等左派议会党团，组成统一战线，采取一致行动，使俄共的谢列兹尼奥夫当选新杜马主席。以政权党为代表的"民主派"是与左派抗衡的基本力量，它也联合其他"民主派"力量，特别是议会中的中派代表，准备与以俄共为首的左派在议会运作和总统选举等重大问题上一决高低。

1996 年 2 月 15 日，即俄罗斯时任总统叶利钦宣布自己将竞选连任的同一天，俄共也举行了第四次全国代表会议，正式推举俄共中央主席久加诺夫代表俄共参加总统竞选。这种看似巧合的安排反映了在俄总统大选的角逐上以叶利钦为首的执政当权派与以久加诺夫为首的左翼反对派力量势不两立的基本态势。

与俄罗斯其他政治组织一样，俄共也一直把议会选举看作是总统大选的总预演。俄共虽然在议会选举中取得了骄人的战绩，以较大优势成为俄新国家杜马第一大党。但是，在总统大选中，仅凭目前的支持率是远远不够的。况且在议会选举中，许多选民与其说是投票支持俄共，还不如说是对现政府投反对票，即所谓的"抗议票"。因此，杜马选举刚刚尘埃落定，俄共中央主席久加诺夫便呼吁全党保持清醒头脑，积极筹组多层次的"人民爱国主义联盟"，并重点在青年人和中小企业家中开展工作，以争取更多的支持者。

1996 年 3 月，俄罗斯 25 个左翼政党和组织在莫斯科签署协定，宣布成立"左翼力量联盟"，并支持久加诺夫作为该联盟的统一总统候选人参加总统竞选。参加左翼力量联盟的政治组织除俄共外，还包括拉普申领导的农业党、舍宁领导的"共产党联盟—苏共"以及雷日科夫领导的"权力属于人民"运动等。此外，久加诺夫还向俄前副总统鲁茨科伊、前第14 集团军司令列别德等领导的政治反对派别伸出了结盟合作之手。[1]

① 钱乃成：《久加诺夫：站在总统大选起跑线上的第一人》，《当代世界》1996 年第 1 期，第 9 页。

尽管俄共做了最大努力，但由于多方面因素的综合影响，在 1996 年的总统选举中，"左翼力量联盟"统一候选人久加诺夫仍以较小劣势惜败于时任总统叶利钦。俄共在总统选举失利后，表现出了应有的理智和远见，久加诺夫当即表示"尊重俄公民的选择"。1996 年 8 月 7 日，即叶利钦宣誓就任第二届总统的前两天，俄人民爱国力量代表大会在莫斯科召开，以俄共为主的"俄人民爱国联盟"正式成立，该联盟包括 10 多个全国性政党、40 多个地区政治组织，在全俄罗斯 89 个联邦主体中，有 60 多个建立了联盟的地方组织。俄共主席久加诺夫和前苏联总理雷日科夫、"精神遗产"运动领导人波德别列兹金等持不同倾向的反对派领袖都成了人民爱国联盟的联合主席。联盟为自己确定的首要任务是，团结一致争得权力，建立民族拯救政府。久加诺夫称，"在地方权力机关中扎下根是俄共最重要的任务之一"。值得注意的是，以俄共为主的"人民爱国联盟"淡化了共产主义意识形态，在成立大会上唱的歌是"上帝与我们同在……"联盟的思想基础是"俄罗斯—祖国—人民"。从共产党到民族主义组织，从无神论者到东正教徒，都可以在人民爱国联盟中和平共处。不过，人民爱国联盟的领导权掌握在俄共手中，主要领导人全是俄共议员团成员。在地方上，人民爱国联盟的分支机构与俄共的分支机构则是两块牌子，一班人马，是重叠的。① 人民爱国联盟吸引了较广泛的党外同情者，比如在 1996 年纪念十月革命的集会上，年轻人就明显地比前些年增多了。可以说，人民爱国联盟的成立，实现了自苏联解体以来俄左翼力量的最广泛的统一战线。

2. 俄共统一战线的分裂和改组

人民爱国联盟的团结并没有维持多久，1999 年俄第三届国家杜马选举前夕，人民爱国联盟发生分裂。先有该组织领导人图列耶夫闹独立，接着是波德别列兹金拉起"精神遗产"全俄社会政治运动一班人马，独立参加杜马选举。之后又有"农业党"领导人拉普申抱怨自己在国家杜马中屈居人下，沦为二流领导人，农业党成为俄共的"农村分部"。以此为借口，拉普申宣布俄农业党脱离人民爱国联盟，加入普里马科夫和卢日科夫的"祖国"竞选联盟。更为严重的是，在 2000 年总统选举中，竟然出

---

① 毕达：《今日俄罗斯共产党》，《党建文汇》1997 年第 3 期，第 44 页。

现了俄人民爱国联盟的四个主席同时参加总统竞选的状况。

针对联盟的分裂，俄共决定对其改组。2000 年 9 月 23 日，俄罗斯人民爱国联盟召开了第三次代表大会，接受了 6 个新成员，改选了联盟的领导人。大会选举了由 23 人组成的联盟协调理事会，俄共领导人久加诺夫仍任俄罗斯人民爱国联盟的领导人和协调理事会主席，另设 6 位协调理事会共同主席，这包括具有爱国主义倾向的企业家、"俄罗斯实业界大会"领导人、国家杜马副主席根·谢米金，具有社会民主主义倾向、反对新自由主义经济方针的经济学家、"俄罗斯商品生产者联合会"主席谢·格拉济耶夫，俄罗斯作家联盟书记、《明日》报主编 A. A. 普罗哈诺夫，苏联英雄、国家杜马副主席 Π. B. 罗曼诺夫，全俄政治社会组织"俄罗斯运动"领导人、国家杜马主席根·谢列兹尼奥夫和俄罗斯农业党新西伯利亚州主席、国家杜马农工议员团领导人 H. M. 哈里托诺夫。谢米金同时担任俄罗斯人民爱国联盟协调理事会执行委员会主席。①

在联盟新的领导层中，最引人注目的是格拉济耶夫和谢米金。众所周知，格拉济耶夫是一位年轻有为的经济学家、俄罗斯科学院通讯院士，20 世纪 90 年代初曾担任过俄外经贸部部长，后因不同意叶利钦的激进改革方针而辞职，先后担任俄罗斯民主党和俄罗斯公众大会运动的领导人，并在杜马的经济问题委员会任职。格拉济耶夫一直反对寡头对国家财产的瓜分及对经济基础的破坏，主张加强国家对经济的宏观调控。在 2002 年克拉斯诺亚尔斯克边疆区行政长官的竞选中，他以上述主张得票率名列前茅，取得了不菲成绩，被称为"俄罗斯潜在的左翼领袖"。格拉济耶夫虽不是俄共党员，但他作为俄共党团成员活跃在第三届国家杜马讲坛，是公认的俄共的理论家，原因就在于 1999 年国家杜马选举时，他是以俄共推荐的候选人身份当选议员的。此后，格拉济耶夫与俄共一起参与俄罗斯人民爱国联盟经济纲领的起草，并积极参与联盟的工作。俄共因他的经济学专业知识和对自由主义经济改革的不妥协的批判立场而器重他；格拉济耶夫则怀有一腔政治抱负却没有大的政党支撑，而其对当局的反对派立场又决定了他不能与其他支持总统和政府的中派为伍，只能找俄共做靠山。即使如此，格拉济耶夫与俄共在一系列重大原则问题上认识并不一致。

谢米金从 20 世纪 90 年代初开始经商，是拥有几个股份公司的百万富

---

① 刘淑春等：《当代俄罗斯政党》，中央编译出版社 2006 年版，第 140 页。

翁，后步入政坛。在 1999 年国家杜马选举时，谢米金以为俄共提供资金支持为条件，进入俄共的候选人名单，当选为议员，并得到杜马副主席职务。很显然，俄共启用谢米金是为了解决经费困难。谢米金担任联盟执委会主席后，给联盟中央及其分支机构的专职工作人员，甚至俄共中央书记处的专职工作人员提供固定的收入。实际上，联盟分支机构是以俄共的分支机构为依托的，有的地区甚至是两个机构一套班子。这样，谢米金通过经费这个杠杆实际控制了俄共的地方领导人。谢米金上台后重新修订联盟章程，突出执委会的功能，试图取代俄共在联盟中的主导地位。2002 年夏，谢米金领导的联盟执委会向俄共提出关于以俄共—俄罗斯人民爱国联盟名义参加 2003 年国家杜马和 2004 年总统竞选的方案，并以俄共不同意就撤销对俄共的资助相要挟。谢米金的行动在俄共上层得到一些人的支持，包括负责组织工作的中央主席团成员 C. A. 波塔波夫，但也引起以列宁格勒州委书记尤·别洛夫为首的一些地方领导人的警觉，他警告中央大权旁落。亲俄共的《苏维埃俄罗斯报》主编瓦·奇金和《明日》报主编 A. 普罗哈诺夫在 2003 年年初发表题为《"鼹鼠"行动》的文章，公开指责谢米金利用总统办公厅提供的资金，在俄罗斯人民爱国联盟中收买人心。俄共中央主席团也在 1 月 17 日通过的决议中确认，联盟执委会试图干预俄共内部事务，谢米金的行动已经在联盟内部形成事实上的两个领导中心。① 这为俄人民爱国联盟的再次分裂埋下了伏笔。

　　面对俄罗斯政坛力量的分化组合，俄共加强了以俄共、俄罗斯人民爱国联盟和俄罗斯其他爱国力量为基础的左翼同盟的工作。久加诺夫强调，社会主义是现代的俄罗斯爱国主义，共产党人和爱国者的联盟是俄罗斯走出目前困境的主要条件。在俄共的倡议下，2001 年 9 月在莫斯科召开了人民爱国力量代表大会。会议前夕，以俄共为核心的俄人民爱国联盟与其他 15 个组织的代表签署了合作协议。会上久加诺夫和人民爱国联盟执委会主席根·谢米金号召与会者建成一个旨在拯救国家于危机中的爱国者的新团体。对于选举中俄共的选票被分散的情况，谢米金提议说："任何在选举活动中从事破坏的人应被列为严重的罪行，应被判处 15 年监禁。"大会上还提交了"2002 年俄罗斯联邦的基本发展方向"、"俄罗斯人民爱国联盟在完善俄罗斯联邦立

---

① 刘淑春等：《当代俄罗斯政党》，中央编译出版社 2006 年版，第 141 页。

法方面的提议"等系列文件，谢米金总结说，部分文件将成为进行全民公决的基础。经过俄共的积极推动，人民爱国联盟扩大了自己的群众基础，把一些工会、妇女、青年及退伍士兵组织都联合到其中来。①此外，针对政府提出的改革计划和2002年预算案，人民爱国联盟提出了自己的替代方案和近期的行动纲领。俄共拟以左翼力量的大联合组织"人民爱国联盟"为依托，向基层纵深发展，争取在下次杜马选举中东山再起，夺回议会多数派地位，借此提高自己的影响力。在俄共和人民爱国联盟的号召与组织下，2001年10月3—5日，约有200万人参加的大规模的群众抗议活动在俄罗斯各地举行，抗议国家杜马通过《土地法》、《劳动法典》以及执政当局推行新的自由主义改革计划。

3. 俄共统一战线的再次分裂

2003年的杜马选举对俄共和人民爱国联盟来说，是一场更为严峻的考验。俄共深知单枪匹马是不足以取得竞选成功的，因为离开人民爱国联盟，俄共至多只能得到20%—24%的选票。久加诺夫在2002年6月22日召开的中央全会上分析说，在所有选民中，左翼选民占1/3，其中俄共占25%左右，正统派共产党人和温和社会主义者占3%—4%，中派选民占30%，右翼选民占15%。俄共很清楚，社会上30%的选民是出于集体主义、爱国主义等价值观的动机参加竞选的，他们是俄共的潜在选民，同时也是"统一俄罗斯"党争夺的对象，俄共在以往的选举中丢失的正是这部分选民。但这部分选民不一定投"纯"共产党人的票，却很可能投"广义"左翼的票。因此，要用"社会公正"的口号把这些选民吸引过来，建立人民爱国联盟的战略意义就在于此。② 为此，俄共向所有左翼爱国主义组织和运动发出倡议，建立广泛的统一战线，共同参加竞选。但久加诺夫强调，参加联盟不等于放弃共产党的主张，共产党就是要公开申明自己的纲领要求：社会主义、更新的苏维埃政权、自由的苏维埃共和国联盟；在与同盟者的对话和合作中，俄共也不隐瞒自己的信念：当前维护俄

---

① 黄宗良、林勋健主编：《冷战后的世界社会主义运动》，北京大学出版社2003年版，第145—146页。

② *Трудный марафон. О стратегии КПРФ в избирательных кампаниях 2002—2004 гг. Доклад Г. Зюганова на пленуме ЦК КПРФ 22 июня 2002 г.* Советская Россия，25.06.2002.

罗斯的民族国家利益同反对殖民奴役和反革命以及争取社会主义和苏维埃形式的人民政权是有机地结合在一起的。同时俄共坚持不放弃自己在联盟中的主导地位，主张在与联盟成员协商的基础上，由俄共支配竞选的人力物力资源。俄共多次表示，在坚持自己在竞选联盟中的主导地位的前提下，尊重盟友，协同工作，提出大家都能接受的纲领和口号，不把自己的观点强加给同盟者。经过几个月的紧张磋商，2003 年 5 月 30 日，俄罗斯人民爱国联盟的 20 个政党和运动的领导人签署了共同参加当年 12 月举行的国家杜马选举的声明。当时签署声明的有：俄共领导人久加诺夫、农工联盟和杜马农工议员团领导人哈里托诺夫、"俄罗斯公众大会"运动领导人格拉济耶夫、支持军队运动领导人伊柳欣、人民爱国党领导人罗季奥诺夫、俄罗斯共产主义工人党领导人秋利金、农工综合体工作者工会主席达维多夫、克拉斯诺达尔哥萨克运动领导人孔德拉坚科，等等。[1]

但是时过不久，俄共与俄人民爱国联盟协调委员会主席之一格拉济耶夫产生了分歧。格拉济耶夫赞同谢米金的方案，主张建立一个大联盟，把一切爱国者都吸引过来，以"俄共—俄罗斯人民爱国联盟"或"共产党人—农业党人—爱国者"的名义参加竞选。俄共同意建立广泛的联盟，但主张以俄共的名义参加竞选。按照前者的主张，俄共将成为与其他左翼组织处于平等地位的盟友，而不是领导者；按照后者的主张，竞选联盟以俄共为核心，俄共处于领导地位，而且格拉济耶夫须进入俄共的候选人名单，这是格拉济耶夫所不情愿的。他公开申明的理由是，在社会意识中，单独以俄共名义建立的选举联盟只能被理解为一个政党的联盟，代表的是一个集团的利益，而不是全民族的利益，对俄共提出的候选人名单投赞成票的选民不会超过人民爱国联盟潜在拥护者的半数，而以大联盟的名义竞选，能赢得一半以上选民的支持。换句话说，以俄共的名义竞选，左翼不可能赢得议会的多数席位，仍将处于杜马中无足轻重的地位。[2] 双方争执不下。尽管俄共允诺将格拉济耶夫列入俄共杜马代表候选人名单的前三位，但格拉济耶夫还是离开了俄共。2003 年 8 月 24 日，以格拉济耶夫和罗戈津为两主席的"俄罗斯地区党"与其他 16 个政党和运动联合组建了

---

　　① 刘淑春：《夺回失地的斗争——杜马竞选中的俄共》，《国外理论动态》2003 年第 10 期，第 6 页。

　　② Глазьев С. Ю. *Давайте объяснимся*. Завтра，23. 07. 2003. 参见刘淑春《夺回失地的斗争——杜马竞选中的俄共》，《国外理论动态》2003 年第 10 期，第 4—5 页。

"祖国—人民爱国主义联盟"竞选同盟，即"祖国"联盟，目的是争取杜马中的多数。格拉济耶夫希望俄共及"人民爱国联盟"的成员也加入到该同盟中来。① 但俄共仍坚持自己的立场不变，多次明确拒绝了格拉济耶夫的倡议，从而导致了人民爱国联盟的再次分裂。格拉济耶夫的离去无疑拉走了俄共相当一部分选民，这成为俄共在 2003 年国家杜马选举中遭到败绩的重要原因之一。

俄共在此次国家杜马选举中遭到重创，这使得一直想取代久加诺夫的谢米金有了可乘之机。他鼓动本来就对久加诺夫有看法的一部分中央委员向久加诺夫发难，要求包括久加诺夫在内的中央主席团辞职。该要求被俄共中央全会以多数票否决后，谢米金则凭借其对人民爱国联盟和俄共地方党组织的控制能力，公开与俄共中央分庭抗礼。2004 年 3 月，谢米金抛开俄共，召开了由几十个左翼、中左翼政党和团体参加的"俄罗斯爱国者大会"。俄共中央主席团以谢米金的行为违反党章为理由，于 2004 年 5 月 18 日通过了开除其党籍的决定。俄共十大发生分裂后，谢米金继续借助"俄罗斯人民爱国联盟"与俄共争夺对左翼反对派的领导权。他先是成立了"俄罗斯爱国者"政治联盟，后又将联盟改组为"俄罗斯爱国者"党。如此一来，俄罗斯人民爱国联盟最终一分为二，俄共领导的一部分仍沿用联盟原来的名称，另一部分组成了以谢米金为首的名为"俄罗斯爱国者"的政治联盟。

在与同盟者合作的问题上，2004 年 7 月召开的俄共十大总结了以往的教训，并重申了与同盟者和同路人合作的基本原则：（1）与在对国家至关重要的问题上赞成俄共基本立场的组织和个人结盟；（2）潜在的合作伙伴应该为共同的事业作出看得见摸得着的物质、精神和政治上的贡献，不做实事的好话空话少说；（3）同盟者应该懂得，他与俄共在经济、政治和组织层面上的相互关系将是透明的；（4）在俄共参与建立的爱国主义联合组织的框架内，其执行机关无权通过要求共产党人必须执行的决议，这类机构的任何经费完全由俄共和其他组织共同建立的专项基金支付；（5）俄共成员在左翼爱国主义联盟中工作的一个义不容辞的条件是，他们必须对任何干预党的内部事务的企图给予坚决的回击。俄共领导人认为，俄共需要同盟者，但要在平等、同志关系和互不干涉内部事务的原则

① http://www.glazev.ru/25.08.2003.

基础上与其合作。①

二　俄共建立统一战线的理论基础

俄共建立统一战线的理论基础是适应俄罗斯国情的民族阵线思想，它渊源于共产国际在第二次世界大战期间提出并在法国、意大利得到很好贯彻的人民阵线理论。与 20 世纪 30 年代共产国际联合极左和中左力量的人民阵线思想不同的是，俄共的民族阵线思想主张包括资产阶级在内的国内一切致力于民族解放的政治力量的联合。最先提出和竭诚拥护民族阵线思想的是久加诺夫，从 1991 年初起他就不止一次地试图实现这一思想。他认为，共产党人和俄罗斯民族主义者的联盟应当成为民族阵线的基础，而在其中起核心作用的应是把俄罗斯民族主义者和所有叶利钦的反对派力量团结在自己周围的重建的俄共。②

在这一理论指导下，俄共认为，把一切爱国力量团结起来的广泛基础是反对叶利钦主义和自由主义改革政策。俄共把"爱国主义"和"反对派立场"作为把左翼凝聚起来的思想基础："在爱国联盟中聚集了不同的政党，但基本的倾向是爱国主义。"在如何做同盟者的工作方面，库普佐夫说："我认为，做同盟者的工作，不是在这一运动的组成部分之间制造矛盾，而恰恰相反，是谋求妥协和建立一个能够以当局的反对派出现的统一战线。"同时他还对左派联合予以特别重视，认为左派联合应成为这个统一战线的基础，并对左派联合表示了乐观的态度："我以为，所有小的左翼运动都会加入这个以俄共、俄罗斯人民爱国联盟和'俄罗斯'为基础的左翼同盟中来，因为右翼和中派的大组织的组建将迫使左翼阵线联合起来。我们首先提出巩固更新了的俄罗斯人民爱国联盟的问题。俄共有意识地恢复了人民爱国联盟并且已经就制定纲领性原则做了不少工作。我们向共产党人提出的任务是：积极参加这项

---

① Зюганов Г. А. *Мы выстояли. Впереди трудный марш! Политический отчет ЦК КПРФ X съезду КПРФ. Материалы X съезда КПРФ.* Москва，2004，стр. 10. 参见刘淑春等《当代俄罗斯政党》，中央编译出版社 2006 年版，第 179—180 页。

② ［美］约·乌尔班、［俄］瓦·索洛韦伊文，范建中译：《苏联解体后俄罗斯的共产主义运动》，《当代世界与社会主义》1998 年第 1 期，第 71 页。

工作。"① 在"爱国主义"和"反对派立场"的口号下，俄共采取了积极步骤和多种措施，力图把左派力量及其他爱国力量团结在自己周围。

三　俄共建立统一战线存在的问题及前景

应当说，俄共的统一战线理论本身是无可挑剔的，但是在实践中，虽然统一战线对俄共以及俄左翼的发展起过巨大的推动作用，但从总体上看，俄共统一战线的屡次分裂表明，其统一战线政策即使不能说是失败的，也可以说是不成功的。其根本原因就在于，理论与实践的脱节导致了俄共统一战线政策的左右摇摆，陷入了矛盾的两难境地。

首先，俄共统一战线的理论基础是民族阵线思想，它主张包括资产阶级在内的国内一切致力于民族解放的政治力量的联合，俄共提出的组织纲领是，在政治多元化的条件下，扩大党的社会基础，组成人民爱国力量同盟。然而在实际行动中，俄共的组织路线着眼于左派联盟，实际上等于关上了联合更多派别的大门，充分显示出其盟友的局限性。例如，1996 年年初，正当各政治力量积极联盟、扩大阵营之际，俄共中央第一副主席库普佐夫在谈到总统选举前政治力量配置时，他以强烈的措词指责政权党"我们的家园—俄罗斯"和"亚博卢"两个议会党团以及"俄罗斯民主选择"，说"这些势力坚决主张继续奉行掠夺性改革方针"，而且还抨击"俄罗斯自由民主党"是"极右的民族自由派"，"这些势力一旦上台执政，就会给国家带来并不会比现政权少的灾难"，"讨好当局，隐蔽的、有时是直接地支持当局，这股势力特别危险"。这样一来，俄共实际上关闭了同进入新议会的其他三大党派联盟的大门。此外，国家杜马 3 月 15 日通过了俄共等提出的决议：宣布联邦最高苏维埃 1991 年 12 月 12 日关于废除苏联成立条约的决议失效，1991 年 3 月 17 日关于保持苏联的全民公决结果依然有效，废止成立独联体的别洛韦日协定。俄共在竞选总统前夕的这一举措，意在最大限度地争取支持的力量。杜马通过"3·15"决议后，被视为极左的安皮洛夫的"劳动俄罗斯"等 23 个左翼和民族主义倾向的政党组织便立即宣布支持久加诺夫竞选总统，但多是掌握选票数量

---

① 刘淑春：《俄共领导人宣称：俄共仍是当局的反对派》，《国外理论动态》2001 年第 6 期，第 21—22 页。

较少的小组织。一些持温和立场的选民被俄共"吓走"。临近总统选举，虽久加诺夫频繁与列别德等人接触，谋求中间势力的支持，但为时已晚。在第二轮总统选举时，中间力量的多数选票投给了叶利钦，对叶利钦再次当选起到了决定性作用。①

　　其次，俄共对左派联合予以特别重视，认为左派联合应成为统一战线的基础，然而总的来说，俄罗斯左派力量目前仍处于组织上四分五裂、思想上纷纭杂乱、行动上各行其是的状态，这大大限制了左派力量的规模和影响，从而使俄共把各左派政党联合起来的进程面临重重障碍。第一，各左派政党之间积怨甚深。各党为争当"苏共合法继承人"，明争暗斗，互相拆台，彼此排挤，埋下了很深的积怨。全联盟布尔什维克共产党信奉"和我们在一起的是列宁主义者，不和我们在一起的是修正主义者"的教条，凡与其有分歧者均被斥之为异端邪说。共产主义工人党认为自己是最大的共产主义政党，是苏共思想的唯一合法继承人，该党领导人根本不承认也自称是苏共继承人的劳动人民社会党是共产主义政党。该党曾在俄共重建的当天召开自己的代表大会，宣布"因从事反共活动"而将库普佐夫、久加诺夫等人开除出党。一些政党的个别领导人抱有狭隘的个人目的，小集团主义、宗派主义倾向严重，动辄党同伐异，并将个人之间的关系带到党与党的关系中，使左派政党之间的关系更加错综复杂。第二，各左派政党在政见上分歧严重。俄罗斯各左派政党是在原苏共党内不同派别的基础上建立起来的。政见分歧由来已久，根深蒂固。1993 年的"十月事件"使俄共认识到，在当时历史条件下，靠武装斗争夺取政权是不可能的，为了适应俄罗斯政情的重大变化，俄共必须改变自己的战略。当时首先面临的便是是否参加同年 12 月新国家杜马选举的问题。10 月 26 日，俄共第一次全俄代表会议召开，根据早先党提出的通过和平道路取得政权的路线，此次会议通过了参加选举的决议。俄共参加议会选举的事实表明，它承认叶利钦政体是现实的，并且赞成按民主的规则进行竞选。久加诺夫在自己的演说中经常宣传保持国内和平的必要性，同时强调俄共拒绝通过革命的方式解决问题。而以共产主义工人党为代表的左翼传统派政党则抵制议会选举，它们对俄共务实、灵活的立场持有异议，认为俄共是放

---

　　① 阎晓东：《俄共在总统选举中失利的原因及其前景》，《今日东欧中亚》1996 年第 5 期，第 1—2 页。

弃了马列主义的社会民主党化了的政党，是现政权的"帮凶"。俄共则公开批评传统派不愿意承认现实，忽视当前俄罗斯社会的主要矛盾。有时左派政党之间的矛盾比左派政党与某些中派政党的矛盾还要大。俄罗斯共产党人党主席克留奇科夫认为，左派"对立派别之间在意识形态和政治上的分歧严重，在可预见的将来分歧无法消除"。① 1996 年 8 月俄共倡导成立的俄罗斯人民爱国联盟并没有成为有效的政治组织，其根源就在于，在俄共和左倾正统派分子之间发生了分裂，左倾正统派企图建立排斥俄共的新组织：10 月 12 日宣布在俄罗斯共产党人联盟的基础上成立共产主义和社会主义组织联盟。俄左派人士也普遍认为，由于存在着许多难以消除的分歧和隔阂，俄共要实现俄各左派政党团结一致基础上的真正联合，还要经历一个漫长而曲折的过程。

再次，俄共认为，由于自己在俄罗斯共产主义运动中的首要地位，统一战线的核心理所当然是把反对派力量团结在自己周围的俄共，而其他成员则主张在统一战线中，各政党之间地位平等。例如，在 1999 年议会选举和 2000 年总统选举前夕，俄罗斯各派政治力量都在积极准备，以"我们的家园—俄罗斯"为代表的右翼政党声称要组成中右联盟。左翼和中左翼政党则筹备建立中左联盟。但是在如何建立中左联盟的问题上意见并不一致。俄共主张建立以俄共为核心的中左联盟。② 人民爱国联盟其他党派的领导人对此极为不满，从而导致了联盟发生分裂。2003 年第四届国家杜马选举前夕，俄人民爱国联盟协调委员会主席之一格拉济耶夫也是由于此原因和俄共闹翻，最后离俄共而去，另组"祖国"竞选联盟，从而导致了刚刚重建仅两年的人民爱国联盟再次分裂，成为俄共此次杜马选举遭受重创的主要原因之一。

总之，俄共的统一战线政策在一系列问题上陷入了困境，面临严峻挑战。在新的历史条件下，如何做到理论与实践相结合，坚持原则性与策略灵活性相结合，对俄共来说，是一个非常复杂的难题。但是，俄共作为一个以社会主义为价值取向的政党，只要坚持为最大多数人民的利益而奋斗的基本原则不变，就会赢得人民的支持，就会赢得其他进步政

---

① 章平：《俄罗斯左派政党的演变、现状及前景》，《东欧中亚研究》1997 年第 3 期，第 21 页。

② 李兴耕：《俄罗斯的左翼和中左翼》，《当代世界与社会主义》1999 年第 1 期，第 31—32 页。

党的信任和合作。在这一原则的指导下，结合不断变化的客观形势，采取灵活的斗争策略，经过坚持不懈的努力探索，最终会建立起一条适合俄罗斯国情的统一战线，从而保证俄共团结绝大多数俄罗斯健康的政治力量，顺利实现自己的奋斗目标，为俄罗斯的发展、为人类文明的进步贡献自己的力量。

第九章　俄共的宗教政策

在俄罗斯，宗教不仅有着深厚的历史传统，而且越来越成为一支不可忽视的政治力量。因此，正确认识和对待宗教问题，制定合理的宗教政策，对于俄共的发展具有十分重要的现实意义。

一　俄共不容回避的一个重大问题
——宗教问题

俄罗斯是一个具有深厚宗教文化传统的国家。自从基辅大公弗拉基米尔皈依从拜占庭传入的东正教，并于 988 年确定其为俄罗斯的国教以来，由于统治阶级的扶植和群众自身的信仰需求，东正教的影响和势力日益扩大，不论在规模、教徒数量上，还是在社会影响上，它都是名副其实的全国第一大宗教。除东正教外，在俄罗斯境内影响较大的宗教还有伊斯兰教、佛教、天主教、基督教新教以及犹太教等。宗教，特别是在沙俄时期作为国教的东正教，一步步从政治到文化，到人民的日常生活，与俄罗斯社会各领域逐步调适，使得俄罗斯社会自上而下的各阶层都因东正教而发生变化，宗教逐渐成为俄罗斯国家和社会生活中的一种普遍现象。据统计，在十月革命前夕，俄国有 77000 座教堂，48000 个教区，1000 余座修道院，近 1 亿教徒，1.5 万名神职人员。[①] 在沙皇政权统治时期，一方面，宗教确实起着麻痹人民反抗意识、维护旧制度的作用；另一方面，它毕竟也给人民带来对美好生活的向往，培养了人们尊崇仁爱善良、诚实助人的美好情操，对俄罗斯民族精神的形成具有巨大的促进作用。

十月革命以后，从列宁领导下的苏维埃政府到斯大林、赫鲁晓夫、勃列日涅夫执政时期，为了中止宗教思想在意识形态领域里的传播，建立和巩固以无神论为基础的马克思主义意识形态，曾对宗教事务制定了一系列

---

① 雷丽平、傅树政：《苏维埃政权初期的政教关系》，《社会科学战线》1994 年第 5 期，第 158 页。

法律文件，确定了国家政权与教会相分离的基本原则，提倡信仰自由。与此同时，采取一些果断措施，没收教会的财产，关闭教堂，教会的神职人员也因"剥削阶级"出身而受到专政。整个苏维埃时期，各种宗教的命运都是伴随着国家政策变化的，总体来说，宗教被排挤到社会的边缘状态。现在看来，这些法律和措施中许多是正确和有益的，但也有不少是"左倾"思想的产物。

1985 年戈尔巴乔夫上台后启动了苏联的改革进程。随着政治上的民主化以及"新思维"、"公开性"口号的提出，苏联思想界异常活跃，一股对不公正的历史事件平反的热潮在全国掀起。改革改变了苏联时期的宗教压抑，使所有教派的信徒们感受到了自由的氛围，俄罗斯的宗教复兴运动迅猛地发展起来。尤其值得注意的是，不少宗教界人士参加了各级人民代表的竞选活动，并进入全国或地方人民代表机构。

苏联解体后，俄罗斯走上了资本主义发展道路，原来的价值观不复存在，加上社会经济状况日趋恶化，人们不得不求助于宗教以获得精神上的安慰，民族关系的紧张和冲突又从反面推动了宗教的传播。在此背景下，俄罗斯境内兴起了空前的"宗教热"。除了俄罗斯人的传统宗教东正教，伊斯兰教、佛教、天主教、犹太教以及一些外来宗教也很活跃。如今的俄罗斯教堂林立，信徒人数急剧增加。2001 年俄权威社会调查机构抽样调查结果显示，俄居民 55% 信奉宗教，其中 91% 信奉东正教，5% 信奉伊斯兰教，信奉天主教和犹太教的各为 1%，0.8% 信奉佛教，其余信奉其他宗教。[①] 面对一个如此庞大的社会群体，任何一支想有所作为的政治力量都不能不对它予以特别的重视。作为群众性政党的俄共自然更不例外，《俄共纲领》强调尊重东正教和其他传统教派，可以吸收教徒入党。俄共要想巩固和扩大自己的社会基础，必须重视宗教工作，加强与教徒的联系和沟通。

与此同时，一些著名的宗教界人士也积极涉足"尘世"，成为政治活动家。"民主俄罗斯"运动的领导人之一就是雅库宁神父。宗教性质的党派和政治组织也纷纷成立，其中主要有：人民东正教运动、基督教企业家协会、伊斯兰复兴运动党、俄罗斯基督教民主运动、俄罗斯东正教君主立

① 参见中华人民共和国外交部网站。

宪党等。① 俄罗斯 1997 年出台的《关于信仰自由和宗教组织》的法律，也就是俄罗斯现行宗教法虽然对政教分离作了明确的规定，但时常见到政治人物与大主教同台露面。叶利钦自 1991 年竞选总统时，就与俄罗斯东正教大牧首建立了十分密切的关系，教会公开支持叶利钦当选总统，号召信徒投叶利钦的票，这成为叶利钦顺利当选的重要原因之一。作为现政权反对派的俄共也早就意识到与宗教界结盟的重要性，为了扩大统一战线，2000 年 12 月俄共七大更是明确指出，共产党人应同"各种文化的、民族的、宗教的流派和政治运动建立联系"。

二　俄共在宗教问题上的政策和主张

俄共在认真总结苏联时期宗教政策的经验和教训基础之上，结合俄罗斯的具体国情以及当前的斗争形势，经过深思熟虑，提出了有关宗教问题的主张，制定了自己的宗教政策。其基本内容包括：

第一，尊重东正教和其他传统教派。俄共明确表示，尊重东正教和其他传统教派并将这一政策载入《俄共纲领》，俄共尊重东正教，承认它在俄罗斯国家的形成、俄罗斯民族意识的确立、爱国主义思想的培养等方面都发挥过重大作用。俄共也高度评价伊斯兰教、佛教和旧礼仪教派等其他传统宗教，认为它们对于俄罗斯各民族精神和文化的发展都作出过巨大的贡献。

第二，强调国家应该与教会结成战略同盟。俄共认为，俄罗斯社会主义的基础是"俄罗斯思想"。在"俄罗斯思想"的形成过程中，东正教起了特别重要的作用，甚至是主要的作用。"许多世纪以来，俄罗斯东正教教会是我国人民的道德理想和精神宝藏的主要保存者。"② 为此，俄共提出了国家与东正教结成战略同盟的口号，宣称国家与教会结盟是时代的要求和国家正常发展的必要条件。③ 同时强调，国家与教会结盟，旨在从精

① 李兴等：《红色风暴会再度爆发吗？——解读新俄罗斯的前途和命运》，中国城市出版社 2003 年版，第 368 页。

② Зюганов Г. А. *Русский социализм — ответ на русский вопрос.* http：//www. kprf. ru/ 06. 04. 2006.

③ Зюганов Г. А. *Строитель Державы. К 125-летию со дня рождения И. В. Сталина.* http：//www. kprf. ru/08. 12. 2004.

神道德上教育人。在当代俄罗斯，国家和教会的共同敌人是对淫乱和暴力的崇拜、对财富和不惜代价地发财的宣扬以及不讲道德等。

第三，坚持教会和国家严格分离的原则。俄共认为，所谓政教分离就是指，一方面，国家不干预公民对宗教信仰的选择，不责成宗教组织履行国家各级机构的行政职能，不干预宗教组织的内部管理与活动；另一方面，国家机构应保持世俗性质，不允许在社会领域或精神领域出现教权主义的表现，宗教组织也不参加国家政权机构的选举，不参加政党和政治运动。为此，俄共反对国务活动家公开招摇地参加宗教仪式。这一点与叶利钦不同，叶利钦在出国访问前要东正教大主教公开为他祈祷祝福。俄罗斯与白俄罗斯签署两国共同体条约时，叶利钦还请大主教出席作证。俄共则明确表示反对任何利用宗教达到政治目的的企图。[①] 俄罗斯现行宗教法《关于信仰自由和宗教组织》在俄共发展鼎盛时期的 1997 年出台，并在以俄共为首的左派控制下的国家杜马获得顺利通过，与俄共的宗教政策不无关系。

第四，尊重和保护信仰自由。俄共认为，所谓信仰自由，就是承认所有俄罗斯传统的宗教一律平等，不允许某一种宗教成为国教或强制性地要求所有人都信奉某一种宗教，也不允许强制性地要求所有人都不要信奉某一种宗教，宗教信仰自由是公民的一项基本政治权利，每个公民都有"宣传任何宗教和不宣传任何宗教的自由"。任何国家机关、社会团体和个人，都不得干涉公民的信仰自由，不得歧视信仰宗教的公民或不信仰宗教的公民。无论信教与否，在政治上都是平等的。为了保障公民的信仰自由权利得到最佳发挥，国家必须制定法律，对宗教组织进行规范化管理。规定教徒同其他公民一样，有权参加国家事务的管理。宗教信仰自由本是现代文明的一种表现，也是任何一个共产党都应执行的宗教政策。

第五，宗教信仰自由原则也适用于俄共党内。俄共认为，在共产党人和教徒之间，在寻找摆脱俄罗斯社会经济危机和精神危机方面，对于如何解决社会问题和精神问题，都有许多共同之处。因此俄共宣称自己在政治活动中遵循科学的唯物主义世界观，但同时又表示必须切实尊重公民的任何一种真诚的信仰。俄共把宗教信仰自由这一政策也运用于党内，明确宣布，这一原则也适用于党员。是否信仰上帝是每个人自己的事。因此，一

---

① 裴修碧：《俄联邦共产党宗教政策探析》，《东欧中亚研究》1996 年第 5 期，第 25 页。

个人在入党时不必说明自己对宗教的态度，而接受他入党的党委会也不应向他提出这类问题，因为这样做会损害个人的主体权利。

第六，坚决反对伪宗教和政治性的教派。俄共在主张同各种传统宗教进行合作的同时，坚决反对各种伪宗教和政治性的宗教组织。俄共认为，这类宗教组织的活动是对人的身体和精神健康的侵犯，并孕育着对个人和社会安全的威胁，旨在腐蚀俄罗斯人的民族意识，破坏俄罗斯人民的精神根基。在尊重人民宗教信仰的同时，揭露伪宗教组织的实质是完全必要的。这说明俄共具有坚定的原则立场。

三　俄共制定宗教政策的理论基础

俄共的宗教政策建立在其对宗教及宗教问题的基本认识之上。

首先，俄共公开宣称自己的奋斗目标是社会主义，而宗教与社会主义在价值取向上具有一致性。俄共认为，在苏联社会主义社会中，利己主义、金钱崇拜等已经从意识形态和社会经济生活中排除了出去，取代它们的是大公无私、集体主义精神。这一切曾经产生过令人震惊的效果，尽管有时贯彻得并不那么好。现在关于由非苏维埃政权取代苏维埃政权可以使人们进入地上天堂的希望已经破灭了，要改善我们的生活，最适合的是把一切美好的善举集中起来，也就是不去批驳和消除原有的世界观，而是加以补充、提高，力求在日常生活中加以更新。

共产主义意识形态在自己形成的历史过程中，汲取了人类在社会探索和精神探索过程中（也包括在宗教探索过程中）积累的所有优良的东西。而基督教、伊斯兰教、佛教和其他宗教所包含的一些人道主义的社会理想，诸如：公正、和平、善良、正义、仁慈、美好等等，和共产党人的想法并无抵触。

其次，宗教的本性与资本主义的价值体系格格不入。俄共认为，宗教（例如基督教的教义）向人们提出了真正的人类存在的根本规范，这就是：精神价值优先、共同利益优先、为了别人甘愿牺牲自己、不追求物质享受，等等。实现这些规范就能使个人和整个人类的精神得到升华。然而，建立在社会和物质的不平等、贪得无度、人剥削人的基础上的资本主义社会同基督教义的精神南辕北辙、互不相容。著名的宗教哲学家别尔嘉耶夫曾说过："整个资本主义经济制度，是疯狂而强烈的淫秽的产物。"

曾长期旅居英国的波兰导演克·扎努西也说过，对于绝大多数美国人来说，包括知识分子在内，根本不存在精神生活、精神财富之类的概念，人们在西方都会产生一种精神荒芜的感觉。①

再次，教会有责任起到教化社会的作用。俄共认为，与宗教的追求不同，今天强加给俄罗斯的市场意识形态显示给人们的是另一种范例。它的牺牲品是大国地位、老战士的积蓄、父辈的光荣和整个良心。俄罗斯人民不久以前形成的价值观不仅未能得到补充和升华，反而在现国家政权的参与下遭到歪曲和破坏。如今，人们不是按照宗教教义的原则相互团结、结合在一起，而是相互竞争，彼此搏斗，破坏了友好关系和互助精神。

要克服所有这一切，教会可以做许多工作。教会当前针对时弊应着重宣扬的是：贪图钱财、拜金主义妨碍着人们在世俗生活中获得生命的全部意义；作为金钱的奴隶，将不得不在永恒的生命中永远支付代价；即使获取财富的来路不正当，也可以获得宽恕，但必须转而把财富用于正当的目的——公众共同的利益。

四　对俄共宗教政策的评价

随着俄罗斯宗教复兴运动的迅猛发展，信教群众日益增多，而且出现了不少青少年信徒，俄境内教堂、庙宇、修道院、清真寺、祈祷场所不断涌现，宗教活动随处可见，宗教出版物也呈直线上升的趋势。与此同时，俄罗斯的宗教领域也出现了一些不良势头：宗教组织染指政治，宗教民族主义势力抬头；有些宗教组织从事不法经营活动，扰乱了俄罗斯经济的正常秩序；邪教组织活动猖獗，破坏了社会秩序。据俄罗斯"拯救青年委员会"的统计，俄罗斯宗教膜拜组织的活动已造成 25 万个有未成年子女的家庭破裂。② 面对此种形势，俄共在阐述宗教问题时掌握的总原则是：既要考虑到多数信教群众今天的思想认识水平，又要设法对他们积极加以引导和提高。除了全面地宣传自己的宗教政策外，俄共还利用《真理报》、《俄罗斯真理报》及其他出版物广泛讨论群众比较关心的具体宗教问题，其中涉及宗教教义、精神道德规范、宗教传统及宗教节日、风俗习

---

① 裴修碧：《俄联邦共产党宗教政策探析》，《东欧中亚研究》1996 年第 5 期，第 26 页。
② 文池主编：《俄罗斯文化之旅》，新世界出版社 2002 年版，第 204 页。

惯，乃至揭露迷信落后现象，等等。可以看出，这种做法对于团结信教群众，巩固和扩大自己的社会基础，把阐释宗教教义同促进俄共当前的斗争结合起来，联合宗教界力量，扩大统一战线，已经起到了很好的作用。

也正因为如此，恢复重建的俄共迅速发展成一支举足轻重的强大政治力量，影响不断扩大，拥有了深厚的群众基础。1995 年、1999 年的国家杜马选举和 1996 年、2000 年总统选举的结果，都充分证明了俄共所拥有的政治实力。在俄罗斯这样一个宗教影响十分深重的国家，在苏共的宗教政策暴露出不少问题之后，又经过 1985 年戈尔巴乔夫倡导"公开性"致使宗教复兴运动全面兴起造成的广泛影响，没有一个适合国情的宗教政策，不团结起大量宗教界人士和广大信教群众，要取得如此巨大的成就是不可能的。

但是，俄共的宗教政策中也有很多不足的方面，有些方面甚至自相矛盾。宗教的积极作用固然不可否认，但也应该看到，宗教本身是建立在唯心主义体系之上的，本质上是反科学的，其消极作用不能低估。例如，宗教的幻想成分、消极厌世思想，以及其他一些有害于人民身心健康、妨碍社会生活正常秩序的活动等。尤其是俄共作为一个以社会主义为价值取向的政党，吸收教徒入党的做法是一个值得深入讨论的问题。因为《俄共纲领》明确坚持以马列主义、唯物辩证法为指导思想，教徒入党后，如何在理论上将两种本质截然相对立的世界观融于一身，如何处理教徒入党带来的一系列复杂问题，对俄共来说，是一个不小的难题。

总之，在宗教领域，俄共要实现自己提出的目标，尚面临着许多艰苦的工作，不可能一蹴而就，并且争取广大信教群众，如同俄共的许多其他工作一样，必须从俄罗斯的国情出发，紧密结合国内当前的政治经济形势，在摆脱左倾思想束缚的同时，又要警惕和防止右的情绪。无论采取左还是右的宗教政策，都会有害于自身的发展。俄共应该采取既坚持原则又比较灵活宽松的方针政策，才能较好地发挥宗教的积极作用，防止其消极的一面。

第十章 俄共的国际政策与主张

俄共与以其为主体的左翼反对派，也称民族爱国力量派，他们与亲西方派尖锐对立，确认西方不是朋友，主张实行独立自主的对外政策，重振俄罗斯的大国地位，重视与独联体国家、第三世界国家和中国发展关系。其目标是维护俄罗斯的国家利益，恢复俄罗斯在国际事务中的大国地位。正如《俄共纲领》所指出："奉行独立的对外政策，使它符合国家民族利益并加强俄罗斯大国的国际威望；废除损害俄罗斯利益和尊严的国际条约和协定。"与此同时，俄共也就全球化和国际恐怖主义阐述了自己的观点和立场。

一 俄共的国际政策

1. 俄共的国际政策及其对俄外交走向的影响

众所周知，苏联解体之后，俄罗斯表示完全认同西方的价值观念，宣布放弃原有的社会主义制度，致力于建设西方式的政治制度和经济制度，力求同西方国家结成"伙伴"关系和"盟友"关系。1992年4月，时任俄外交部长的科济列夫在对报界发表的谈话中指出：俄罗斯外交构想的实质，"就是要为俄罗斯的改革创造有利的条件"，为此"俄罗斯应当加入最积极发展的民主国家行列"，俄罗斯外交的任务是，使西方对俄罗斯的不信任"减少到最低程度"，为俄罗斯争取类似"马歇尔计划"的"有利于全面改革的广泛合作计划"。① 同年5月27日，叶利钦总统发表谈话说："俄罗斯自古以来就和欧洲是一体，我们应该与欧洲委员会和欧洲经济共同体等欧洲机构联成一体，应该加入其政治和经济同盟。"许多政界人士乃至大多数普通民众也认为，为了摆脱经济危机和向市场经济过渡，俄罗斯必须依靠西方的经济援助。可以说，当时整个俄罗斯社会都存在一

---

① 参见[俄]《独立报》1992年4月11日。

种强烈的亲西方情绪。

在这种情况下，俄罗斯开始推行"一边倒"的亲西方外交政策，把外交重点完全放在欧美国家，并在许多国际问题上一味追随美国，对西方国家亦步亦趋。1992 年 1—2 月，叶利钦出访英、美、加、法四国，呼吁同西方大国建立"伙伴"和"盟友"关系，借此为俄罗斯加入西方"七国集团"铺路。同年 6 月，叶利钦再次访美，并在削减俄罗斯占优势的陆基战略核武器方面作出重大让步，使美国实际上取得了对俄罗斯的核优势。① 7 月，叶利钦应邀参加慕尼黑西方七国首脑会议，力图争取西方对俄罗斯提供更多的经济援助，等等。但是俄罗斯的亲西方外交并未带来预期的效果。西方的经济援助是雷声大而雨点小，俄罗斯虽然得到一些实惠，但实际成果并不多。与此同时，俄罗斯按照西方建议搞的"休克疗法"，却导致国内经济急剧恶化，陷入很深的危机。在国际事务中追随以美国为首的西方，更导致俄罗斯的国际地位日益衰落，变成西方的"小伙伴"。凡此种种，不仅导致国内反对派的猛烈攻击，而且引起广大居民的强烈不满。议长哈斯布拉托夫批评说，俄罗斯的对外政策"完全受西方势力的支配"，致使俄罗斯在国际上的声誉"一落千丈"。议会主席团 1993 年 3 月 21 日的告俄罗斯公民书指出，俄罗斯"正在变成一个落后的、人民受到污辱和遭到掠夺的、依赖于他人的国家"。副总统鲁茨科伊也多次指责叶利钦过分依赖"西方虚构的援助"，而不是依靠俄罗斯自己的力量。在这种情况下，俄罗斯当局的亲西方外交越来越不得人心，不得不加以调整。②

1993 年俄共恢复重建后，公开宣布自己是现政权的反对派，猛烈抨击执政当局的"一边倒"亲西方外交政策。1993 年 12 月 10 日，久加诺夫以《俄罗斯复兴与国际形势》为题在《真理报》上发表长文，阐明俄共对苏联解体、重建联盟、捍卫俄国家利益并恢复俄世界大国地位等问题的基本立场，高举起能感召社会各阶层的爱国主义大旗。他不提苏联的国家性质，而是强调苏联作为俄罗斯帝国天然的地缘政治继承者从世界舞台上消失所造成的后果：（1）俄丧失了大国地位并形成了对外部势力的依赖性；（2）俄失去了昔日的盟友并冻结了同国外大部分善良伙伴的合作；

---

① 参见《中国青年报》1992 年 6 月 17、20 日。

② 王正泉主编：《剧变后的原苏联东欧国家》，东方出版社 2001 年版，第 434 页。

（3）俄国家安全水平在军事、政治、经济、意识形态等所有最重要领域急剧下降；（4）从波罗的海到高加索、从基什尼奥夫到杜尚别的巨大地理空间失去了战略稳定。

久加诺夫抨击俄外交"不符合俄罗斯的民族利益"，其实质是要参与建立美国的"世界新秩序"。他主张将"健康的民族实用主义外交"概念作为俄对外政策的理论：（1）继承旧俄国和原苏联对外活动中所有宝贵而积极的东西；（2）绝对自主地作出对外政策决策但不排除与其他国家磋商；（3）自力更生但不排除在理智的范围内按可接受的条件利用外援；（4）放弃对外政策中的过分意识形态化和与此相关的没有根据的地缘政治要求；（5）全方位发展对外政治联系；（6）将国家军事潜力保持在能够作为灵活、机动、用途广泛的对外政策工具来使用的足够水平上；（7）外交政策应为保证国家稳步发展、民族经济进步、人民生活水平提高创造外部条件。此外，久加诺夫明确主张以联邦或邦联方式恢复统一的国家，但不应人为规定联盟复兴进程。俄现阶段的首要任务是恢复原各共和国之间的经济联系。同时，俄也有权利、有义务关心境外俄罗斯人和俄语居民的利益。[①]

当时，除俄共外，很多其他党派也都抨击现政权的亲西方外交及其产生的严重后果。多数民众则对俄罗斯丧失大国地位、沦为二等国家表示强烈不满。为此，在1993年第一届俄国家杜马选举中，许多选民投了俄共的票，甚至投了具有极端民族主义色彩的"自由民主党"的票。在这种情况下，俄罗斯对外政策的调整就不可避免了。

从1994年起，俄罗斯开始把重振大国地位和维护国家利益作为对外政策的"战略方针"，同时宣布奉行"全方位平等伙伴关系"的对外政策，开始在外交上独树一帜，同西方国家拉开一定距离，在涉及俄罗斯战略利益的许多问题上同西方讨价还价，甚至展开激烈的抗争。总之，叶利钦政权在"一边倒"的亲西方外交遭到国内以俄共为首的反对派强烈批评的情况下，为了缓解社会不满情绪，巩固自己的政治地位，开始在对外政策方面进行某些调整。但就实质而言，俄罗斯亲西方外交的基本方针尚未改变，俄罗斯仍然把西方国家作为对外战略的重点。

---

　　① 于洪君：《俄联邦共产党的目前状况及其发展趋势》，《当代世界社会主义问题》1994年第2期，第35页。

在 1995 年 12 月举行的第二届国家杜马选举中，对政府不满、希望改变现状的选民把大量选票投给了许诺"恢复俄罗斯大国梦想"的俄共。选举结果，俄共异军突起，得票率为 22.3%，加上在单席位选区中赢得的议席，俄共共获得 157 个代表席位，占 450 个杜马议席中的 1/3 强，一跃成为议会第一大党。

1995 年议会选举的重大胜利使俄共在国家杜马中占了优势，这对俄罗斯的对外政策也产生了重大的影响。由于俄共的存在和巨大影响力，1996 年 1 月，叶利钦撤换了多年来被人们视为"亲西方外长"的科济列夫，任命得到各派政党支持而且能够捍卫俄罗斯国家利益的普里马科夫为新外长。与此同时，俄罗斯进一步调整对外政策，特别强调重振大国地位，大力加强推行"全方位"外交的力度，并对俄罗斯的大国地位作出界定，明确宣布俄罗斯是多极世界中独立的一极，俄罗斯支持世界的多极化，反对建立"单极世界"。这标志着俄罗斯的对外政策发生了质的变化，俄罗斯真正进入了"全方位"外交的新阶段。

从 1996 年开始，俄罗斯的"全方位"外交得到明显加强，开始推行同世界各国联系多样化的路线。普里马科夫外长上任伊始就强调，要努力纠正过去"偏向"西方的状况，积极地与亚洲大国——中国、印度，与东盟国家和日本发展政治对话和经济联系。特别是，俄罗斯进一步推动独联体一体化进程，同白俄罗斯先后签署了《共同体条约》和《联盟条约》，同白俄罗斯、哈萨克斯坦、吉尔吉斯斯坦三国签署了海关联盟协定和《加深经济和人文领域一体化条约》，同乌克兰签署了《友好、合作和伙伴关系条约》，等等。

与此同时，俄罗斯进一步拉开同西方国家的距离，在一些重大问题上对西方也采取了比较强硬的态度和政策。首当其冲的是，俄罗斯强烈反对北约东扩，为此同西方国家领导人举行了无数次的政治谈判。为了制约美国，俄罗斯政府总理普里马科夫在 1998 年 12 月访问印度时公开提出，建议俄罗斯、印度、中国建立"战略三角关系"。① 在 1999 年 3 月北约武力干预科索沃危机、对南斯拉夫联盟进行狂轰滥炸的时候，俄罗斯表示坚决反对，强烈谴责以美国为首的北约对一个主权国家的"侵略"，并中断同北约的协作关系。

---

① 据俄塔社新德里 1998 年 12 月 21 日电。

在以上所述独联体一体化、北约东扩和科索沃危机等一系列重大原则问题上，俄共与政府的意见基本一致。久加诺夫曾声称："如果北约在前华约国家中发展新成员，俄罗斯就不得不组成一个新的集团。不管到时谁掌权，西方将失去一个拥有丰富资源的市场。"①

到1999年，俄共进一步完善了自己的国际政策及俄罗斯应该采取的对策。俄共认为，苏联解体引起的地缘政治变化给俄罗斯带来了严重的后果：国家的领土缩小1/4，人口减少一半，保证国家安全的政治军事联盟体系完全遭到破坏。在西方看来，俄罗斯已是国际社会"多余的国家"。北约东扩已对世界地缘政治平衡和俄罗斯的国家安全造成致命的威胁。为了恢复俄罗斯正常的地缘政治地位，俄共提出了分三阶段实施的战略计划。②

第一阶段，实现国内的团结。俄共认为，俄罗斯的动荡和危机与国内矛盾的积聚密切相关，造成俄罗斯走向衰败的根本原因是极其有害的内部思想上和政治上的分裂。因此，俄罗斯面临的首要任务就是在人民爱国力量行动纲领的基础上实现政治上的团结。

第二阶段，恢复俄罗斯、乌克兰和白俄罗斯的统一，即恢复巩固的斯拉夫地缘政治中心。俄共认为，俄罗斯首先必须尽力实现真正的俄白联盟，这是俄罗斯重新控制欧亚地缘政治中心的第一步。但恢复俄罗斯和乌克兰的统一问题要复杂得多，需要克服种种障碍。

第三阶段，恢复俄罗斯正常的地缘政治地位。俄共认为，俄罗斯的最终地缘政治目标是恢复对欧亚大陆的控制。只有控制了欧亚大陆，才能确保俄罗斯的国家安全。为了实现这一目标，必须恢复前苏联的地缘政治空间，建立一种同盟、联邦或者联盟，甚至可以吸收以往不愿加入苏联集团的南斯拉夫参加。但鉴于目前很多国家并无同俄结盟的意向，因此俄共认为当前重要的问题不是考虑恢复统一的联盟，而是考虑对原俄罗斯帝国和苏联领土范围内的地缘政治控制。

俄共在对外政策方面优先考虑的主要问题有：第一，为了克服国内的社会、经济和政治危机，必须有一个和平、安定的外部环境。第二，切实保证俄罗斯在原苏联领土范围内的切身利益。原苏联各国在任何情况下都

---

① 宋乐永：《俄共选举成功的原因与影响》，《乡镇论坛》1996年第2期，第45页。
② 参见俄《对话》1999年第1期。

不应威胁俄罗斯的安全。第三，在国际舞台上努力实现"多极世界"构想，反对美国和北约集团的霸权。第四，保持与多数欧洲伙伴国家的相互接触、相互谅解。同美国发展建设性的平等关系，反对美国干涉俄罗斯的内部事务和在国际舞台上损害俄罗斯的合法利益。第五，扩大与原经互会和华沙条约组织国家的合作。①

针对北约的进一步东扩、西方的步步紧逼，俄共坚决反对俄罗斯退让。2001年2月19日，北约秘书长罗伯逊抵达莫斯科，就北约东扩和美国的国家导弹防御系统等问题与俄罗斯高级官员进行会谈。俄共中央主席久加诺夫2月20日在会见罗伯逊后说，北约东扩是第二次世界大战以来最严重的地域政治错误，这和当年希特勒征服世界的妄想没什么两样。他指出："北约正在步希特勒政策的后尘。那时希特勒在吞并了奥地利后，就以为他能征服整个地球。""北约正以同样的方式，试图通过武力让每个国家屈服。"② "9·11"事件后，俄共认为，美国最大限度地利用恐怖袭击事件以取得对世界的绝对统治，乌克兰、俄罗斯对美国开放领空，乌兹别克斯坦为美军提供前苏联的军事基地，使俄罗斯失去了地缘政治后方。为此，俄共坚决反对废除苏美1972年签署的反导条约并撤出在古巴和越南的战略军事基地，坚决反对与美国结成联盟来反对国际恐怖主义。

俄共强烈谴责美英发动伊拉克战争。2003年2月19日，俄共领导人久加诺夫访问了伊拉克，并会见了时任总统萨达姆。萨达姆表示："伊拉克人民不希望发生战争，但这不能以牺牲一切作为代价。我们不能为此放弃独立、主权和权利。"萨达姆说，如果美国尊重伊拉克和阿拉伯人民的自由和主权，伊拉克人民也会同样尊重其他国家人民，其中包括美国人民的自由、主权和尊严。久加诺夫同意伊拉克方面的立场，并支持伊拉克的自卫行动。3月20日，久加诺夫在俄杜马会议上指出，美英对伊战争实际上是"世界新秩序"前提下例行的军事行动。武装干涉南斯拉夫，而后占领阿富汗，支持以色列反对巴勒斯坦，发动对伊战争等均是美国及其盟国发动侵略战争的开始。下一个目标将可能是任何一个不支持美国侵略政策、不支持北约东扩的国家。目前北约部队已经驻扎在吉尔吉斯、塔吉

---

① 范建中：《世纪之交的俄共：基本主张与策略方针分析》，《当代世界与社会主义》1999年第4期，第60页。

② 据《中国日报》网站2001年2月20日报道。

克斯坦、乌兹别克斯坦和格鲁吉亚，不久北约部队将进驻波罗的海国家。俄罗斯将更加紧密地被反俄军事基地包围起来。因此，美国企图统治全世界、千方百计地维护自身利益以重新划分世界地缘政治格局、建立起美国式的"世界新秩序"是近年来战争的根本原因。反恐联盟只不过是美国统治全世界的工具，俄罗斯必须从反恐联盟中脱离出来，认清美国及其盟国的侵略行径，重新审视俄美关系的各个方面，呼吁美国及其他国家包括北约停止在独联体驻扎军队，反对北约东扩，切实采取有利措施加强俄罗斯国防建设，并与俄罗斯的自然地缘政治伙伴包括白俄罗斯、乌克兰、中亚国家及中国建立军事联盟，届时将会恢复联合国的正常工作机制。只有在几个力量中心同时并存，美国的单一军事、政治统治得到削弱的前提下，联合国才能在真正意义上发挥应有的作用。①

在 2004 年 12 月的乌克兰总统选举中，俄共旗帜鲜明地号召乌克兰共产党员投票支持亚努科维奇，其原因就在于，亚努科维奇主张与俄罗斯发展更紧密的联系，与亲西方的候选人尤先科势不两立。

正如俄共所分析，随着北约进一步东扩，国际局势对俄罗斯越来越不利。2004 年 3 月 29 日，前苏联的三个加盟共和国——波罗的海三国爱沙尼亚、拉脱维亚、立陶宛正式递交了各自国家加入北约的法律文本，从而成为这一组织的新成员。随后北约战机开始执行北约保卫爱沙尼亚、拉脱维亚和立陶宛三个波罗的海国家领空的巡逻任务。如此一来，俄西北部边界直接暴露在北约战车面前，这对俄构成了极大威胁。但是西方并未就此罢手，尤其是美国为了保住自己的世界霸主地位，仍将遏制俄罗斯复兴作为自己的战略目标，并一直奉行打压俄罗斯和挤压俄战略空间的政策，通过军事和经济等多种手段加紧拉拢独联体成员国，引导它们向美国和西方靠拢。在西方的支持下，格鲁吉亚、乌克兰发生"颜色革命"后，两国相继建立了亲西方政权，并先后提出了加入欧盟和北约的要求。一旦格鲁吉亚、乌克兰加入北约，两国领土上就可以部署北约的军事力量，对俄罗斯所有战略力量构成实际的威胁，这对北约来说是再好不过的。而俄罗斯在阻止波罗的海三国加入北约的努力失败后，绝不允许北约再向其边界推进，这是俄罗斯的底线。

---

①　吴素娟：《十五年的风雨历程——俄罗斯共产党状况概述》，《俄罗斯文艺》2006 年第 1 期，第 59 页。

　　对此，俄共认为，十多年来，俄罗斯一直在退却，并在所有领域放弃了自己的阵地。北约以及欧盟的"铁轮"不可阻挡地"拱向"了俄罗斯。波罗的海国家已经被其纳入"囊中"，他们下一步的"准星"已经瞄准了乌克兰，而对白俄罗斯骚动风暴的调唆也在继续。中亚与北高加索被北约宣布为与自己利益攸关的地区。俄罗斯已经从西、南两个方向被加入一系列军事政治以及经济同盟的西方"傀儡"国家所包围，而在这些同盟当中根本就没有俄罗斯的位置。俄罗斯与这些国家签订的友好合作条约在这种条件下变得毫无意义，而俄罗斯所面临的现实威胁却在持续不断地增加。① 为此，俄共要求，俄罗斯必须将国家利益放在首位，对外彻底摆脱对西方的屈从地位，转而实行一种"积极的、进攻性"的对外政策，真正实现国家的独立自主。俄罗斯必须迅速果断地转而采取与白俄罗斯联合的政策，并将其置于俄罗斯政治及军事盾牌的保护之下，绝不能让外部力量强加给白俄罗斯"异己政权"和秩序，使其变成反俄罗斯阴谋行动基地的企图得逞。同时还应采取果断措施，坚决反对北约与欧盟对独联体国家的渗透。所以说，在对外政策方面，俄共和俄罗斯执政当局的最终目标指向是相同的，那就是实现俄罗斯的国富民强，重振俄罗斯大国地位。

　　与此同时，俄共积极参加世界左翼的活动。在世界社会论坛、欧洲共产党和工人党的会议上都能看到俄共领导人的身影。2006 年 1 月，当欧洲委员会代表大会通过题为《必须在国际上谴责极权主义的共产主义制度的罪行》的反共决议时，俄共领导人走在来自二十几个国家的抗议游行队伍的前列，之后又准备了一份针锋相对的要求"必须在国际上谴责帝国主义罪行"的《备忘录》提交大会。2006 年 6 月 28 日，俄共第一副主席伊·梅利尼科夫代表"欧洲左翼联盟"小组在欧洲委员会代表大会上发言，谴责欧洲委员会纵容欧洲的反共势力、在维护人权上实行双重标准。②

2. 俄共国际政策的理论基础

　　俄共的国际政策是基于其对俄罗斯在当今世界的定位以及国际形势的

---

① Зюганов Г. А. *Время менять курс.* http：//www. kprf. ru/02. 09. 2006.
② 刘淑春：《21 世纪以来俄罗斯共产主义运动面临的危机与挑战》，《马克思主义研究》2007 年第 1 期，第 95—96 页。

认识和判断基础之上的。

俄共继承了俄罗斯历史上的斯拉夫主义、欧亚主义思想，强调俄罗斯的"独特性"。它认为，俄罗斯的未来只能建立在它的创造性传统和历史继承性的牢固基础之上。错综复杂的地缘政治、民族和经济状况，使俄罗斯成了文化和道德传统的载体。而它所体现的文化和道德传统是以共同性、集体主义（聚合性）；爱国主义，个人、社会和国家紧密的相互联系（大国思想）；对体现真理、善良和公正的最高理想的追求（高尚精神）；所有公民不分民族、宗教和其他差别一律平等和具有同等价值（国民性）为主要价值观的。

对俄罗斯的这种定位，俄共领导人久加诺夫讲得更为明确。他指出："从历史观点来看，俄罗斯是一种特殊的文明类型；从地缘政治的观点来看，俄罗斯是欧亚大陆板块的中心和支柱；从世界观和思想观念的角度来看，俄罗斯是特殊文化和道德传统的体现者；从民族的角度来看，这是一个以斯拉夫人为强大核心的复杂的民族共同体；从经济的角度来看，俄罗斯是一个与西方的自由市场模式不同的独立的经济整体。"俄罗斯文明的主要价值观是"集体主义、大国思想、国家的自给自足、对体现善良和公正的最高理想的追求"。[①] 在当今世界，俄罗斯文明作为一种特殊的文明形式，作为另一种经济、政治和精神的发展倾向，与作为帝国主义最高阶段的全球化相对立。

俄共认为，人类必然走向统一和整体化，这是一个自然的发展过程，会经历不同阶段，俄共也不否认这一全球化的发展趋势，但应从阶级利益出发对之进行评价。现阶段方兴未艾的全球化进程实质上是美国领导的，全球化的目的是形成资本对世界的统治：在上层是美国及其同伙，下层是第三世界国家。他们力图控制世界能源及原料资源，掌握金融市场，而对试图捍卫自己国家和民族利益者实行武力干涉，从而建立有利于美国的"世界新秩序"，因此，全球化的世界是按西方模式剪裁的，没有也永远不会有俄罗斯合适的位置，俄罗斯不能参与其中。与此同时，俄共认为，苏联解体后，以美国为首的北约试图摧毁维护战后世界战略力量平衡的雅尔塔体制及其他安全条约，建立对世界的绝对统治，并对认为需要进行干预的国家的战争不受任何约束。因此，俄共要在反全球化斗争的舞台上，

---

① 张树华、刘显忠：《当代俄罗斯政治思潮》，新华出版社 2003 年版，第 157—158 页。

通过联合真正的左翼和真正的社会主义力量，在支持各民族解放斗争基础上反对"世界新秩序"，争取地球上所有民族的民主和独立。"在目前人类的一体化阶段上，可能采取不同形式——帝国主义全球化的形式或社会主义国际化的形式。……在经济、政治、国际关系和国家建设，在科学、文化、艺术和民族发展等方面这两种形式在竞争，并构成了现代历史发展进程的关键内容。"① 俄共强调，只有社会主义才能恢复俄罗斯的大国地位。社会主义作为国际学说，丝毫不排斥世界一体化进程。俄罗斯不回到社会主义道路，多极世界就是一句空话。

与此同时，在外交领域，俄罗斯必须制定一个独立的外交政策，以实现俄罗斯的国家利益、捍卫民族尊严，为俄罗斯创造复兴与发展所必需的国际环境，推动前苏联各共和国走向一体化，恢复单一的强大的联盟国家。

3. 对俄共国际政策的评价

应当说，俄共的国际政策有其积极的一面。俄共主张实行独立自主的对外政策，重视与独联体国家、第三世界国家和中国发展关系，维护俄罗斯的国家利益。所有这些都是值得肯定的地方。首先，在国家解体、大国地位沦丧的情况下，特别是在苏联解体之初急剧全盘西化的热浪败落、俄罗斯的亲西方政策遭到重大挫折之后，俄人民中对西方存在着普遍的不信任感，俄共的主张迎合了人们重振俄罗斯国家的愿望，对于凝聚人心、扩大自身组织的影响是有利的。其次，从对付世界霸权主义与强权政治、不甘沦为西方的附庸来看，俄共的国际政策也有积极意义。

但是，从长期的历史经验、与周边国家关系的角度来看，俄共国际政策中的大国主义倾向，对历史上的地缘政治的全盘肯定，又是值得严重关切的。众所周知，历代沙皇经过几世纪的努力，把小小的莫斯科公国扩展为庞大的俄罗斯帝国，同西方的殖民帝国一样，靠的同样是刀剑和枪炮。别的不说，车臣问题至今闹得不可开交，原因就在于车臣是沙俄通过多年的战争兼并过来的，并且在苏联时期又遭到无端的全民族迫迁。十月革命以后形成的苏联版图基本上是革命前的俄罗斯帝国的版图，在斯大林时期还有所扩大。俄共认为，苏联是俄罗斯帝国的地缘政治的继承者。俄共坚

---

① http://www.kprf.ru/personal/zyuganov.

持恢复苏联，也就意味着俄罗斯必须恢复苏联的版图。俄共国际政策中的这种大国主义倾向，对历史上的地缘政治的全盘肯定，必然引起周边国家，尤其是苏联解体后获得独立的民族国家的担心和不安。

二 俄共对全球化的认识及其基本主张

20 世纪 70 年代以来，经济全球化以前所未有的规模加速进行。全球化进程对当代国际政治、经济和社会秩序以及民族国家本身都产生了深刻的影响。在这个进程中，各种思潮、各个党派以及各种利益团体从不同的利益出发，提出了诸多的全球化理论和主张。2001 年俄共主席久加诺夫在俄《对话》杂志第 6 期发表了长篇文章《全球化：绝境还是出路？》，认为全球化问题已经不仅仅是理论问题，而是关系到人类生存斗争的尖锐问题，不搞清这一问题，就无法正确选择俄罗斯的救国之路。2002 年久加诺夫在出版的新作《全球化与人类命运》中，从马克思列宁主义立场出发，进一步分析了全球化的本质、趋势以及全球化过程对世界各国和俄罗斯的意义。

从久加诺夫所表述的思想和俄共其他领导人所发表的观点来看，俄共对全球化的基本认识和态度是：人类必然走向统一和整体化，这是一个自然的发展过程，俄共并不否认这一全球化的发展趋势，但是在目前人类的一体化阶段上，不能采取帝国主义全球化的形式，而应当采取社会主义国际化的形式。社会主义作为国际学说，丝毫不排斥世界一体化进程。

1. 关于全球化的实质

俄共认为，从人类活动规模不断扩大这一明显的事实来看，把全球化进程看作社会生活中的新现象未必是有根据的，实际上全球化的开始是与人类历史的开始同时发生的，它是伴随人类整个历史的一个客观、必然的进程。但同时这也是一个渗透在个体、社会集团、阶层、阶级、民族、文明的活动和相互关系之中的社会进程。发展到今天，全球化进程已经经历了千百年的历史。但是这一进程不是平稳的、毫无冲突的，而是极其不平衡的，有着尖锐的社会经济矛盾。20 世纪，尤其是 21 世纪全球化的特点，恰恰是发展十分不平衡以及斗争和矛盾极大地加剧，全球化的"横向"发展阶段正明显地趋于结束，其"纵向"发展的时代正在到来，全球化开始进入集约时期。

首先，这表现在日益广泛和综合的全球性问题已经产生并不断增多，单个国家及地区性联合组织已经无力解决这些问题，需要全人类的共同努力。这些问题包括保证不断增加的地球居民的粮食、寻找新能源、保护环境、在核时代维护和平和人类的生存，等等。其次，我们生活在世界一体化进程飞快加速的时代，其主要加速器是"信息革命"。于是出现了形成世界规模的统一价值体系、统一生活方式的技术能力。由此，一方面产生了对全世界政治经济调控中心的客观需要，另一方面也形成了此类中心产生和运作的物质技术上的可能性。

因此，人类文明发展中的质变已经成熟：人类从此只能作为一个整体来发展，否则无法解决自己的问题；人类原则上已经能够自觉地有计划地控制这一发展；现代技术水平可以解决这一道路上可能出现的最为复杂的问题。同时应该指出，在一体化的基础上发展起来的全球化，只有在形成统一的信息金融空间时，才能具有自己真正的特点和面貌。在这个意义上说，全球化实际上是一个当代现象。

但是，由于阶级立场的不同，资本主义和社会主义对全球化的理解是完全不同的。资本主义全球化的目的是形成资本对世界的统治：在上层是美国及其同伙，下层是第三世界国家。他们力图控制世界能源及原料资源，掌握金融市场，而对试图捍卫自己国家和民族利益者实行武力干涉，从而建立有利于资本主义的世界新秩序。而社会主义作为国际学说，丝毫不排斥世界一体化进程，其反全球化斗争是在支持各民族解放斗争基础上反对"新的世界秩序"，争取地球上所有民族的民主和独立。正如俄共七大报告所指出，全人类共同面临的问题，在资本主义框架下是不可能解决的，因此，西方竭力保持现状，通过所谓的全球化来固守自己的统治，在全球化这个新的术语下掩盖的是旧的、公开的帝国主义政策。社会主义作为一种国际主义学说，丝毫不拒绝世界一体化进程——经济体间的相互交织、不同文化间的相互充实、独特文明间的相互作用，但是，社会主义却是资本主义制度下世界一体化所采取的畸形形态的现实替代。只有社会主义能创造可持续的、有生命力的社会，这个社会将在不挤压邻邦和后代机会的情况下，满足自己的需求。①

---

① Зюганов Г. А. Россия, труд, народовластие, социализм. Политический отчет Центрального Комитета КПРФ VII съезду и очередные задачи партии. Советская Россия, 05.12.2000.

这样一来，全球化就是一个多义的和多方案的过程。由于人类进步的第一台阶主要是达到解放生产力目的，这就势必会陷入与资本主义生产方式的矛盾之中，于是就要求从根本上改革现有的资本主义生产方式及分配和需求的桎梏，代之以社会主义生产方式。而资本凭借强大的实力，拼命维护所谓的"世界新秩序"，由此，人类正处在历史的交叉路口，《俄共纲领》是这样描述人类所面临的这一重大抉择的："迈入新千年，人类正面临着选择继续发展的道路这一整个历史上最具戏剧性的时刻。我们认为，由对立的社会阶级利益决定的选择方案共有两种：一是在保存现有生产、分配和消费结构的情况下限制甚至终止世界经济水平的增长，将人类永远划分为'富国'和被他们剥削的边缘地区，借助'世界新秩序'确立发达资本主义国家的全球统治。二是在生产力、生产和消费方式发生质变、科技进步以人道主义为指向的基础上，在确保全球生态平衡的情况下，不断提高全球所有居民的福利水平。"①

2. 帝国主义全球化对社会发展的束缚

俄共指出，最近 10 年来人们经常谈论，说 20 世纪，尤其是第二次世界大战后开始的全球化阶段，资本主义彻底地改变了自己的本性，即它失去了掠夺性的剥削本质，开始面向人并满足人的需求，越来越为"公共福利"服务。为了证明这一点往往提到"金十亿"国家居民所享受的福利。只要稍加等待，全世界的资本主义将彻底具有"人的面貌"，它将与需要的人"分享"自己的福利。

应当承认，资本确实变得"文明"了，但其原因在于人们的斗争使它遭遇越来越猛烈的反抗。资本可以在某种程度上适应变化了的条件，对工人阶级的要求作出明显的让步，在不损害自己根本利益的前提下，被迫考虑建立劳动者社会保障体系。但在承认这些变化的同时，也不应该忘记资本这样做并非是出于自愿，而是由于俄国十月革命的胜利和由这一胜利所引发的工人争取自己经济、社会和政治权利的斗争浪潮的出现。并且资本在宗主国中获得"人的面貌"的同时，把最残酷、最无人道的剥削形式从宗主国转嫁到殖民地和附属国中去。

---

① ［俄］久加诺夫文，张国风、李天娇译：《久加诺夫论全球化》，《国外理论动态》2002年第 12 期，第 13 页。

资本在遭遇日益增长的社会抗议和经济危机时，有两种可供选择的行动方案。在 20 世纪 20 年代末至 30 年代初世界经济危机过程中，美国总统罗斯福宣布实行"新政"，而希特勒先在德国，接着在全欧洲推行"新秩序"。这两种方案在形式上有本质区别：前者采取了向劳动人民妥协和让步的方针，后者则仰仗于强制方法。但在内容上却有许多共同之处：两者都是对十月革命胜利后世界上劳动和资本力量对比的根本变化作出的直接反应，都依靠加强国家对经济的干预，并且对本国工人阶级的让步都通过在别的领域加强剥削来得到补偿。最主要的是，这两种方案均表明，当时的不同帝国主义集团在力图实现世界统治时，事实上都是在坚持自己的全球化方案。

因此，他们在殊死的搏斗中不能不打作一团。但意味深长的是，历史的主动权已经不掌握在资本的手中。哪一条道路占优势，已经不再取决于资本本身，而是由在俄国取得胜利的社会主义来决定。正是苏联用自己战胜希特勒德国的巨大贡献，一笔勾销了世界资本主义发展的法西斯选择方案。因此，资本主义之所以在某些国家获得"人的面孔"，这绝不是它的功劳，而完全是社会主义的功劳。社会主义在经济、政治和道德上与资本主义尖锐对立，激励各国劳动人民奋起斗争。今天，当社会主义受到削弱之后，法西斯选择方案重新抬头并企图大行其道。类似的例证随处可见，这首先表现在，世界帝国主义在经济上和政治上的侵略性日益增强。

这一切表明，马克思、列宁对资本主义发展基本趋势的分析并未过时。在目前的条件下，极为迫切的任务就是要站在当今历史的高度，创造性地研究列宁的帝国主义理论。正是这一理论能够让我们更深刻地理解全球化的本质及其内在的规律和特点。

据此俄共认为，当今世界帝国主义进入了一个新阶段——全球主义阶段。这一阶段具有以下特征：（1）生产资本、工业资本完全从属于金融资本、投机资本，后者已成为自给自足的并具有了再生产能力的资本，超越了商品阶段；（2）市场关系已经变成人为的不等价交换机制，在市场关系的幌子下，掩盖的是对一系列国家和人民的非经济的强制和掠夺；（3）"国际分工"的新模式得到巩固，使国际层面的不公正、日益突出的社会不平等加倍恶化；（4）跨国公司和金融集团的影响急剧扩大，其目标是觊觎国际关系体系中不受限制的权威和权力主体地位；（5）民族国家失去对世界经济进程的控制，国际法的基本准则遭到篡改，旨在取消国家主权和建立全球政权结构——世界政府；（6）传媒文化扩张成为侵略和摧毁传统价值观的一种形式，精神被划一在极低俗蒙昧的水平上；（7）寄生性，从使用高新技术和整合跨国公司资源而获得的好处仅仅为己服务，其余世界难以摆脱不可避免的贫困和衰落的命运；（8）腐朽并在质上阻碍技术进步。①

由此可见，今天在世界上仍占优势的资本主义，在其存在的 500 年中，表面上几乎变得难以辨认，但它仍然原封不动地保持其主要的、本质的定义。今天，在世界上占统治地位的"金十亿"资本主义国家的超级消费是以大部分居民的长期的消费不足、相对或绝对贫困化为基础的。与此同时，帝国主义用极巧妙的方法阻碍社会发展。

第一，推行"增长极限"、"零增长"等理论。这当然是对边缘国家和地区而言，而不是对他们自己。第二，人为地使市场自发性不起作用，把它作为限制发展的手段强加给被剥削国家。第三，资本主义依然使物质生产服从于剩余价值生产。第四，阻碍人的真正自由和主动性发展，阻碍作为主要的、实际上是唯一的社会财富的个性的发展。

因此，按照列宁的逻辑，完全可以把作为全球化最终目标的"世界新秩序"称为帝国主义的最高阶段，与古典帝国主义相比较，它具有一系列特点。这些特点即表明它与此前的资本主义存在形式的渊源，同时又突出了新的时代特征。今天，关于全球化比较时髦的说法是"新资本主义革命"，这种说法没有任何依据。恰恰相反，资本不惜任何代价，采用一切手段，甚至越来越多地采取暴力手段，力图防止和阻碍由现代生产力发展水平所要求的已酝酿成熟的变化。资本主义并未克服剥削关系及其固有的一切矛盾，只不过改变了自己的形式而已。如果可以说在"金十亿"国家内部社会阶级矛盾在一定相对程度上有所减弱，那么在国际范围内这些矛盾日益尖锐的事实却是再清楚不过的。现在世界被彻底分成富裕的"北方"和贫穷的"南方"，正如过去这些矛盾在一个国家内把人们分成无产者及其剥削者一样。所以说，资本主义矛盾并未缓和，而是矛盾趋向全球化。

---

①　Зюганов Г. А. *Мы выстояли. Впереди трудный марш! Политический отчет ЦК КПРФ Х съезду КПРФ. Материалы Х съезда КПРФ.* Москва，2004，стр. 22. 参见刘淑春等《当代俄罗斯政党》，中央编译出版社 2006 年版，第 155 页。

只有资本主义向社会主义的转变才是真正的质的转变。只有在这种条件下，才有可能发生真正的技术革命和真正的后工业技术转型，因此必须根本改变资本主义现有的生产和需求模式。

3. 社会主义的抉择

俄共中央在第七次党代表大会的报告中提出了一个选择："是选择新的世界秩序，即在经济和精神领域对地球 4/5 的人口实行跨国专政，还是选择社会主义原则基础上的改革。今天的俄罗斯正处在这一选择的关口。就像 20 世纪初，各种世界性的矛盾戏剧性地交织在俄罗斯的命运之中。"

俄共分析认为，强大、统一的俄罗斯在全球性帝国主义格局中没有自己的位置。一旦全球主义胜利，等待俄罗斯的将是国家的瓦解、精神的退化和文化的衰落。"或者俄罗斯沦落到'第三世界'，并注定分裂和消失，或者俄罗斯在社会主义基础上复兴，这就是今天俄罗斯面临的残酷选择。"社会主义的使命不仅在于实现更高的数量指标，而首先在于实现人自身崇高的、和谐的发展，在于实现社会发展类型和"模式"的更替，在于改变经济和社会进步的向量。在资本主义全球化时代，正是这一点显得格外明显。

俄共指出，一些别有用心的人鼓吹说，苏联解体，社会主义也就随之灭亡了，这并不是事情的真相。20 世纪末发生的事件，不是社会主义本身的瓦解，而是一个具体历史形态的终结。这个形态过分地专断和教条，所以不能很好地解决在世界急剧变化条件下的各种任务。

在 21 世纪的今天，全球局势给人类提出一个任务——克服工业文明的浪费性，保障公平、合理、和谐的发展。从普遍使用原则转变为普遍保护——对自然环境、物质资源和劳动的保护原则。这种转变的可能性包含在生产力发展的客观趋势中，包含在从工业技术向后工业技术的过渡之中。但是，在向后工业技术和可持续发展社会突破的过程中，起决定性作用的是高技术和科技密集型的、受国家计划调控的社会化生产部门，这一部分的权力属于劳动大众。

与此同时，帝国主义全球化大大地扩大了反抗资本独裁统治的社会基础，它包括：第一，是现代工人阶级，或者更广义地讲，是生产阶级；第二，是民族解放运动；第三，是使各种文化免遭精神虚无侵蚀的文化拯救运动。全世界的命运都取决于这一力量的自觉性、组织性。

总之，俄共认为，人类并不是按照哪个人的主观意志，而是客观地、坚定不移地向着更紧密、更全面的联合统一前进。可是，人类将采用什么途径迈向什么样的联合统一？随着人类的发展，劳动将继续服从于资本，还是劳动将从资本的压迫下解放出来，成为自然的生活需要？人类是走向多样化的联合体，"在那里，每个人的自由发展是一切人自由发展的条件"，还是走向单一化的联合体，人和人类被资本政权赶入世界兵营？人类的前景是建立凌驾于世界之上的小范围寡头政权，还是主权国家和民族的民主协作与合作？世界范围内社会经济、政治和精神领域的斗争恰恰正是围绕这些最一般的、最深刻的哲学问题而展开的。这一斗争的结局还远没有确定，斗争的结局将取决于整个地球上进步力量的联合。①

三　俄共对国际恐怖主义的认识及其基本主张

2001 年 9 月 11 日，随着美国纽约世贸大厦的轰然倒塌，国际恐怖主义成了世界各国的头号敌人。而俄罗斯早在 20 世纪 90 年代中期，随着车臣战争的展开便频频遭受恐怖袭击之苦，近年来举世震惊的恐怖袭击更是接连不断，仅 2003 年 4—6 月就有 5 起造成多人死亡的恐怖袭击事件发生。此后美国打着反恐旗号先后在阿富汗和伊拉克展开大规模的作战行动，俄罗斯也采取多种措施，严厉打击恐怖主义。然而，国际恐怖主义却呈现愈演愈烈、不断蔓延之势。在这种背景下，2003 年 6 月 12 日，俄共中央主席、俄国家杜马俄共党团领导人、哲学博士久加诺夫在俄共网站上发表了《全球主义与国际恐怖主义》一文，对国际恐怖主义的本质、产生根源及消除办法进行了深入分析。从久加诺夫文章所表述的思想和俄共其他领导人、理论家所发表的文章以及言论来看，俄共关于国际恐怖主义的基本观点主要包括以下几个方面。

1. 国际恐怖主义是帝国主义全球化的产物

俄共认为，当代国际恐怖主义就是帝国主义全球化的工具。当代国际恐怖主义，包括某些恐怖集团的发展过程表明，它们本身就是帝国主义政

---

① ［俄］久加诺夫文，张国凤、李天娇译：《久加诺夫论全球化》，《国外理论动态》2002 年第 12 期，第 17 页。

策的产物，帝国主义凭借这一工具，同时达到如下几个目的：第一，破坏解放运动的声誉。第二，与妨碍建立所谓的"世界新秩序"的国家、社会经济制度和政治制度作斗争。第三，恐怖主义也可以成为帝国主义国家之间相互斗争的工具。

当代恐怖主义有着深刻的社会根源，它是被压迫民众被迫作出的极端形式的反抗。但是，作为劳动人民争取社会和民族解放的斗争武器，恐怖主义早已前途无望、毫无益处。但是恐怖主义作为将社会反抗导入歧途的工具，却在完全相反的层面上显得卓有成效。恐怖主义因此也就由个人恐怖、有目标恐怖转变为大规模恐怖、无目标恐怖，这对普通居民起到了恐吓作用，由此恐怖主义也就变成了剥削阶级恐吓和涣散民众的武器，西方国家职业间谍机构经常直接煽动起这些极端行动，以此来证明他们干涉别国内政的合理性。

假如当代恐怖主义只是陷入绝望之后采取的一种行动，只是解放运动并不成熟的一种形式，正如人们所说，是解放运动的一种幼稚病，那么这个问题解决起来不管从理论上还是从政治实践上都会相当简单。整个革命运动，尤其是俄罗斯的革命运动，早已清楚地表明，把恐怖主义作为革命斗争的一种形式是行不通的。

恰恰首先是帝国主义倾向于将革命和民族解放运动与国际恐怖主义等量齐观，使得帝国主义者有"合法的"理由到处迫害社会与民族解放的战士。如果进步力量承认恐怖分子是为自由而战的斗士，那么进步力量自身也会陷入阴险的政治和思想陷阱。如果不想掉进陷阱，就应该意识到，国际恐怖主义恰恰是帝国主义全球化给人类带来的一种可怕的新威胁。全球化必然伴随着国际恐怖主义，它是全球主义者进行世界种族灭绝实际运用的许多方法之一。

国际恐怖主义是世界帝国主义的另一面，是"世界新秩序"和帝国主义全球化不可分割的组成部分，是它们的产物和直接继承者。恐怖主义对人类是一个严重威胁，但是帝国主义的威胁和恐怖主义同样可怕，况且，帝国主义威胁是首当其冲的，当今世界头号恐怖分子便是美国，美国公开的恐怖行为不胜枚举。

美国人试图借助于国际恐怖主义同时完成几项任务。首先，他们认为，那些总是威胁本国政府，指责政府背信弃义、出卖灵魂的穆斯林极端组织的存在能够使那些穆斯林国家中向往世俗统治形式和西方价值观的政治精英们相互之间更能达成一致。

另外一个主要任务便是在后苏联空间确立地缘政治多元化，或者简单点说，最大限度地弱化俄罗斯在独联体国家中的影响力。在解决这一任务过程中，宗教狂和那些毫无原则的恐怖分子能够帮助华盛顿。还有，美国中央情报局的"专家们"认为，为了刺激俄罗斯国内分离主义的发展，使得俄罗斯被内部冲突搞得疲惫不堪，从而将俄罗斯排除在解决国际政治和世界新格局的重大问题之外，点燃宗教间的仇恨之火是一个合适的方法。

美国到处加紧点燃原教旨主义的烈火，只要它认为这符合自己的国家利益。美国依仗自己的强大，目光短浅地期待从自己的主要地缘政治竞争对手的相互弱化中获取最大利益。这会有什么样的结局，2001 年 9 月 11 日全世界都看到了。

2. 车臣恐怖主义是现政权的产物

俄共指出，两次车臣战争和整个俄罗斯的演进过程的社会经济内容是一致的，都是对财富分配和再分配的争夺。区别只在于斗争的形式，而不是它们的实质。车臣战争是国内自 1991 年开始的那些"民主"改革的后果，现在经常被提及的车臣"分离主义"是现政权扶植和供养的。

车臣恐怖主义基地的建立不仅仅是姑息放任的结果，同时也是在现政权的直接协助下建成的。他们的恐怖活动即是现政权发动的针对自己人民的战争和种族灭绝的最为极端、最为准确的反映。

只要恐怖主义深刻的社会根源得不到遏制，就不可能战胜恐怖主义。仅用暴力手段铲除恐怖主义是远远不够的，更为重要的是消灭恐怖主义产生的社会基础和原因。最近几年来，人民爱国反对派多次强调这一任务，但是执政当局始终对此无动于衷。结果车臣战争失败，首先是政治、社会和经济上的失败，由此导致军事行动也未能带来实质性的结果。因为只要恐怖主义必然会繁衍生息的社会经济土壤还在，那么便不可能卓有成效地与恐怖主义作斗争。如果不与整个国家的犯罪制度作斗争，旧的社会经济方针仍然保持不变，那么与车臣犯罪体系的斗争也不会取得成效。

3. 国际恐怖主义产生的根源

俄共分析认为，只有消除国际恐怖主义产生的深层原因，与国际恐怖主义的斗争才会变得卓有成效。近十年来恐怖主义之所以猖獗，有全球化的、地缘政治的、经济的、法律的、种族的和宗教的等多方面原因。

第一，全球化方面的原因。西方肆无忌惮地追求世界霸权，华盛顿试图把不公正、歧视性的"美国式全球化"模式强加给全人类，这种模式注定要使全球80%的人口成为"二等人"，其任务只是为了给"上等人"服务，为了保障所谓的最富有阶层的最高生活标准。

第二，地缘政治方面的原因。苏联的解体造成了世界整个安全体系的极不稳定，一方面，在以前属于苏联地缘政治集团的巨大空间范围里产生了影响真空，另一方面，美国加快了获取"全球领袖"地位的步伐，从而形成了服从式的金字塔，处在塔尖的是美国及它的同伙，处于塔底的是广大的第三世界国家。

第三，经济方面的原因。由于西方的推动和支持造成了最富有国家与其他国家之间在社会经济发展方面不可逾越的鸿沟。不同国家、不同民族可利用的自然资源、信息资源和其他发展资源极度不均衡，现在占世界人口20%的所谓的发达国家消耗着全球超过70%的能源、75%的锻造金属、85%的经济用木材。

第四，法律方面的原因。美国及其北约盟国漠视联合国宪章，肆意践踏国际法中的某些准则。以美国为首的西方正在有意识、有目的、循序渐进地瓦解整个国际法体系，北约东扩和美国退出反导条约对整个国际安全和战略稳定体系造成了极为有害的影响。

第五，种族方面的原因。今天绝大多数民族和国家认为，几个世纪来，西方对广大殖民地的被征服民族实行排斥和种族隔离政策，西方才是种族歧视和种族仇恨的主要罪魁祸首。

第六，宗教方面的原因。全球不稳定的主要宗教原因是西方自由主义精神空虚的影响，它仇视世界所有宗教的精神财富和瑰宝。这一精神侵略甚至使得莫斯科和全俄罗斯大牧首阿列克西二世公开声明说，当今人类已经受到"形成世界罪恶体系"的严重威胁。在某些伊斯兰国家里，由于普遍贫困和政治不稳定，西方的这种扩张产生了非常极端形式的回应，这一点也不令人惊奇。

4. 反对帝国主义与反对国际恐怖主义同样重要

俄共强调，分析当今世界局势，无论如何不能忽略车臣战争与美国今天挑起的这场世界战争在实质上是完全一致的。对于俄罗斯国家和领土完整的真正威胁并不只是恐怖主义，还有中央和地方寡头犯罪团伙之间的火并。正是这些犯罪团伙，而完全不是各族人民，挑起了瓜分与重新瓜分俄罗斯的真正意义上的内讧式的帝国主义战争。从车臣问题的视角看，世界局势和俄罗斯国内局势没有什么原则性的区别。共产党人和人民爱国力量已经多次强调自己在此问题上的立场。

今天布什正在做普京在 1999 年做过的事，正如俄罗斯卷入车臣战事一样，布什将全世界拖入同样的冒险行动中，但其结局必然相同：陷入失败和困境。对俄罗斯来说，首先要解决的外交任务便是不要卷入新的战争，绝对不能参加布什的"反恐战争"，这一反恐战争是一场旨在加强美国在中东的存在、以牺牲俄罗斯根本的地缘政治利益为代价的侵略行为。

现在不但俄罗斯民众，而且全世界都在品尝着苏联解体、形成"单极"世界带来的苦果。帝国主义在失去以社会主义为代表的真正对立面之后，将国际恐怖主义从自己的内部抽了出来，并将之变成了世界性的力量。从两者中挑出谁"好些"或者谁的"罪恶少些"毫无意义。布什打算把全世界拖入圈套，选择帝国主义还是选择恐怖主义（不支持我们就是支持恐怖主义），完全是骗人的把戏。

因此，联合帝国主义反对恐怖主义，这就像联合北极反对南极一样荒谬。只要帝国主义存在，恐怖主义便会继续存在下去。两者之间的任何军事火并，帝国主义对恐怖主义的任何一次胜利既不能给人类带来和平，也不能给人类带来公正和幸福。

对付恐怖主义，问题关键在于怎样扭转世界的社会关系，在这种社会关系中，不再产生像美国和北约的国家恐怖主义，也不再产生像极端主义之类的野蛮行径，两者都是丑陋、对人类有致命危险的现象，它们之间的斗争是全球主义自我毁灭的征兆。和平和进步力量应当二者都反对，就像反对一对双胞胎兄弟似的的。

今天人类要生存，就必须结成反恐统一战线。但是在这种情况下应该清楚，这一反恐统一战线只能是反帝国主义的，否则就彻底不要这一战线。今天这一新的反恐战线正在形成。

四　俄共积极发展与中国共产党的友好关系

俄共自建立之日起，尤其是 1993 年恢复重建以来，一直谋求同中国共产党建立直接联系。久加诺夫和俄共其他领导人对中国的改革事业表示钦佩。他们多次在记者招待会等公开场合赞扬中国改革取得的巨大成就，抨击叶利钦的改革使俄经济进一步崩溃。他们尤其称赞中国的改革是在原有权力框架内即共产党领导下进行的。他们强烈希望与中国共产党加强友好往来，并公开表示要学习中国的经验。

中国共产党也一贯非常重视对外交往工作，特别是改革开放以来，中国共产党的对外交往更趋活跃，形式和内容都变得更加丰富多彩。在党际交往中，我们党坚持"独立自主、完全平等、互相尊重、互不干涉内部事务"四项原则，积极同一切愿与我党交往的各国政党发展新型的党际交流与合作关系。目前，我党已同世界上 140 多个国家和地区的 400 多个各种类型的政党和组织建立了不同形式的联系和交往，中国共产党对外处理党际关系的四项原则也得到了国际社会的广泛理解和认同。俄共作为前苏东地区最大的共产党组织，而且是体系完整、坚定地坚持社会主义的政党，自然引起了中国共产党的重视和关注。

在这种情况下，1995 年 5 月 30 日，应中国共产党的邀请，久加诺夫率领俄共代表团正式访华。6 月 5 日时任中共中央政治局常委、书记处书记的胡锦涛会见了代表团并对代表团首次来华访问表示热烈欢迎。久加诺夫对在访华期间能同胡锦涛会见感到很高兴。他说，俄罗斯人民希望同中国发展友好关系，我们对中国十多年的改革经验抱有浓厚的兴趣，这次访问更加深了我们对中国的了解，对此我们感到满意。代表团先后在北京、上海、郑州进行了参观访问。① 回国后久加诺夫强调，无论谁在克里姆林宫执政，都不应该使俄罗斯与中国的关系复杂化，相反，应同中国建立最和睦关系。通过此次访华，俄共与中国共产党正式建立了友好党际关系。此后两党交往更加密切，双方互访不断。

俄共中央主席团成员、俄科学院院士维·维奇马诺夫曾多次来华访问，亲眼目睹中国改革变化的实况，回国后，他在党的刊物上连续发表文

---

① 据新华社北京 1995 年 6 月 5 日电。

章，肯定了中国改革实质的真理性，同时，对那些诬蔑中国共产党人已经背离了马克思主义的反华、反社会主义思潮给予有力抨击。他认为，中国共产党的第十五次代表大会确认邓小平理论是"当代中国的马克思主义"，完全正确。当时的中国共产党总书记江泽民号召"高举邓小平理论旗帜"具有伟大的战略意义。他引证了邓小平的名言：中国的历史证明，除了社会主义道路中国别无选择，表达了维奇马诺夫对于社会主义的坚定信念。2003年，他出版了一本名为《谁之罪？怎么办？》的政论性著作。在这部著作中，维奇马诺夫分析了一千年来俄罗斯的发展，揭示了苏联解体的原因，提出了俄罗斯走出困境的三条出路。这本书的巨大成功就在于，该书用了部分章节专门分析了中国近十几年的改革，总结出了可供俄罗斯借鉴的经验。可以说，维奇马诺夫院士是最早研究中国改革，并把中国改革介绍给广大读者的俄罗斯学者之一。[①]

1999年10月，俄罗斯第三届国家杜马选举前夕，一个中国学术代表团访问了俄罗斯，受到了俄共的热烈欢迎和接待。俄共副主席梅利尼科夫在百忙之中专门抽出时间会见了中国客人，并表达了对中国共产党和中国人民的友好之情。他说："中国在共产党的领导下迅猛发展，这为我们作出了范例，为我们减轻了压力，使更多的俄罗斯人民能够相信我们提出的纲领。中华人民共和国刚刚庆祝自己建国五十周年。今天的中国已经是一个世界强国，在一定意义上决定着世界政治和经济的发展。这是中国人民——工人、农民、知识分子忘我劳动的成果。"[②]

2002年11月，世人瞩目的中国共产党第十六次代表大会召开，在这次大会上，中国共产党顺利完成了两代领导人的交接，从而为中国的进一步发展奠定了基础。俄共向中共十六大的全体代表发了贺信，其主要内容是，在中国共产党的领导下，中国实行的改革开放政策取得了伟大成就，满怀信心地走进了21世纪，俄共对它与中共之间交往的不断发展表示满意，并认为两党之间的友好往来对发展俄中两国人民的友谊和睦邻关系起到了非常重要的作用。[③] 与此同时，对于这次大会及其成果，俄共也给予了极大的关注。久加诺夫认为，这次会议"规划中国在新世纪发展、建

---

① ［俄］弗·吉托夫、李尚德：《当代俄罗斯的马克思主义研究》，《现代哲学》2003年第3期，第2页。

② 文甘君：《忧郁的俄罗斯在反思》，三联书店2000年版，第159页。

③ 参见《环球时报》2002年11月11日。

设的长远战略和描绘其宏伟蓝图，不仅是中国政治生活中的一件大事，也是对世界未来具有深远影响的一件大事"。久加诺夫特别强调，作为世界上人口最多的发展中国家，中国是世界多极化中的重要一极。随着中国经济实力的不断增长，其国际影响力也在日益增加，中俄两国在国际上的共同语言也越来越多。

对于中国是世界一极的表述，久加诺夫在其 2002 年出版的著作《全球化与人类命运》中做了充分的发挥。久加诺夫认为，中国在其几千年历史的大部分时间里始终是一种世界现象。今天中国经济发展的速度使人们有根据预测，在未来 20 年内中国完全有可能成为与美国并驾齐驱的强国。尽管中国存在诸多困难，中国对世界事务的影响却越来越大。而中国在未来几十年中将把自己日益增长的实力投向哪里，在很大程度上决定着 21 世纪全球的整个状况。对于中俄必须发展良好关系的必要性，久加诺夫强调，俄罗斯应当认真关注的，是最大限度地保持与自己伟大邻国的友好关系，今天这已成为一个十分现实的问题。世界局势使得许多客观因素都有利于俄中接近：首先，与自己的邻居搞好关系对处于艰难改革进程中的两国都十分有利；其次，中国工业和武装力量的现代化都需要俄罗斯的技术援助，而中国在国际舞台上的支持对俄罗斯来说同样十分重要；再次，两国拥有巨大的经贸合作潜力；最后，无论是俄罗斯，还是中国作为独立的文明和世界力量中心，都同样关注防止美国全球霸权及"金十亿"专政。同时，久加诺夫指出了中俄互相敌视的严重后果："要么是我们与中国建立起互利的政治、经济和军事战略关系，要么是我们的地缘政治对手以牺牲俄罗斯的利益，甚至是俄罗斯的领土来'安抚'力量不断增长的北京。同时，中国也不应该忘记，每当我们共同的对头使俄中关系紧张时，与北方邻国的对抗对它来说是既耗费精力又后果严重。"① 此外，久加诺夫还对中国作了善意的提醒，他说："中国正面临着一系列十分复杂的问题，这些问题的解决很大程度上决定着中国的命运。这首先是保持增长速度、政治稳定、能源及粮食自主、人口得到控制和与贫穷作斗争。世界经验证明，要保持中国最近几年所达到的那种高增长速度非同一般。此外，经济改革很难脱离政治改革，类似摧毁苏联的势力在中国也有。"

---

① ［俄］久加诺夫著，何宏江等译：《全球化与人类命运》，新华出版社 2004 年版，第 305页。

　　2004 年 4 月 20 日，以俄共主席久加诺夫为团长的俄共代表团访问了中国，此行的主要目的是学习中国共产党改革的经验。久加诺夫一行受到了中方的热情接待。4 月 23 日，中共中央政治局常委李长春会见了代表团，他说，中国党和政府高度重视中俄关系，愿与俄方一道共同努力，把中俄传统友好与全面合作关系提升到更高的发展水平，使两国人民永远做好邻居、好朋友、好伙伴。李长春还积极评价中俄党际关系，表示中国共产党愿继续加强与包括俄罗斯联邦共产党在内的俄罗斯各政党的友好交流与合作，为进一步增进两国和两国人民间的友谊作出新的贡献。久加诺夫对中国改革开放以来取得的巨大成就表示钦佩。他说，俄中友好关系的发展对世界的发展和稳定意义重大，俄罗斯领导人和人民都希望进一步加强两国在各领域的交往与合作。俄共与中共的交流也将有助于推动两国友好合作继续向前发展。① 双方还就新时期党的建设、社会主义市场经济等共同关心的问题深入交换了看法。

　　对于此次中国之行与中共领导人的成功会见和访问结果，久加诺夫表示满意。访华回国后，久加诺夫向《苏维埃俄罗斯报》发表访华观感，高度评价中国的建设成就。久加诺夫认为，他这次访问是在中共十六大完成了党的领导集体新老接替之后进行的，具有十分重要的意义。他归纳中国成功的模式是："社会主义＋中国民族传统＋国家调控的市场＋现代化技术和管理"，尽管遇到发展的困难和问题，中国共产党正在成功地领导着这一独特的世界规模的社会主义实验。久加诺夫强调，中共十六大确立了共产党不仅是工人阶级的先锋，而且是全民族的先锋。党的主要任务是实现民族的伟大复兴，从而为全人类的进步贡献自己的力量。十六大的主要理论对俄罗斯共产党人思索自己在俄社会的地位尤为重要。久加诺夫再次重申："中国正在实现的改革使人们能够预测：再过 15 至 20 年，中国的经济发展将与美国处于同等水平。当然，这种预测也引出一系列重大地缘政治问题。其中之一就是加强俄中印作为单极世界格局制约力量的相互协作。这包括发展联合俄罗斯、中国和中亚国家的上海合作组织。""集中精力实现国内现代化的中国领导人，今天信奉的政策是改善和发展同世界各国的关系。中国得以恢复与自然地缘伙伴国印度的正常关系。与俄联

---

① 据新华网北京 2004 年 4 月 23 日报道。

邦的伙伴关系也得到发展，中国承认，这种关系的重要性在不断增强。"①
久加诺夫还指出，"我相信，不仅俄罗斯联邦共产党，整个俄罗斯社会都
应当从我们的近邻中国的发展中汲取社会主义建设经验"。

2004 年 9 月，俄共中央主席久加诺夫来中国参加在北京举行的第三
届亚洲政党国际会议。久加诺夫在接受记者采访时，盛赞中国共产党的执
政能力，认为，中国在共产党的领导下，出色地把社会主义与中国人的勤
劳，把可调控的市场经济与出色的管理结合起来，获得了良好的结果——
世界上最快的发展速度。久加诺夫看好亚洲未来，他指出："我完全有把
握这么说，现在世界政治的中心正在向亚洲特别是中国转移，理由有以下
几点：第一，亚洲人口世界最多；第二，亚洲经济发展最快，并正在进行
各种改革试验，其中占首要地位的是中国。世界今后如何发展将取决于亚
洲特别是中国、印度、俄罗斯三国；第三，世界最丰富的资源在亚洲。按
照已经探明的储量，俄罗斯人均拥有的矿产资源价值 16 万美元，美国是
1.6 万美元，欧洲则是 6000 美元，世界正在亚洲进行着争夺资源的激烈
斗争，美国打击伊拉克为的就是石油。另外，亚洲还有一些传统价值观很
可敬，如尊敬老人、尊重勤劳致富、注重社会和谐等。"②

2006 年 12 月 13—17 日，俄共主席久加诺夫再次率俄共代表团访华。
此行的目的是加深两党友谊，增进相互了解，扩大两党合作。久加诺夫在
接受采访谈到两党关系的现状时指出，早在 10 多年前，中共和俄共已就
两党之间开展定期互访交流经验达成了一致。他认为中共吸取苏联时期的
经验教训，对于中共领导国家所走的发展道路具有积极意义。久加诺夫高
度评价中共的治国理政经验。他说，中国的改革经验是独一无二的，俄罗
斯的改革者应该学习中共领导人的讲话，读一读邓小平文选，了解中国成
功的经验。久加诺夫认为，俄中两国人民之间的感情是相互的，彼此友
爱，世代友好。"俄中两国人民心中都为彼此保留了一个非常珍贵的、不
可替代的位置。"2006 年中国举行的俄罗斯"国家年"获得成功是两国关
系的新突破。在"国家年"的框架下，共有 400 多个俄罗斯的代表团来
华访问，其中普京总统来华两次，俄总理、副总理以及 65 个联邦主体的
行政长官都纷纷到访，更有很多普通的俄罗斯人来中国学习，这对于加深

---

① 《俄共领导人访华之后》，载《苏维埃俄罗斯报》2004 年 4 月 29 日。
② 据新华网 2004 年 9 月 24 日报道。

双方人民之间的友谊，推动国家关系发展发挥了积极作用。久加诺夫表示，相信 2007 年中国在俄罗斯举办的"国家年"活动同样也将取得成功，并进一步深化两国在政治、文化、经贸等领域的交往与合作，俄共愿为此作出自己的贡献。①

2008 年 5 月 23 日，俄共中央第一副主席梅利尼科夫会见了到访的中国社科院学者访问团一行，并向中国客人介绍了俄共的近况。梅利尼科夫指出，目前俄共正在为预计在 2008 年 11 月下旬召开的第十三次代表大会作准备，大会将听取党的主席作报告，选举新的领导人，通过新版本的党纲。重新修订党的纲领极为重要。现行的俄共纲领是 1995 年俄共第三次代表大会批准通过的，这一纲领经受住了斗争实践的检验。新的党纲草案4 月份已经在党的中央机关报上公布，目前正对纲领展开集体重新修订的工作，以吸收各级党组织、党员个人、俄共拥护者的建议，甚至国外兄弟政党的意见。

总的来说，通过高层互访和友好往来，俄共与中国共产党及其领导下的中国保持并进一步发展了良好关系。但与此同时，双方关系也出现了一些不和谐音符。2004 年 10 月普京总统访华，本着互谅协作的精神，与中方签订了中俄边界协定，其中规定，俄方把有争议的边界两个岛屿归还中国。这本是两国政府为解决历史遗留问题而采取的一些建设性重大步骤，可是处于反对党地位的俄共对此深表不满。同年 11 月 15 日，俄共中央主席久加诺夫在俄国家杜马举行新闻发布会，坚决反对俄方把有争议的边界两个岛屿归还中国。② 11 月 28 日，俄共分支机构——哈巴罗夫斯克州委也通过类似决议，对中俄边界协定予以坚决反对。③ 2005 年 5 月 20 日，俄国家杜马在表决中俄关于两国国界东段的补充协定时，俄共议员与自由民主党、"祖国"党等反对党一起投了反对票。看来，俄共并没有摆脱大国主义、大俄罗斯主义的影响。

---

① 赵静：《老骥骨奇心尚壮 青松岁月色愈新——采访俄共主席久加诺夫》，《当代世界》2007 年第 1 期，第 22 页。

② http://www.kprf.ru/15.11.2004.

③ http://www.kprf.ru/28.11.2004.

第十一章 俄共的近况与前景

本章拟以俄第五届国家杜马竞选以来的俄共为主题，对其近期的发展状况给予客观的评介和分析，并对俄共的前途命运努力作出科学的预测。

一 俄第五届杜马竞选以来的俄共

面对 2007 年国家杜马选举，俄共认为，只有积极地利用竞选平台，才有机会扩大自己的影响，展示自己的力量，进而赢得社会的信任和支持。为此，俄共比以往任何时候都更加重视这次选举，俄共的竞选活动也比其他任何政党都启动得早，几乎可以说从 2004 年就开始了竞选准备工作。

众所周知，在 2003 年国家杜马选举中，由于社会、政治等方面的客观因素，更因为俄共自身策略方面的严重失误，致使俄共在此次杜马选举中遭受重创，得票率仅为 12.7%，比 1999 年几乎减少一半，沦为杜马第二大党。从而导致党的形象严重受损，同时引起党内强烈不满，造成党的队伍在大选后分裂。这一惨痛教训促使俄共领导人更加清醒和审慎。大选后俄共针对形势的变化，采取了一系列措施和行动。俄共中央在检讨自身失误的同时，要求各级地方组织召开全体党员大会，统一思想，整顿组织。截至 2004 年 10 月下旬，俄共撤销了 24 个地区组织领导人的职务并进行了改选。① 在分裂后的一年多里，俄共在提高党内士气、巩固和扩大队伍、更新党的领导层和使党的队伍年轻化等方面作了很大努力。这一切为俄共参加新一轮的竞选运动打下了坚实的基础。

俄共首先从地区选举入手争取选民。俄共要求各级党组织借竞选运动，恢复党的影响，使党在选民中的支持率恢复到 1999—2000 年的水平，即争取达到 25% 的得票率。在 2004—2005 年的俄罗斯地区选举中，俄共

---

① *O новой ситуации в стране и задачах по выполнению решений X съезда КПРФ. Доклад Г. Зюганова пленуму ЦК КПРФ 23 октября 2004 года.* http：//www. kprf. ru/23. 10. 2004.

参加了 20 几个地区的选举，其中在两个地区——涅涅茨自治区和科里亚克自治区得票率第一；另在 10 个地区获得 15%—20% 的选票，包括在车臣共和国议会选举中得到 17% 的选票。可以说，在这些地区选举中，俄共的选民支持率普遍高于 2003 年国家杜马选举时的支持率。尤其令人振奋的是，在 2005 年 12 月 4 日举行的莫斯科市杜马的选举中，俄共得到 16.75% 的选票，比 2003 年国家杜马选举时俄共在莫斯科市 7.8% 的支持率多了一倍以上，获得 4 个议会席位，使俄共有了零的突破，因为这是俄共近 15 年来首次进入首都的议会。①

俄共在坚持议会斗争的同时，将工作的重心转移到议会外，发动和组织民众进行抗议活动。从 2004 年夏天开始，针对不合理的福利制度改革，俄共与所有采取反对派立场的左翼、中派，甚至部分右翼一道抗议政府的改革方案。俄共通过其地方组织、互联网在全国掀起反对福利货币化的抗议集会和游行，抗议运动不仅波及贫困落后的边远地区，也波及一些相对富裕的大城市。② 2006 年初，俄共针对政府推行的住房及公用事业改革方案，再次发动群众掀起抗议浪潮。

与此同时，2005 年下半年至 2006 年上半年，俄共还联合左翼爱国主义组织在全国范围组织了涉及国家政治、经济和社会发展方针的"全民公决"，以问卷形式，用通俗易懂的供民众选择的 17 个问题来宣传俄共的纲领主张。到 2006 年 3 月底，俄共宣称有 750 万人对俄共的问卷作出回应，其中 90% 以上的人赞成俄共提出的每一个方案。③ 俄共通过地区选举、组织抗议活动以及组织"全民公决"，恢复了地区组织的战斗力和士气，从而使俄共的 2007 年国家杜马竞选运动有了一个良好的开端。

就在俄共积极准备竞选的时候，新的考验接踵而至。2006 年 10 月，俄罗斯生活党、退休者党和祖国党三个中左翼政党合并组建了新的政党——"公正俄罗斯"党。该党由俄罗斯议会上院议长米罗诺夫领导，由于得到了时任总统普京的支持而被称为"统一俄罗斯"党外的另一个政权党。"公正俄罗斯"党是以支持普京总统、遏制"统一俄罗斯"党的垄断地位的名义成立的，但其真实的目的在于打着"新社会主义"的旗

---

① 　http://www.vesti.ru/05.12.2005.

② 　刘淑春：《从社会防御转向社会进攻——俄共十一大简介》，《国外理论动态》2006 年第 2 期，第 28 页。

③ 　*Наказ народа—Программа действий КПРФ*. http://www.kprf.ru/29.03.2006.

号，扩大在社会中下层群体中的影响，继而与俄共争夺这部分选民。① 该党成立后频频向俄共成员"招手"，其分化俄共、抢占左翼阵营领导地位的意图十分明确。如此一来，俄共不仅要面对来自当局以及"统一俄罗斯"党的强大压力，而且面临"公正俄罗斯"党的激烈竞争。此外，俄共还必须应对来自日里诺夫斯基领导的俄罗斯自由民主党的挑战。该党也自称是"反对派"政党，但在重大关头一贯以支持当权者来赢得自己的生存空间。该党拥有一个相对稳定（10%上下）的选民队伍，长期以来与俄共相对立。如果说在第四届杜马前半期，俄共尚有持中左翼反对派立场的"祖国"党团做盟友的话，则随着"祖国"联盟内部的分化组合，其基干部分"祖国"党加入了新成立的"公正俄罗斯"党，并被改造成了俄共的对手。俄共唯有孤军奋战，在与来自上述三方竞争对手的较量中迎接即将到来的第五届国家杜马选举。

2007 年 3 月 11 日，俄罗斯 14 个联邦主体同时进行了地方立法机构的选举。由于这轮地方选举被视为年底国家杜马大选的预演，所以俄各派政治力量对此都格外投入，将其看作新一轮较量的开始。俄共对此轮地方选举更是极为重视。经过不懈努力，俄共在这轮地方选举中表现不俗，取得了较好的战绩。俄共的得票率基本上在 15%—20% 区间内，有些地区已经突破了 20%，并且与 2003 年国家杜马选举时相比，大多数地区的支持率都有较高幅度的增长。②

3 月 24 日，俄共在莫斯科召开中央全会，第一副主席梅利尼科夫在大会上作了报告。报告首先对俄共参加地方选举结果进行了总结，分析了国家杜马竞选的形势。报告从宏观上对俄共面临的杜马竞选形势进行总揽指出，根据目前的局势和克里姆林宫智囊们的建议，现阶段执政当局的战略是保住"统一俄罗斯"党的优势地位。它将扮演胜利党的角色，其最低任务是得到议会多数——226 票。在"公正俄罗斯"党以左翼面目出现的同时，"统一俄罗斯"党将尽可能地右转，以此来挤压右翼力量联盟的生存空间。在联邦一级的政治舞台上没有右翼力量联盟的位置。如果右翼力量联盟以社会政策作为自己的武器，那么它将逊色于俄共和虚假的

---

① 郑羽、蒋明君主编：《普京八年：俄罗斯复兴之路（2000—2008）》（政治卷），经济管理出版社 2008 年版，第 232 页。

② Мельников И. И. *Об итогах региональных выборов и о задачах по подготовке к выборам в Государственную Думу.* http：//www. kprf. ru/24. 03. 2007.

"公正俄罗斯"党，不会得到广大选民的支持。与此同时，部分老自由主义反对派转入了米·卡西亚诺夫倡导的"另一个俄罗斯"阵营，这个组织靠外国资助生存，将采取抵制选举策略。在这种情况下，右翼力量联盟的后备增长力量是没有的。至于自由民主党，现在形势改变了，对自由民主党要重新重视起来。不是右翼力量联盟，而是自由民主党将成为杜马选举舞台上第四个，也是最后一个有力的竞争者。如此一来，政治进程的逻辑以及分析表明，"统一俄罗斯"党、俄共、"公正俄罗斯"党以及自由民主党将是杜马选举竞争的主角。

报告强调，"统一俄罗斯"党作为主要的政权党，是俄共战略上的对手。从目前形势可以看出，它的确达到了顶峰，现在它的前景只有一条：影响下降。在很大程度上，这是俄共卓有成效工作的结果，俄共不断地向民众通报它投票的情况，以及它在权力执行机构中的工作情况。报告认为，就其本质而言，"统一俄罗斯"党是自由主义和官僚主义的政党，它将不单单在社会民主党纲领的伪装下迎接选举，而且地方选举表明，在出现了第二个政权党"公正俄罗斯"党的新形势下，它将继续扮演稳定党、保守党、有影响和面向现实的党的角色，这是它一贯的法宝。"统一俄罗斯"党的竞选武器是：总统名字、电视宣传、强制和伪造技术以及大部分地方领导人。这种状况在12月国家杜马选举前不会有什么改变，就其中任何一点，当局扶植的"公正俄罗斯"党都无法与"统一俄罗斯"党相竞争。

报告分析认为，就目前而言，"公正俄罗斯"党作为后备的政权党，是俄共策略上的对手。它已经显示了自己的本质：吸收部分执政精英，从"统一俄罗斯"党手中夺取一部分地方行政当局领导人。"公正俄罗斯"党将目标瞄准社会公正，它还使用社会主义字眼。但是俄共绝不会和它结盟，理由很简单：首先，社会主义思想和"公正俄罗斯"党没有任何联系。它没有保留社会主义纲领的本质和内容，没有涉及所有制问题，没有所有制问题的社会主义解决方案。所以"公正俄罗斯"党称它的纲领是社会主义的，这是典型的偷换概念；其次，不和投机性反对派结盟是俄共一贯的原则。俄共的态度是，在有利于民众利益的具体问题上，俄共和他们合作，但绝不会和他们结盟。报告着重指出，因为社会情绪是左转的，"公正俄罗斯"党打着社会主义的招牌，其目的显而易见，那就是争取俄共潜在的选民，同时使俄共成为边缘化的反对派。所以报告呼吁，俄共在

3 月取得的令人振奋的成就不应该束缚住自己的手脚，俄共的重要目标是，在杜马选举前剩下的时间里，采取一系列行动，在联邦一级水平上展示自己与"公正俄罗斯"党的区别，展示自身最好的方面，为竞选工作打开更大的空间。

报告还引用了社会调查数据。根据社会调查，大约 40% 的民众支持继续实行目前的政策，他们是总统普京、政府和"统一俄罗斯"党的支持者。大约 20% 民众是想改变现状的积极抗议群体，其大部分是俄共的中坚支持力量，同时也是自由民主党的大本营。还有剩下的约 40%，他们中的大多数生活困难，但不知道怎样改变，这就是"公正俄罗斯"党瞄准的目标和基本后备力量，这也是俄共在地方选举中，首次成功争取到的后备力量，正是他们的支持才使俄共票数绝对增长。因此，俄共必须发展和完善有助于争取这部分选民的策略。此外，报告提出了准备杜马大选需要完成的下一步任务。

第一，保持竞选工作的连续性和统一性。报告指出，所谓保持竞选工作的连续性，就是地方选举结束后，必须在那些取得成功的领域继续有条不紊地工作，并且对竞选结果进行认真分析，从而找到适合本地区的工作方式。在竞选中，不但要使民众看到改变方针、实施可替代纲领的可行性，而且要使民众看到实现它的途径。就此而言，俄共的竞选工作将提出详细的目标，从而吸引越来越多的新支持者。竞选工作的统一性是指竞选必须围绕两个重要主题来进行。其一，尽快组建一支社会学专家队伍。社会在向左转，作为社会主义政党，俄共拥有来自民众的价值观上的支持，但是这并不等于政治上的支持。两者不同步的原因在于，党没有准确的回答大多数民众期待俄共做什么、俄共是一个什么样的党的问题。为此无论中央还是地方都需要组建一支社会学专家队伍，尤其是需要吸收那些年轻专家，其他领域也是如此，这样一来，就会吸引更多的年轻人支持俄共。其二，俄共和科学的联系。"俄共和科学"不单是党的工作的组成部分，而且在整个 2007 年将是俄共的旗帜。俄共支持国家科学发展计划，和俄罗斯科学界一起分析形势，一起探寻经济、生态、人口以及其他社会问题的解决方法。正是俄共和科学界的合作能够更快、更有效地改善党在大多数民众心目中的形象，党的任务就是要保持和科学界的经常性联系。竞选统一性还涉及的另一个关键问题是宣传材料的普及方式。在这方面，俄共还存在很多不足之处，党的迫切任务是通过各种方法建立起行之有效的宣传材料普及方式。各地区必须根据自己的具体情况认真研究制定自己的计划，使宣传具有地方特色。而中央的任务是，把所需要的材料及时准备出来。

第二，筹集资金工作。报告认为，一系列的地方选举结束了，俄共在地方上有了自己的议会党团，因此，各地区组织现在就要努力自己解决资金问题，在杜马选举前尽可能地做到自给自足，筹集到开展宣传工作所需要的基本资金。还有一个困扰党很久但必须马上解决的问题，那就是最高工资限额问题。党必须确定工作人员的工资额，各级组织可以视情况有所不同，将相应的国家机构支付的超出党规定的最高限额部分转交党中央或地方组织。这是完全正常、符合逻辑的。在过去的几十年间，一些外国共产党和工人党就有此方面的实践，它们与入选各级政权机构的党员之间有专门的财政关系规定。俄共也应该制定《俄共议员条例》来解决这个问题以及更多的相关问题。

第二，议会内和议会外工作。报告分析认为，在选举年里，不要期望执政当局会有什么大的变革，它将象征性地提高工资、退休金和奖学金，将会报告所谓的增长，因此俄共的工作方针"以国家杜马为讲坛批评，以上街抗议来支持"应该改变侧重点，改变为"议会内积极倡导立法，以上街宣传来支持这些倡议"。就此而言，俄共积极投入到立法工作中去是十分重要的。例如俄共倡导制定的《关于保障反对派活动》的法律就引起了很大的社会反响。在地方，俄共同样需要就众多的问题积极倡导立法，选举较早的地区已经积累了很多经验，中央的任务就是把这些经验汇集起来，对积累的经验进行总结，以此来帮助那些刚刚举行选举的地区。同时报告提请所有的俄共议会党团，不要只满足于议会内高谈阔论，同时要在议会外发出自己的声音，要经常面对选民进行总结汇报，这是和民众建立信任关系的根本和基础。

第四，关于党的工作方式。报告就改善党的工作方式提出了三个想法。第一个想法，要让俄共的替代政府组成发出自己的声音。俄共不仅要批评，而且有相应的替代方案和人选。在竞选中，依靠个人很重要，但是展示整个组织结构更为重要，这可以使俄共的团队具体化。任何人都不会怀疑，这是一支有战斗力、有吸引力的团队。第二个想法，建立独具特色的知识界联盟。它不是商业性的，也不是政治性的，而是围绕在俄共周围的公民阵线。例如，在圣彼得堡市，和俄共一起竞选的就有很多知识界名人，这样的人物在各个地区都有。应该把这些人联合起来，作为一个团队在各个地区展示，通过这种形式可以加强宣传效果。第三个想法，从宣传的角度，从加强党的队伍的角度，采取姑且叫做"征召人才"的此类行动。必须发出呼吁，让普通人、预算内单位、企业一般工作人员进入地方组织，进入中央，也可以让劳动组织推荐候选人。这项工作不仅要通过逐级提拔的习惯方式，而且要通过那种全国范围内公开征召的方式进行。

第五，加强党的农村工作和监督员队伍建设。报告强调指出，党在农村的工作和监督员队伍建设，这是俄共工作中的两个薄弱环节。关于农村工作问题，报告认为，俄共已经学会在城市工作，却完全忽视了在农村的工作，忽视了对农村选民的工作，必须提出这个问题并加以讨论，每个地区分支机构都必须根据本区的特点准备此类建议。针对执政当局所采用的手段，农村地区需要制订单独的宣传计划。关于监督员队伍建设，报告认为，在杜马选举期间，即使相邻地区也无法在这方面互相帮助，需要寻找后备人员。例如，在新西伯利亚州，俄共吸收法律专业大学生和政治学家参加这项工作。这是一项战略性任务，必须尽早思考如何组织监督工作。

报告在最后的总结中认为，俄共在此轮地方选举中取得了很大的成绩，这表明俄共的杜马竞选有了一个良好的开端。全党必须牢记摆在面前的任务，积极行动起来，用事实证明，俄共是维护民众权利和利益的党，是一个真正的、有前途的党，从而为在 12 月国家杜马选举中取得更大的成就奠定坚实的基础。①

2007 年 9 月 22 日，俄共举行了第十二次（非常）代表大会第一阶段会议。大会批准了题为"争取劳动人民的政权！"的竞选纲领，其主要内容是：（1）社会财产国有化。对自然资源和具有战略意义的经济部门实行国有化，使其为全社会的利益服务。将稳定基金归还给俄罗斯，稳定基金、部分黄金储备及国家预算用于经济增长和公民的社会保障。（2）国家为人民服务。确定现实的最低生活保障线，工资和养老金不低于最低生活保障线。优先偿还国内债务。国家对住房和公用事业服务领域实行调节，对无房户提供免费住房，根据家庭子女的多少实行不同的住房补贴，公用事业费用不超过家庭总收入的 10%。恢复对特殊人群的优惠政策。

---

① Мельников И. И. Об итогах региональных выборов и о задачах по подготовке к выборам в Государственную Думу. http：//www. kprf. ru/24. 03. 2007.

采取措施促进生育率的提高。家庭每个成员月收入低于 1 万卢布的免除税收，对富人征收 30% 以上的累进税。（3）为发展而生产。国家将把从国有化财产中得到的资金用于工业、农业和交通系统的现代化。采取措施保护生态和自然环境。转变经济的原材料发展方针，优先发展科技含量高的部门。将发展科学作为国家的一项战略，采取相应措施加以实施。取消土地买卖，扶持农业生产，发展农村公共和社会领域。随着城乡生产的提高，彻底消灭失业。（4）确立人民政权。实行透明的政权机关的选举，将召回制作为人民监督政权的形式。整顿国家管理体制，实行公务员和议员收入及财产申报制度。保障公民的人身、言论和信教的自由，保障反对派活动的自由。广泛发展人民政权的机制，人民的自我组织、自我管理和自我保护原则将得到国家的支持。政权机关扶持青年、妇女和儿童组织。（5）维护国家独立和公民安全。巩固国家的国防能力，恢复和提高武装力量的作战能力。将国防企业重归国家所有，并在国防科学部的领导下实现现代化和联合。各族人民的友谊是国家对外政策的主要原则，恢复原苏联的各兄弟民族的自愿联盟，首先是俄罗斯、乌克兰和白俄罗斯的联盟，如可能还将联合哈萨克斯坦。保护在俄罗斯境外的同胞。外交方针确保世界多极化，扩大与独立自主国家的合作，解散北约，提高联合国的作用，积极参加国际反恐斗争，同时也反对把争取民族解放和社会阶级平等的斗争与极端主义相提并论。（6）人的价值高于一切。保障科学和文化的发展。重新实行免费的、高质量的教育和医疗服务，将学者、教师和医生的工资提高 2—4 倍。国家保护社会的精神道德和公民身体健康。（7）一切政权归苏维埃。随着改造计划的完成，俄共将制定新的俄罗斯宪法草案提交全民表决。新宪法将保证政权转移到劳动人民的苏维埃。竞选纲领特别强调，"俄共是人民的党"，"人民的福祉是我们的最高目标"，"我们的理想是所有人都享有公平"，"我们为争取劳动人民的政权而斗争"，"我们的主要目标是社会主义"，"共产党人胜利——就是人民的胜利"！①

与此同时，为了组织和协调 2007 年和 2008 年的联邦议会和总统选举，俄共成立了中央竞选总部和地区分部，并联合了 28 个左翼爱国主义

---

① *За власть трудового народа! Предвыборная программа Коммунистической партии Российской Федерации.* http：//kprf. ru/01. 10. 2007. 参见刘淑春《经受大选考验的俄共——俄共大选结果解读》，《当代世界与社会主义》2008 年第 3 期，第 73 页。

组织和运动。① 俄共多次召开中央全会和地区领导人会议，分析国内政治
经济形势，制定并及时调整竞选策略，地区和基层组织也层层召开动员大
会。俄共领导人多次召开新闻发布会，通过媒体向社会传达俄共的竞选纲
领和主张。竞选中，俄共中央领导人亲临各地，直接与选民对话，而俄共
的联邦和地区的候选人深入选民当中宣传党的主张。② 由于俄共在资金筹
措、利用行政资源等方面远不是"统一俄罗斯"党和其他政党的竞争对
手，但俄共能够利用其遍及全俄罗斯的组织网络和干部资源，多方筹集资
金，利用传统的和现代的手段争取选民。例如，加强纸质媒体的宣传，发
行了 2 亿份印有俄共竞选纲领的党刊和地方报纸，散发了几百万份小册
子、图册、标语和传单；把网站办得有声有色，充分利用互联网及时传递
中央指示和各地竞选活动信息，实时公布各参选政党在电视媒体的出镜时
间、俄罗斯主要调查机构的民意调查结果等；利用新闻发布会、广播、电
视等媒体传达党的声音，尤其是为突破电视封锁，争取进入电视荧屏的平
等权利进行了不懈的斗争，并取得了一定成果，通过参加电视辩论把自己
的主张传达到千家万户；党的候选人到全国各地作竞选宣传，举行了上千
场的见面会和演讲会，与城乡选民直接对话，阐释俄共的立场；派两三万
名监票员到各投票点监票，以减少对俄共不利的作弊行为；发动和组织以
捍卫公民的政治、经济权利为主题的抗议行动，参加的人数少则一两百
人，多则几千人。利用十月革命 90 周年的机会，举行全国性的纪念活动，
宣传社会主义思想，邀请世界上 70 多个国家的共产党和工人党来莫斯科
参加纪念十月革命 90 周年的大型集会和游行，为俄共的竞选造声势。③
由此可见，俄共全党上下团结一致，以实际行动向社会表明，俄共已摆脱
了内部分裂的阴影，能够经受大选的考验。

　　就在俄共积极备选的时候，一则对俄共不祥的消息传来。2007 年 10
月 1 日，普京在莫斯科出席"统一俄罗斯"党第八次代表大会时表示，
他将接受领导"统一俄罗斯"党参加 12 月举行的国家杜马选举的提议，
领衔"统一俄罗斯"党候选人名单参加第五届国家杜马（议会下院）竞

　　① *Побеждают коммунисты — побеждает народ! Доклад Г. А. Зюганова на XII
（внеочередном）съезде КПРФ.* http://kprf.ru/24.09.2007.
　　② 刘淑春：《经受大选考验的俄共——俄共大选结果解读》，《当代世界与社会主义》2008
年第 3 期，第 72 页。
　　③ 同上刊，第 74 页。

选，他说："我很感激地接受关于由我领衔'统一俄罗斯'党候选人名单，参加国家杜马选举的建议。"虽然普京拒绝成为"统一俄罗斯"党成员，但他的这一表态毫无疑问会对俄罗斯的杜马选举结果产生重大影响。①形势对俄共更加不利（参见表 11 – 1、表 11 – 2）。

表 11 – 1　　　　2007 年 1—9 月俄罗斯主要政党的支持率（%）②

月　份	1 月	2 月	3 月	4 月	5 月	6 月	7 月	8 月	9 月
"统一俄罗斯"党	49	46	57	53	57	52	54	59	55
俄共	19	19	15	22	18	17	19	18	18
"公正俄罗斯"党	5	8	11	6	8	7	9	9	7
自由民主党	11	12	11	10	11	9	8	7	11
亚博卢	4	3	3	4	1	4	5	3	2
右翼力量联盟	4	3	2	2	3	2	3	1	2

表 11 – 2　　　　普京同意领衔"统一俄罗斯"党参加杜马选举
前后俄主要政党的支持率（%）变化③

政　党	支持率（之前）	支持率（之后）	上升/下降
"统一俄罗斯"党	55	68	+ 13
俄共	18	15	– 3
自由民主党	11	6	– 5
"公正俄罗斯"党	7	5	– 2

　　面对严峻的考验，俄共没有退缩，而是用实际行动向社会展示，俄共是勇于接受挑战并能经受住考验的坚强政党。在竞选策略上，俄共始终把"统一俄罗斯"党作为主要对手，向选民解释该党是代表资产阶级和官僚利益的党，其奉行的方针只为少数人谋利益，而俄共是"来自人民和为人民的党"，俄共的方针能使大多数人富裕、使国家走向繁荣。与此同时，俄共还把"公正俄罗斯"党作为策略对手，严守阵地，不让该党拉走自己的选民。此外，俄共还注意面向社会的中间阶层，努力扩大自己的

---

　　①　黄登学：《浅谈普京对俄罗斯第五届国家杜马选举的影响》，《国外理论动态》2007 年第 12 期，第 47 页。

　　②　http：//www. levada. ru/press/2007092002. html.

　　③　http：//www. levada. ru/press/2007101800. html.

社会基础。正如俄共主席久加诺夫所指出，俄共"是代表劳动人民利益的党；是为退休者过上体面生活而斗争的党；是理解小生意人的问题并促进其解决的党；是为了巩固国家而与中等生意人合作的党；是与官僚和寡头进行不调和斗争的党"。久加诺夫这段话实际上已经阐明了俄共在此次竞选斗争中的策略，这就是直接依靠广大劳动者，团结中小企业者，矛头直指官僚和寡头。①

2007 年 12 月 2 日，俄罗斯第五届国家杜马选举如期举行。结果俄共的得票率为 11.57%，获得国家杜马 450 个席位中的 57 个；而"统一俄罗斯"党得到 64.3% 选票，获得 315 个议席；俄罗斯自由民主党得票率为 8%，获得 40 个席位；"公正俄罗斯"党得票率为 7.7%，获得 38 个席位。② 与上届国家杜马选举结果相比，俄共得票率仍位居第二，尽管俄共比自己在上届杜马选举中的得票率降低了一个百分点，但议会席位却增加了 10 个。考虑到在此次杜马选举中，俄共直接面对的竞争对手是普京亲自挂帅、阵营最强大的党——"统一俄罗斯"党，同时还面临来自"公正俄罗斯"党和俄罗斯自由民主党的巨大压力，俄共正是在与来自上述三方竞争对手的较量中参加议会选举的，取得如此战绩，实属不易。

2007 年 12 月 15 日，俄共在莫斯科召开（非常）十二大第二阶段会议。大会对俄共此次杜马选举结果进行了初步分析，推举久加诺夫代表俄共参加定于 2008 年 3 月 2 日举行的总统选举，并通过了"久加诺夫当选总统后的最初 20 个步骤"的总统竞选纲领。在总统竞选期间，俄共党员和干部响应中央指示，全党上下团结一致，为党的候选人久加诺夫竞选呐喊助威，显示了俄共作为一个群众性政党的影响力。

2008 年 3 月 2 日，俄罗斯总统选举如期举行，共有 4 名候选人参加。结果由"统一俄罗斯"党、"公正俄罗斯"党、俄罗斯农业党和公民力量党联合推荐并得到普京支持的候选人梅德韦杰夫以 70.28% 的选票当选，俄共领导人久加诺夫得到 17.72% 的选票，位居第二，俄罗斯自由民主党候选人日里诺夫斯基和俄罗斯民主党候选人波格丹诺夫的得票率分别是 9.35% 和 1.3%。③ 这一结果显示，久加诺夫的得票率虽然远赶不上梅德

---

① 刘淑春：《经受大选考验的俄共——俄共大选结果解读》，《当代世界与社会主义》2008 年第 3 期，第 73—74 页。

② 参见《新华网》2007 年 12 月 8 日。

③ 参见《光明日报》2008 年 3 月 10 日。

韦杰夫，但却比后面两个候选人的得票率总和高出近一倍。与俄共自身相比，久加诺夫的得票率既高于俄共上届总统候选人哈里托诺夫的得票率（13.7%），也高于三个月前俄共在议会选举中的得票率（11.57%）。这一结果对俄共来说应该是不小的胜利。①

2008年3月22日，俄共在莫斯科召开中央全会。在这次中央全会上，俄共主席久加诺夫作了总结性发言，对最近举行的两次重大选举进行了反思，将俄共在过去两年竞选活动中的经验和教训总结如下：第一，执政当局打算使大多数选民疏远政治问题、不关心夺取政权和选择俄罗斯战略发展道路的斗争，希望以此来维持现状。但是执政当局的企图落空了。社会调查表明，目前整个社会的政治热情急剧增长。第二，过去的竞选斗争表明，俄共应该相信自己的力量和能力，相信民众对俄共的支持会不断增长。第三，执政当局大大降低了支持俄共的正式选票的统计结果，但是党在竞选期间形成的与越来越多民众的联系和相互影响，是执政当局无法窃取的。俄共和上千万民众在思想和心理上的相互联系是党的主要财富和竞选成果。第四，党决定参加电视竞选辩论是唯一正确的选择。俄共竭尽全力把电视竞选辩论变成讲坛，向民众宣讲自己的思想和建议。第五，选举结果和社会对俄共就俄罗斯问题的纲领性论点的支持表明，俄共把民族解放运动和争取社会主义的斗争相结合的理论探索是正确而有效的。第六，目前党的主要任务是，巩固党在竞选中形成的与千百万支持者和选民的联系。

关于目前的政治局势，久加诺夫认为，执政当局大量动用行政资源，才出现了前所未有的高投票率、"统一俄罗斯"党和总统继承人的高支持率。但是直言不讳地说，声名狼藉的行政资源就是有组织的粗暴讹诈、恫吓和收买民众。这种行之有效的压制和恫吓机制并不符合我们社会的长远利益，不会提升民众的福利，不能提高经济效率，也不能促进科学、文化教育和健康保障的发展，只能维持现政权的连续性。这种机制是为一小撮官僚寡头阶层服务的，而与绝大多数民众的利益背道而驰。在当今俄罗斯，资本继续积聚在极少数寡头手中。就亿万富翁的数量而言，俄罗斯占据世界第二位，这不仅意味着掠夺全民财产的规模之大，而且也表明资本

① 刘淑春：《经受大选考验的俄共——俄共大选结果解读》，《当代世界与社会主义》2008年第3期，第70页。

集中的程度之高。而中小实业在国家和犯罪集团的重压之下生存十分艰难。目前10%最富有的人和10%最贫穷的人之间的差距继续扩大。官方统计的数据为1∶17，事实上，这个比例要高得多。莫斯科地区是1∶50。这意味着，执政当局和民众之间的矛盾越来越激化。这种矛盾是对抗性的，在现有的社会经济体系框架内是不可能得到解决的。国家的经济状况预示着，执政当局今后不会一帆风顺。普京执政8年没有解决当代俄罗斯面临的最尖锐问题：民族趋于灭绝、经济结构依赖原料出口、位于寒带地区的大国的整个生活保障体系严重损耗。现政权的稳固只是一种虚幻而已，日益成熟的经济危机必然引起政治危机。严厉镇压反对派组织并不是展示现政权的力量，而是其软弱的一种表现。现政权的社会基础在缩小，抗议情绪在增加。

　　关于当前的社会状况，久加诺夫指出，普通人的本性是求稳定，经过20世纪90年代的大动荡后，民众不再热衷于参与政治生活。数百万民众完全自愿地投票支持现政权，支持稳定的假象，担心任何变化会再次破坏他们刚刚获得的一点福利。而亲西方的俄罗斯"精英们"精心实施的国家非工业化使整个工业体系遭到破坏。执政当局关于转变完全依赖原料出口的经济模式、开始恢复国家科技工业潜力的计划久拖不决，只不过是一种宣传而已。把数百亿美元集中投到国外，而不是把它们投入本国工业和科学领域，这种做法表明，目前国家的毁灭性方针并没有改变。但是，贪婪地掠夺自然资源和进口食品价格即将上涨必然降低油气收入。由于住宅公用事业系统设施超负荷损耗，其灾难性后果不可避免地威胁到整个国家。现实迫使现政权必须根本改变现行方针，问题只是改变的日期和形式。

　　针对俄共目前的状况，久加诺夫提出，党的队伍的年轻化和现代化是俄共今后工作中刻不容缓的主要任务。目前，党的现代化任务变得越来越迫切。这首先指的是党员的人数和年龄结构。党员基本上是退休者和接近退休年龄的人，在党组织队伍中，老年人占80%—85%，而30岁以下的年轻人只有5%—7%。这会给党带来严重后果。为此必须积极扩大党的队伍，寻求并吸收政治上积极的年轻人和中年人入党，同样重要的是，不能仅局限于将已入党的同志留在党内，还需要更加精心地引领他们进入党的领导层。如果年轻同志已经在具体的政治斗争中显露才能，那么就不能将其排除在领导机关之外。与此同时，必须提高党的战斗力，加快党的宣传方式现代化。党必须从根本上重新审视对抗议运动的态度，必须遵循"哪里有民众，党就出现在哪里"的原则，加强对社会组织和工会组织的工作力度，尤其要用这样的态度对待刚成立的独立工会。对党的工作来说，可靠持久的物质基础具有重大意义。不能坐享其成，不能指望所需资金全部从上级、从中央拨付。出版报纸、党的专职工作人员的报酬、交通和场地费必须主要依靠地方上所筹集的资金。①

此外，此次全会提出了新的党纲修改草案供全党讨论，准备在 2008 年 11 月 29 日召开的俄共第十三次代表大会上通过新的党纲。

二　影响俄共今后发展的主要因素

俄共虽然遭受种种挫折，但它目前仍然是俄罗斯最有组织的社会政治力量之一，是一个拥有广泛群众基础和丰富斗争经验的党，是俄罗斯唯一形成了体系、真正意义上的反对派政党。并且俄共和人民爱国联盟的代表曾在俄罗斯多个地区执政，其中一些州和边疆区的行政长官是俄共中央委员和书记。共产党人领导的一些州在工农业生产中取得了引人注目的成绩，例如库班的农业、弗拉基米尔的工业、图拉的农工综合体等，俄罗斯 90% 的粮食产于"爱国主义地带"，这里的生产增长速度最快，社会秩序也好，犯罪现象比其他地区都少。② 因此，俄共的力量及其强大的生命力是不能低估的。俄共今后的发展将取决于客观和主观两方面的因素。

从客观方面来说，首先，要看普京体制在多大程度上能够真正维护大多数民众的利益。普京执政八年，政治上，俄罗斯逐步消除了叶利钦时期议会和总统之间的激烈争斗，重建了自上而下的联邦执行权力机构，将议会转变为职业化的立法机构，恢复了国家统一的法律空间，实现了政治稳定；经济上，从 2000 年开始，俄 GDP 连续 8 年高速增长，同 1999 年前相比，通货膨胀率和失业率普遍下降，居民实际收入大幅增长，中央银行外汇储备达到历史最高水平，经济增长质

①　*Модернизация партии — наша главная и безотлагательная задача. Выступление Г. А. Зюганова на XIII пленуме ЦК КПРФ.* http://kprf.ru/22.03.2008.

②　Зюганов Г. А. *Наше дело правое. Победа будет за нами. Политический отчет Совета СКП—КПСС XXXII съезду.* Правда, 30—31.10.2001.

量有所提高，俄罗斯进入世界十大经济强国之列；外交上，俄罗斯一改 20 世纪 90 年代的孱弱面貌，发展全方位外交以迅速崛起的姿态回到国际舞台。可以说，普京在自己两个任期内，探索出了一套比较成熟的治国方略（即普京体制或普京道路）。在此基础上，普京为俄罗斯未来十年制订了庞大的军事、经济和社会发展计划，并一再强调，这些政策和发展战略不容任何修改。在承诺遵守宪法不再连任总统的前提下，如何保证政策的延续性是普京要解决的重大政治任务。无论是同意领衔政权党"统一俄罗斯"党竞选名单参加议会选举，还是选择接班人都是以此为出发点。2008 年 5 月上任的梅德韦杰夫总统也一再表示，他将作为普京战略的忠实执行者按现有模式推进俄罗斯的发展。由此可见，普京的政策有可能在相当长的一段时间内取得成功，因为他的政策符合俄罗斯主流社会求稳定的基本愿望。"如果说人们对普京的总统任期有什么共识的话，那就是稳定。舆论一致认为，普京给俄罗斯的经济、政治和外交带来了稳定。如果稳定的代价是某种程度的独裁主义，那么这一直是国内外大多数人愿意付出的代价。"①所以普京体制的政治前景被普遍看好，俄共在相当长的一个时期内将不可能问鼎政权。但是，普京体制的成功和威望，在很大程度上是得益于叶利钦执政的彻底失败。然而，叶利钦时期与普京时期的对比效应在经过一定阶段后，必将走向淡化，而俄罗斯社会内部和外部的深层次的矛盾将日益突出，处置不当，终将激化成为严重的社会政治问题。例如，腐败问题多年来一直是俄罗斯的顽疾，是阻碍经济和社会发展的一颗毒瘤，广大民众对此深恶痛绝。普京执政期间，一直非常重视反腐败问题，采取了一系列严厉措施惩治腐败，但成效甚微，腐败甚至呈愈演愈烈之势（参见表 11－3）。俄罗斯"列瓦达分析中心"2008 年 3 月 26 日公布的一份社会调查结果也表明，普京在一系列领域取得巨大成就的同时，对腐败却无能为力，有 32％的俄民众认为，普京总统执政期间的最大的败笔是未能有效打击腐败和受贿，俄反腐败的速度远远赶不上腐败本身的发展速度（参见表 11－4）。普京在 2007 年 12 月也公开说，腐败是目前没有解决好的一个问题。

---

① 参见［美］《纽约时报》2004 年 9 月 1 日。

表 11-3　　　　俄罗斯历年清廉指数及世界排名一览表①

年份	1996	1997	1998	1999	2000	2001	2002	2003	2004	2005	2006	2007	2008
指数	2.6	2.3	2.4	2.4	2.4	2.3	2.7	2.7	2.8	2.4	2.5	2.3	2.1
排名	47	49	76	83	83	81	74	87	95	128	127	143	147

表 11-4　　　普京总统任期内工作不力民意调查表（数字后为%）②

日　期	2004 年 3 月	2005 年 3 月	2006 年 3 月	2007 年 3 月	2008 年 3 月
打击腐败和受贿	28	27	28	33	32
打击犯罪	25	20	18	23	17
提高国家道德水平	13	13	16	22	14
抑制寡头	19	14	16	20	18
提高民众生活水平	21	21	20	19	17
解决车臣问题	34	27	18	13	7
发展经济	18	19	16	11	8

　　并且普京执政期间，深得民心的打击寡头举措针对的主要是那些有政治野心的寡头，而对经济领域的寡头犯罪惩治并不得力。况且，普京在打击旧寡头的同时，更多的新寡头在其扶植下迅速发展起来，这些寡头"许多人以为主要是莫斯科人。1998 年前的确如此，但是在结束了资本简单集中之后，莫斯科之外的人渐渐代替了莫斯科人。圣彼得堡走在最前面。2000 年初，圣彼得堡人在经济寡头中占的比重已经接近 10%，学者们认为，这与其说是因为圣彼得堡经济发展迅猛，还不如说因为他们是总统的同乡"。③ 所以说，普京体制的政策从总体上说是有利于寡头的政策，这种政策是损害劳动人民根本利益的，执政当局与广大劳动群众的矛盾和冲突是不可避免的。另外，普京体制的政党基础是政权党"统一俄罗斯"党的一党独大，但是"统一俄罗斯"党不能称为真正意义上的政党：它自成立以来曾先后数次易名，内部不断分化组合，多为政府官员的党员更多的是从自身利益出发，在思想上没有形成统一认识，党的属性无从确定，并不具有政党的真正含义。并且中派和右派内部的不稳固联盟将不可

---

① http://www.transparency.org.

② http://www.levada.ru/press/2008032607.html.

③ 参见 ［俄］《莫斯科共青团报》2004 年 7 月 30 日。

避免地会出现再分化的局面，这将使俄共重新获得发展的机会。

其次，要看俄罗斯的社会主义运动能否实现真正的而不是表面上的团结统一。在俄罗斯的中派势力和右派势力已经实现了初步团结统一的条件下，左翼的团结统一就成为社会主义运动发展生死攸关的问题。在实施《政党法》的情况下，如果各左翼社会主义政党在非原则性问题上纠缠不休，不以大局为重，求同存异，实现自身的团结和统一的话，那么许多左翼小党将面临从政治舞台上消失的危险，其他较大的左翼党派也将面临被各个击破的危险。这样，以俄共为首的左翼就可能长期被排除在问鼎政权的范围之外。如果左翼在近期内能够实现团结统一，俄罗斯就可能出现左派、中右派两种力量角逐的格局，这对俄共和俄罗斯社会主义运动的发展无疑是有利的。从根本上来说，只有实现社会主义运动的团结和统一，俄罗斯的社会主义才是有光明前途的。①

从主观方面来说，首先，要看俄共能否胜任领导人民进行争取社会主义斗争的重任，并把俄左翼力量团结起来。在目前面临诸多不利条件的情况下，俄共如果能够坚持马克思列宁主义的基本原理，认真总结苏共和自身成立18年来以及其他国家争取社会主义斗争的经验和教训，制定出符合时代要求和本国实际的行动纲领和战略策略，变被动挨打为主动发展，努力争取群众，进一步积蓄力量，为重建俄罗斯的社会主义做扎扎实实的准备工作。那么，俄共摆脱目前的困境是有把握的。

其次，要看俄共能否顺利地实现自身现代化，即解决好建设21世纪的俄罗斯共产党的问题。这也是所有国家共产党面临的共同问题。马克思和恩格斯在产业革命推动的第一次生产力革命的条件下，在自由资本主义时代的历史背景下，帮助德国无产阶级建立了世界上第一个民族国家范围内的无产阶级革命政党——德国社会民主工党，这是资本主义和平发展条件下为无产阶级革命积蓄力量的党，是为社会主义革命作准备的党。列宁在电工技术革命推动的第二次生产力革命的条件下，在帝国主义时代的历史背景下，领导俄国无产阶级建立了布尔什维克党，这是在战争与革命成为时代主题的条件下，领导无产阶级和人民群众进行社会主义革命和建设社会主义的党。20世纪中叶以来，以信息技术、生物工程、航空航天技

①　聂运麟：《普京的策略与俄罗斯共产党的困境》，《华中师范大学学报（人文社会科学版）》2003年第1期，第8页。

术等高新技术为先导的新技术革命推动了生产力的第三次革命的兴起和发展，垄断资本主义向着跨国垄断资本主义发展，经济全球化在深入展开，社会的阶级结构、工人阶级自身的结构，以及社会生活的方式都发生了深刻的变化，和平与发展已经成为时代的主题。新的历史条件向各国共产党提出了新的历史要求：必须建立适应时代发展要求和本国社会发展需要的共产党。为适应这一历史性的要求，中国共产党早在 20 世纪 80—90 年代便进行了理论创新，提出了建设有中国特色社会主义的理论，进行了改革开放和社会主义现代化建设的伟大实践，进入 21 世纪又先后提出了"三个代表"、"科学发展观"的重要思想作为新时期党的建设的基本纲领；法国共产党提出了"新共产主义"的理论，同时明确了建设现代化的法国共产党的目标；美国共产党对社会主义进行了再认识，提出了建设群众性的共产党的方针；意大利重建共产党提出开放与革新，为变革社会而改变自己，等等。以上事实表明，为适应 21 世纪社会生产力、生产关系和上层建筑的巨大发展和变化，各国共产党都面临一个建设符合时代发展要求、为广大工人阶级和劳动人民群众所需要的马克思主义政党的艰巨任务。为此，共产党自身要进行必要的变革。共产党是领导社会主义事业的核心力量，俄共只有实现了上述历史任务，俄罗斯社会主义事业的发展才有可靠保证。①

三　俄共发展前景分析

按照三个有利于的标准，即"是否有利于世界社会主义力量的壮大、是否有利于俄罗斯社会稳定发展、是否有利于人类文明的进步"这一标准去衡量俄共的理论和行动，结合俄共的近况和影响俄共今后发展的主要因素，对于俄共的前景及未来走向，笔者拟提出以下几点初步看法。

第一，俄共仍将是一个坚持社会主义的政党，不会朝社会民主党方向发展。首先，俄共认为，党的本质不取决于名称，而是取决于党的行动纲领和行动方式及其性质。《俄共纲领》坚持以马克思列宁主义为指导思想，以社会主义和"作为人类历史未来的共产主义"为目标，强调"在

---

①　聂运麟：《普京的策略与俄罗斯共产党的困境》，《华中师范大学学报（人文社会科学版）》2003 年第 1 期，第 8—9 页。

承认多种所有制形式的基础上，坚持生产资料公有制形式占优势和主导地位"，"完全的社会主义是没有人剥削人、生活资料实行按劳动的数量、质量和成果进行分配的无阶级社会"，"未来共产主义社会的必要前提是在社会主义条件下形成和发展的"。俄共作为坚持社会主义的"真正劳动人民的党"，其象征是锤子、镰刀和书籍。《俄共纲领》认为，"对俄罗斯来说，最站得住脚的，最符合它的利益的是选择最佳的社会主义的发展"。其次，俄罗斯是十月革命的故乡，其国情、党情有别于西欧和东欧一些国家和政党。俄共党内传统势力仍较强，特别是广大党员和地方党的领导干部不赞成党演变为社会民主党。对于俄前任总统普京有关俄共应改名为"社会民主工党"的建议及俄共党内一部分人有关俄共应社会民主党化的主张，俄共领导人在不同场合都作出了否定的回应。2003 年 8 月，在纪念俄国社会民主工党二大 100 周年之际，俄共中央主席久加诺夫再次明确地阐述了俄共拒绝更改党的名称和俄共不实行社会民主党化的立场。他认为："对于仍坚持社会主义和社会公正理想的党来说，没有比遵循某些所谓专家的建议，加入到披着社会民主义的外衣，实际上却是自由主义组织之中去更损害自己声誉的了。"① 再次，苏联解体后，俄罗斯政治舞台上曾先后出现了几十个社会民主党或社会民主主义性质的政党，其中不乏著名的活动家，但它们中的大多数目前已经从俄政坛销声匿迹，即使幸存下来的在俄罗斯民众中也没有多大威望，投票支持者寥寥无几。俄共如改变党的性质，势必会失去传统选民的支持。但是，面对俄罗斯国情的不断变化，考虑到苏共和国际共运的历史教训，俄共在市场经济、议会多党制等问题上改变了传统看法，并在实践中调整了自己的一些具体政策，这应该说是与时俱进的表现。由此可见，俄共仍将是一个坚持社会主义的政党，不会朝社会民主党方向发展。

第二，俄共仍将是俄罗斯政治舞台上的一支重要力量。俄共从 1993 年重建以来，以其强烈的意识形态色彩、广泛的群众基础和严密的组织结构，发展成为俄罗斯政治舞台上举足轻重的力量和对执政当局最具威胁的左翼反对派政党。十多年来，在前苏联空间，俄共是一个始终保持共产党名称，坚持社会主义目标，纲领完备，组织机构健全的党；是一个取得成

---

① Зюганов Г. А. *КПРФ ближе к истокам социал-демократии，чем многие из так именующих себя партий.* http：//www. kprf. ru/20. 08. 2003.

就非常显著的党；是一个处在俄罗斯这个举足轻重的大国，因而特别引人
关注、国际影响非常大的党。因此，普京执政初期，认可拥有广泛社会基
础的俄共存在之必要，在自己的施政纲领中借用了俄共的某些主张，并对
俄共采取怀柔与笼络态度，设法改善同俄共的关系。普京在一次公开讲话
中指出，尽管人们对俄共可能会有各种各样的看法，但他认为俄共是俄罗
斯目前唯一形成了体系的党。2001 年 7 月 18 日普京在回答记者提出的关
于俄共是否有前途的问题时说："我认为，左派运动在俄罗斯是有前途
的，正如社会民主主义思想产生一样。此外，俄罗斯具有社会民主运动的
悠久传统，共产主义运动也包括其中。俄罗斯联邦共产党是一个合法政
党。我没有道义或法律上的权力在此向大家宣布，这个在国家享有合法活
动权的政党是没有前途的。"① 与此同时，普京希望俄共能成为服从、完
善而不是改变现行制度的社会民主党。为此，他建议俄共改名为"社会
民主工党"，以将俄共纳入其期望的轨道。但是俄共领导人拒绝了普京的
这一建议。俄共的不配合自然受到执政当局及其扶植下的政权党"统一
俄罗斯"党的攻击，并扶植俄共内部的反对派，从而达到分化瓦解俄共
的目的。在内外夹攻下，加上俄共本身的失误，俄共逐渐走向衰弱和分
裂。面对一系列挫折，俄共并没有气馁，而是痛定思痛，锐意改革，用积
极的行动证明了自己是一个有生命力、有发展前途的党。在最近的两次重
大竞选中，俄共全党上下团结一致，以积极投入竞选活动的实际行动和良
好的竞选结果向社会表明，俄共已摆脱了内部分裂的阴影，经受住了大选
的考验。当然，执政当局也不可能对代表了相当一部分选民利益的俄共漠
然视之，虽然在俄共领导人拒绝了普京的更名建议后，普京与俄共的关系
一度变得冷淡，但是普京仍然保持同俄共领导人久加诺夫的联系，经常进
行会晤。例如在 2004 年夏天俄共内部发生分裂后，普京就在克里姆林宫
会见了久加诺夫。普京在 2006 年 2 月 7 日接受西班牙记者采访时认为，
俄共是"一个稳固的政党"。② 2007 年 12 月议会选举后，普京总统单独会
见了久加诺夫，对俄共胜选表示祝贺，并希望俄共在新议会中更好发挥作
用。目前，俄共凭借 57 个议席、18.8 万党员和近千万拥护者，仍将是俄
罗斯政治舞台上的一支重要力量。俄共作为一个真正的群众性政党，在国

① 《普京文集》，中国社会科学出版社 2002 年版，第 384 页。
② http://www.president.kremlin.ru/07.02.2006.

家政治生活中仍拥有较深厚的群众基础和较广泛的政治影响。

　　第三，俄共的分裂既导致了自身的衰弱，同时也成为其进一步发展的契机。进入 21 世纪以来，俄共经受了多次沉重打击，这是俄罗斯国内形势发展和各种政治力量反复较量的客观表现。俄共高层内部思想不统一，围绕走什么路，举什么旗等重大问题存在较大分歧：俄共某些上层领导以及在杜马的许多俄共议员满足于议会斗争，不希望"破坏现有秩序"，更不愿冒犯当局而丧失杜马阵地以及作为议员所享有的"地位和特权"，主张同当局进行建设性合作，而俄共主席久加诺夫则主张加大对当局的斗争力度，树立俄共鲜明的反对派形象。这些分歧进而导致俄共组织上的分裂。2000 年 7 月，以俄共中央委员舍宁为代表的激进派宣布退出俄共。2002 年 4 月 "杜马风波" 后，谢列兹尼奥夫因拒不执行俄共中央的决定而被开除出党。俄第四届杜马选举前不久的 2003 年 8 月，俄人民爱国联盟协调委员会主席之一谢·格拉济耶夫离开俄共，另组 "祖国" 竞选联盟。此后俄人民爱国联盟执委会主席谢米金也因搞分裂活动而被开除出俄共，等等。所有这一切都说明俄共本身确实存在不少问题。好在俄共能在第四届杜马选举失利后面临生死存亡的关键时刻，从上到下迅速行动起来，及时总结经验和教训并采取各种措施维护党的团结与统一，众志成城，共渡难关。特别是在十大前后，俄共党内围绕着路线的分歧进行了一场激烈的斗争，这场斗争关乎俄共未来的发展方向，因此不仅在党内引起激烈辩论，而且引起了俄罗斯社会的关注。在多数派的支持下，俄共十大再次选举久加诺夫为中央主席，这为其重新整合内部力量、保持组织结构上的连续性和稳定性提供了有利条件。[①] 在俄第五届杜马竞选中，俄共直接面对的竞争对手是普京亲自挂帅、阵营最强大的党——"统一俄罗斯"党，同时还面临来自 "公正俄罗斯" 党和俄罗斯自由民主党的激烈竞争。而在随后的总统竞选中，久加诺夫面对的主要竞争对手与其说是梅德韦杰夫，不如说是普京，因为梅德韦杰夫是普京 "钦定" 的接班人，投梅德韦杰夫的票就是投普京路线的票。在竞争对手占据绝对优势的情况下，孤军奋战的俄共非但没有退缩，而且通过积极参选，巩固了自己的阵地，不仅保住了其议会第二大党的地位，而且该党推举的总统候选人的支持率与上届相比还大大增加了。这一结果向社会展示，俄共是勇于接受挑战并经

---

　　① 苏雨茜：《俄共：如何走向未来》，《领导文萃》2004 年第 10 期，第 43 页。

受住了考验的坚强政党。正如俄共中央副主席梅利尼科夫在总结竞选工作时所说："在整个竞选运动中许多人问我们：最终结果反正都是预定了的，你们为什么还要参加选举？我们回答说，离开斗争就意味着向社会表明：政权是正确的，没有替代选择，我们没有任何夺取政权的追求，我们不相信自己，也不相信自己的人民。离开斗争就意味着，我们准备放弃利用竞选做民众工作的机会。"的确，"参选过程是一次冒险的行动"，但"这是一次对我们的承受力、牢固性以及在任何情况下战斗到最后一刻的能力的严峻考验。我们经受住了这一考验"。[①] 由此可见，只要俄共能认真总结经验教训，克服"分裂危机"的负面影响，本着"自救"和"复兴"的原则，从维护大多数民众的利益出发，审时度势，调整策略，必将在俄政坛上发挥应有的作用，并长期存在下去。

第四，俄共作为唯一真正反对派政党的地位没有哪一政治力量、哪个党派能撼动。鉴于俄共的反对派立场，叶利钦执政初期就欲除之而后快。在此目的无法达到的情况下，叶利钦提出了组建听命于当局的中左翼政党或联盟以挤压俄共的生存空间甚至是取而代之的设想。在 1995 年议会选举前夕，为了形成新的政治支持力量，叶利钦构思了"人造两党制"的政党格局，他授命由当时任政府总理的切尔诺梅尔金和国家杜马主席的雷布金分别挂帅组建"中右"和"中左"两个竞选联盟，试图以此来控制议会选举。雷布金的"中左"联盟虽然成立起来了，但其影响力却十分有限，最后被排除在议会之外。[②] 叶利钦压制俄共的措施没有奏效，俄共反而在第二届议会选举中一跃成为第一大党，社会影响力大增。普京执政初期，鉴于俄共在群众中有很大影响，所以对俄共采取怀柔与笼络态度，设法改善同俄共的关系。在俄共领导人拒绝了普京的更名建议后，普京与俄共的关系逐渐变得冷淡。在不能将俄共纳入其期望的轨道的情况下，普京曾经批评俄共开除第三届国家杜马主席谢列兹尼奥夫的党籍的做法，他实际上寻求建立一个能够替代俄共的社会民主主义政党。在第四届杜马选举中，谢列兹尼奥夫领导的中左联盟并没有越过 5% 的门槛进入议会，另一中左组织"祖国"联盟虽进入议会，但由于其成员的思想观点和目标

---

① 刘淑春：《经受大选考验的俄共——俄共大选结果解读》，《当代世界与社会主义》2008年第 3 期，第 71 页。

② 邢广程等：《俄罗斯议会》，华夏出版社 2002 年版，第 168 页。

不同，联盟内部分歧不断，最后终于分裂。第四届议会选举以来，俄罗斯的政党格局不断出现分化改组，俄共的反对派地位不断受到威胁。然而，自称为"反对派"的右翼政党事实上被抛出了政治舞台。持中左立场的"祖国"党也从俄罗斯的政治版图上消失了，成了新成立的"公正俄罗斯"党的一部分。而"公正俄罗斯"党是以支持普京总统、遏制"统一俄罗斯"党的垄断地位的名义成立的，但当普京宣布带领"统一俄罗斯"党参加杜马竞选后，"公正俄罗斯"党陷入了尴尬，最终在总统选举中与"统一俄罗斯"党携手推举梅德韦杰夫为总统候选人，这一行动本身等于公开向社会否定了该党当初宣称的定位——"将成为'统一俄罗斯'党的反对派"。日里诺夫斯基领导的俄罗斯自由民主党也宣称是"反对派"政党，但在重大关头该党一贯以支持当权者来赢得自己的生存空间。只有俄共一以贯之，坚持自己的反对派立场不变，并善于斗争，在现行法律框架内为自己赢得生存空间。随着俄罗斯社会两极分化的日趋严重，占人口多数的利益受损阶层需要有自己的代言人，执政当局也不能完全无视这一阶层及其代言人的呼声。事实上，俄共的反对派政党的地位已经得到社会甚至得到执政当局的承认，没有哪一力量、哪个政党可以将之取代，俄共的某些纲领主张也被"统一俄罗斯"党等吸收。这表明，作为反对派政党的俄共是俄罗斯社会所需要的一支政治力量，俄共的生存和发展是有其客观基础的。①

　　第五，俄共的选民结构和基本依靠力量将会有积极的根本改变。俄共之所以能够在 20 世纪 90 年代中后期迅速发展壮大，根本原因之一就是俄共在农业区拥有一批固定的农村选民作为其主要支持力量。在 20 世纪 90年代 3 次（1993 年、1995 年、1999 年）国家杜马选举中，"农村选票是俄联邦共产党再度崛起的一个关键因素，特别是南部农业地区，由于支持共产党候选人而被称为'红色地带'"。② 进入新世纪以来，俄共特别重视城市工作，因而俄共在城市，特别是大中城市的支持状况有了明显的改善。例如，在 2005 年 12 月 4 日举行的莫斯科市杜马的选举中，俄共得到16.75% 的选票，比 2003 年国家杜马选举时俄共在莫斯科市 7.8% 的支持

---

　　① 刘淑春：《经受大选考验的俄共——俄共大选结果解读》，《当代世界与社会主义》2008年第 3 期，第 72 页。

　　② ［美］斯蒂芬·韦格伦文，王军译：《俄共在农村的选举支持及其对俄罗斯政党体制的意义》，《当代世界社会主义问题》2005 年第 2 期，第 37 页。

率多了一倍以上，获得 4 个议会席位，使俄共有了零的突破，因为这是俄共近 15 年来首次进入首都的议会。① 与此同时，俄共对农村工作并没有给予特别重视，从而造成了农村支持选民的大量流失。近年来，俄共逐渐意识到在此问题上的失误，开始注重农村工作，因而俄共的选民结构有了改善的迹象。从 2007 年 12 月第五届杜马选举中俄共新增选票的地域分布来看，俄共选民有向俄罗斯中部地区尤其是向大城市倾斜的趋势，如在莫斯科和圣彼得堡这些被称为"反共堡垒"的地方，俄共分别增加了 25 万张和 10 万张选票。而在 2008 年的总统选举中，俄共在近些年丢票很多的农村及"统一俄罗斯"党控制的地方，其选民支持率又有回升迹象，如在农村的某些地方甚至得到 30% 的选票；在典型的反共地区马加丹州，得到 20% 以上的选票；在北奥塞梯的支持率有了显著的突破，达到 19%，等等。俄共选民地域结构的变化引起了俄罗斯媒体的注意，如较有影响的《生意人》传媒集团旗下的社会政治类杂志——《政权》周刊 2008 年 3 月 10 日发表了关于总统选举的评论文章，其中的一个部分题为"总统选举结果显示俄罗斯重现新的'红色地带'"。文中谈到，20 世纪 90 年代中后期，俄罗斯形成了所谓的"红色地带"，在这一地带，选民在各种选举中固定投俄共及其左翼组织代表的票。但随着垂直政权体系的建立，"红色"州长们或者离开政权，或者蜕变为"统一俄罗斯"党的党员，而大多数选民也在政权党候选人当中找到了自己喜欢的人。然而从 2008 年总统选举结果来看，"红色地带"又重现了。只不过新的"红色地带"与 90 年代的"红色地带"相比有两个不同特点：一是 90 年代的"红色地带"涵盖的地域范围比新的"红色地带"更广（两者之比为 43 个地区比 37 个地区）；二是涵盖的地区有了变化，90 年代的"红色地带"主要囊括少数民族共和国和俄罗斯中部的农业地区，而新的"红色地带"则包括地域大的州和经济发达的州，如克拉斯诺亚尔斯克边疆区、下诺夫哥罗德州、萨马拉州和车里雅宾斯克州等。这说明俄共争取选民的工作有了新的突破，在经济文化相对发达的地区补充了选民队伍，这对改善俄共的选民结构和党的社会基础具有重要意义。② 只要俄共坚持不懈的努力，注意

① http://www.vesti.ru/05.12.2005.
② 刘淑春：《经受大选考验的俄共——俄共大选结果解读》，《当代世界与社会主义》2008 年第 3 期，第 71—72 页。

平衡各方面工作，俄共的选民结构和基本依靠力量向好的趋势就会保持下去。

第六，俄共将在较长的一个时段内处于其发展的低潮中前行时期。众所周知，俄共1993年恢复重建后，其内部从一开始就存在不同的思想流派。"正统马克思列宁主义派"主张党坚持苏共的原则和传统，"社会民主主义派"希望党成为西方式的社会民主党，党的主流派则坚持把党改造成"带有俄罗斯民族主义色彩的"共产党。这些不同派别的共产党人当时之所以走到一起，是因为他们都不接受苏联解体后在俄罗斯实行的全盘西化的政治制度和自由主义的经济改革，他们都抱有一个希望：共产党人只要联合起来，就能很快重返政坛。一方面，党内各派互相妥协、共同对敌的结果是在20世纪90年代中期俄共迅速崛起；另一方面，随着形势的发展，不同流派的主张为俄共后来的分裂埋下了伏笔。经过十几年的分化、分裂，"正统派"和"社会民主主义派"已经离开俄共，另立新党，现在留在党内的主要是以久加诺夫为主流的"强国主义派"。这既导致了俄共的衰弱，同时也成为其进一步发展的契机。在2007年的议会选举中，俄共在各地区的得票率总的说在20%以下，其中在11个联邦主体中支持率在15%—20%之间，在49个联邦主体中的支持率在10%—15%之间。从绝对数字来说，在参选的7000万选民中有800万选民投了俄共的票，俄共的选民与2003年相比增加了40万。新增的这些选民分布在46个联邦主体中，就是说，俄共在全联邦一半以上的地区得到不同程度的新选民的支持。在2008年3月的总统选举中，久加诺夫得到1300万张选票，在全联邦范围的平均支持率为17.72%，与2004年相比增加了4个百分点，其中在个别地区，如布良斯克州和奥伦堡州，支持率分别达到27.34%和26.3%，这是21世纪以来少见的增长。总体来看，在俄罗斯整个社会经济形势趋于稳定、人民的生活水平有所改善的今天，作为反对派的俄共其支持率不但没有下降，反而与2003年相比有了明显的增长。[①] 这说明，俄共不仅巩固了原有阵地，而且选民支持率有了增长的势头。但是从横向来看，俄共在此次议会选举中的得票率为11.57%，获得国家杜马450个席位中的57个；而"统一俄罗斯"党得到64.3%选票，获得315个议

① 刘淑春：《经受大选考验的俄共——俄共大选结果解读》，《当代世界与社会主义》2008年第3期，第71页。

席。与上届议会选举结果相比，俄共得票率尽管仍位居第二，但与"统一俄罗斯"党得票率的差距拉得更大（上届俄共和"统一俄罗斯"党的得票率分别为 12.7% 和 37.57%）。此轮选举周期结束后，俄共作为真正的反对派政党，不但要面临来自当局的压力，而且在新一届议会中面临来自其他三个支持当局的政党（"统一俄罗斯"党、"公正俄罗斯"党以及俄自由民主党）的围攻。在这种情况下，俄共将在较长的一个时段内困难重重，处于其发展的低潮中前行时期。

第七，如何正确处理与执政当局的关系仍是俄共面临的一个重大问题。2008 年 3 月 2 日，普京钦定的候选人梅德韦杰夫以 70.28% 的高支持率当选俄罗斯总统。梅德韦杰夫一再表示，他将作为普京战略的忠实执行者按现有模式推进俄罗斯的发展，普京体制得以延续。由此未来如何妥善处理与执政当局的关系仍是俄共面临的一个重大问题。早在普京执政时期，他作为中间势力和中间路线的代表，在强化中央政权问题上与俄共合作，而在土地法、农业用地买卖法以及自由主义市场经济选择问题上又与俄共合不拢。普京时而接近中左，时而靠拢中右，其出发点是要贯彻实施他既定的改革方针，把俄罗斯流行的三种主要思潮——自由主义、社会主义、民族主义三者务实地加以结合并有所选择、有所侧重地予以采用。他对俄共，既重视又疑虑，既借助又限制，既安抚又排挤。普京对俄共的政策体现了中间路线的特点。作为普京体制的继承人和执行者，新总统梅德韦杰夫对俄共的态度会作出何种调整，目前还不得而知。但俄共与执政当局的关系不会有根本的改变。对俄共来说，俄共自称是当局的反对派。问题是，应该做怎样的反对派和怎样才能使自身的战略和策略适应形势的新发展。俄共针对当局的一些做法是否对头，应该有一个基本前提，那就是要看普京体制的路线政策是否符合俄罗斯国情民意与时代特征。① 如果认定当局搞的完全是资本主义那一套，那么，俄共采取反对派立场无疑是正确的；如果当局搞的不能笼统称之为资本主义，况且受到俄罗斯人民群众较普遍的欢迎，那么俄共对于自己的反对派立场就要作具体分析。俄共中央原第一副主席库普佐夫曾宣称俄共"是不可战胜的"，看来要真正达到这一步，前提是审时度势，开拓进取，保持自身队伍的稳定，扩大社会和阶级基础，争取更广

---

① 俞邃：《俄共当前的处境与可能的选择》，《国外理论动态》2003 年第 4 期，第 3 页。

泛的支持，经过长期艰苦的努力，团结全社会，找到一条适合本国国情、符合人民心愿和适应时代进步潮流的社会发展道路，也就是具有俄罗斯特点的社会主义，充当名副其实的中流砥柱。在这一进程中，如何处理好与执政当局的关系，对俄共来说是至关重要的。

参 考 文 献

一 著作

1. 《马克思恩格斯选集》第1—4卷，人民出版社1995年版。

2. 《邓小平文选》第3卷，人民出版社1993年版。

3. 刘淑春等：《当代俄罗斯政党》，中央编译出版社2006年版。

4. 郑羽、蒋明君主编：《普京八年：俄罗斯复兴之路（2000—2008）》（政治卷），经济管理出版社2008年版。

5. 李慎明主编：《执政党的经验教训》，社会科学文献出版社2008年版。

6. 毕洪业、江宏伟、周尚文：《第二次起博——重展俄罗斯政治宏图》，重庆出版社2007年版。

7. 邢广程、张建国主编：《梅德韦杰夫和普京——最高权力的组合》，长春出版社2008年版。

8. 冯绍雷、相蓝欣主编：《转型理论与俄罗斯政治改革》，上海人民出版社2005年版。

9. 于洪君主编：《探索与创新——冷战后的世界社会主义》，当代世界出版社2006年版。

10. 黄宗良、林勋健主编：《冷战后的世界社会主义运动》，北京大学出版社2003年版。

11. 潘德礼主编：《俄罗斯十年——政治·经济·外交》，世界知识出版社2004年版。

12. 王正泉主编：《剧变后的原苏联东欧国家》，东方出版社2001年版。

13. 张树华、刘显忠：《当代俄罗斯政治思潮》，新华出版社2003年版。

14. 范建中等：《当代俄罗斯政治发展进程与对外战略选择》，时事出版社2004年版。

15. ［俄］罗·麦德维杰夫著，王尊贤译：《普京总统的第二任期》，社会科学文献出版社 2007 年版。

16. 任光宣：《俄罗斯文化十五讲》，北京大学出版社 2007 年版。

17. ［俄］鲍·斯拉文著，孙凌齐译：《被无知侮辱的思想——马克思社会理想的当代解读》，中央编译出版社 2006 年版。

18. 俄罗斯社会经济和政治国际基金会编纂，李京洲等译：《奔向自由——戈尔巴乔夫改革二十年后的评说》，中央编译出版社 2007 年版。

19. 李慎明主编：《历史的风——中国学者论苏联解体和对苏联历史的评价》，人民出版社 2007 年版。

20. 陈建华等：《走过风雨——转型中的俄罗斯文化》，重庆出版社 2007 年版。

21. 徐向梅：《由乱而治——俄罗斯政治历程（1990—2005）》，中央文献出版社 2006 年版。

22. ［俄］罗·麦德维杰夫著，王晓玉、韩显阳译：《普京——克里姆林宫四年时光》，社会科学文献出版社 2005 年版。

23. 齐彪：《当代世界政党研究》，国防大学出版社 2001 年版。

24. 中央编译局世界社会主义研究所编：《当代国外社会主义：理论与模式》，中央编译出版社 1998 年版。

25. 靳辉明主编：《社会主义的历史·理论·前景》，社会科学文献出版社 2004 年版。

26. 张树华：《过渡时期的俄罗斯社会》，新华出版社 2001 年版。

27. 海运、李静杰主编：《叶利钦时代的俄罗斯》，人民出版社 2001 年版。

28. 傅金铎等主编：《国外主要国家政党政治》，华文出版社 2001 年版。

29. ［俄］罗·麦德维杰夫著，徐葵等译：《俄罗斯往何处去》，新华出版社 2000 年版。

30. ［俄］根·久加诺夫著，何宏江等译：《全球化与人类命运》，新华出版社 2004 年版。

31. ［俄］叶·普里马科夫著，高增训等译：《临危受命》，东方出版社 2002 年版。

32. ［俄］列·姆列钦著，徐葵等译：《权力的公式——从叶利钦到普京》，新华出版社 2001 年版。

33. 黄宗良、孔寒冰主编：《世界社会主义史论》，北京大学出版社 2004 年版。

34. 邢广程等编著：《俄罗斯议会》，华夏出版社 2002 年版。

35. 杨玲玲：《国外社会主义前沿和热点问题研究》，云南人民出版社 2001 年版。

36. 申民编译：《俄罗斯新主——普京》，吉林摄影出版社 2000 年版。

37. 汪宁：《俄罗斯私有化评说》，上海外语教育出版社 2001 年版。

38. 王长江：《政党现代化论》，江苏人民出版社 2004 年版。

39. 文池主编：《俄罗斯文化之旅》，新世界出版社 2002 年版。

40. 宋瑞芝：《俄罗斯精神》，长江文艺出版社 2000 年版。

41. 文甘君：《忧郁的俄罗斯在反思》，三联书店 2000 年版。

42. 赵明义主编：《当代社会主义》，山东大学出版社 2001 年版。

43. 胡连生、杨玲：《当代资本主义的新变化与社会主义的新课题》，人民出版社 2000 年版。

44. ［俄］安·米格拉尼扬著，徐葵等译：《俄罗斯现代化与公民社会》，新华出版社 2003 年版。

45. ［俄］亚·季诺维也夫著，侯艾君等译：《俄罗斯共产主义的悲剧》，新华出版社 2004 年版。

46. 俞邃：《俄罗斯萧墙内外》，江苏人民出版社 2003 年版。

47. 安启念：《俄罗斯向何处去》，中国人民大学出版社 2003 年版。

48. 姜琦、许可成：《国际共产主义运动史》，高等教育出版社 1993 年版。

49. 李方仲：《苏联解体的悲剧会不会重演》，新华出版社 2000 年版。

50. ［美］大卫·科兹、弗雷德·威尔著，曹荣湘等译：《来自上层的革命》，中国人民大学出版社 2002 年版。

51. 王韶兴等主编：《中俄改革及其对外政策研究》，山东友谊出版社 2000 年版。

52. 闻一：《回眸苏联》，山东人民出版社 2003 年版。

53. ［美］杰里·霍夫著，徐葵等译：《丢失的巨人》，新华出版社 2003 年版。

54. ［俄］叶·利加乔夫著，钱乃成等译：《警示》，当代世界出版社

2001 年版。

55. 李兴等：《红色风暴会再度爆发吗？——解读新俄罗斯的前途和命运》，中国城市出版社 2003 年版。

56. 刘亚丁：《风雨俄罗斯》，四川人民出版社 2002 年版。

57. 林精华：《民族主义的意义与悖论》，人民出版社 2002 年版。

58. 黄苇町：《苏共亡党十年祭》，江西高校出版社 2002 年版。

59. ［美］约瑟夫·布拉西等著，乔宇译：《俄罗斯私有化调查》，上海远东出版社 2000 年版。

60. ［俄］安·米格拉尼扬著，徐葵等译：《俄罗斯现代化之路》，新华出版社 2002 年版。

61. 薛君度主编：《新俄罗斯》，中国社会科学出版社 1997 年版。

62. 陆南泉等主编：《苏联剧变深层次原因研究》，中国社会科学出版社 1999 年版。

63. 于洪君：《在苏联废墟上的艰难求索》，当代世界出版社 1997 年版。

64. 李静杰主编：《俄罗斯与当代世界》，世界知识出版社 1998 年版。

65. 王坚红：《冷战后的世界共产党》，中共党史出版社 1996 年版。

66. 李宏：《另一种选择：欧洲民主社会主义研究》，法律出版社 2003 年版。

67. 梁琴、钟德涛：《中外政党制度比较》，商务印书馆 2000 年版。

68. Зюганов Г. А. За нашу победу. Москва，ИТРК，2005.

69. Зюганов Г. А. Идти вперед. Москва，Молодая гвардия，2005.

70. Фёдоров И. Послание теоретику коммунистической идеологии единой мировой цивилизации. Тверь，2003.

71. Зюганов Г. А. Позиция КПРФ в период кризиса. Москва，Информпечать，1998.

72. Жуков А. А. Российские политические партии и движения в последнее десятилетие XX века. Москва，1999.

73. Машкарин М. И. КПРФ на рубеже веков: от создания до развала（омский вариант）. Омск，［б. и.］，2007.

74. Зюганов Г. А. Целятся в коммунизм — бьют по России: провокация в ПАСЕ. Москва，ИТРК，2006.

75. Защитим русскую культуру. Москва, Правда-Пресс, 2007.

76. Кашин В. И. Экономическая и социальная стратегия КПРФ. Москва, Правда-Пресс, 2005.

77. Зюганов Г. А. Сила партии — залог победы. Москва, ИТРК, 2006.

78. Коммунистическая партия Российской Федерации в резолюциях и решениях съездов, конференций и пленумов ЦК (2001—2005). Москва, ИТРК, 2005.

79. Зюганов Г. А. Меморандум о задачах борьбы против империализма и необходимости международного осуждения его преступлений. Москва, Правда-Пресс, 2006.

80. Домбровский В. Н. Экология и политика: ЛДПР. КПРФ. НДР. Яблоко. Оренбург, Оренбург. губерния, 1997.

81. Вернуть народу право на референдум. Москва, Правда-Пресс, 2007.

82. Попов В. М. КПРФ и общество: интерпретация реальной современной российской действительности. Москва, НТЦ Развитие, 2003.

83. Зюганов Г. А. Смотреть вперед: X съезд КПРФ и "труд. вопросы" рос. коммунист. движения. Москва, ИТРК, 2004.

84. Кобринский А. Л. Лидеры ЛДПР, КПРФ и Яблока в Государственной Думе. 1995—1999: По материалам стеногр. пленар. заседаний Гос. Думы. Москва, Изд-во МГУ, 2003.

85. От победы к победе. Москва, Правда-Пресс, 2005.

86. Зюганов Г. А. Верность. Москва, Молодая гвардия, 2003.

87. Позиция Коммунистической партии Российской Федерации по выводу страны из экономического кризиса. Москва, 1999.

88. Лигачев Е. К. Уверуй, что все было не зря: Заметки о рос. социал-демократах и их борьбе против коммунистов. Москва, Газ. "Правда", 1999.

89. Устав политической парии "Коммунистическая партия Российской Федерации": принят VIII (внеочередным) съездом КПРФ 19 янв. 2002 г.): изм. и доп. внесены: XI (внеочередным) съездом КПРФ 29

окт. 2005 г. Москва，2006.

90. Основы духовного единства：материалы IX совместного пленума ЦК и ЦКРК КПРФ 24 марта 2007 года. Москва，Правда-Пресс，2007.

91. За власть трудового народа! Предвыбор. платформа Коммунист. партии Рос. Федерации. Москва, ИТРК, 2003.

92. Купцов В. А. КПРФ на пороге XXI века：Докл. на II пленуме ЦК КПРФ 13 апр. 2001 г. Москва，Газ. "Правда"，2001.

93. Программа возрождения и развития агропромышленного комплекса России на период 2003—2005 годы. Москва，Газ. "Правда"，2003.

94. Зюганов Г. А. Защищая наш мир：о внешнеполитической деятельности КПРФ. Москва，ИТРК，2006.

95. Зюганов Г. А. Коммунисты и молодежь в современной России. Москва，Газ. "Правда"，2003.

96. Материалы X съезда КПРФ：постановления，резолюции，заявления，состав ЦК КПРФ. Москва，ИТРК，2004.

97. Материалы X съезда КПРФ：доклады на 10 съезде КПРФ. Москва，ИТРК，2004.

98. Зюганов Г. А. О русских и России. Москва，Молодая гвардия，2004.

99. Васильцов С. И.，Комоцкий Б. О.，Обухов С. П.，Пешков В. П. Коммунисты: право на власть. Москва, Информ-Знание, 1998.

100. Голуб Л. А. Социализм: политико-экономический аспект. Хабаровск, [б. и.]，2006.

101. Зюганов Г. А. Постижение России. Москва，Мысль，2000.

102. Зюганов Г. А. За единство：Беседа с коммунистами о ситуации в КПРФ. Москва，ИТРК，2004.

103. Зюганов Г. А. Большие испытания. КПРФ перед новым избирательным марафоном. Москва，ИТРК，2005.

104. Зиновьев А. А. Идеология партии будущего. Москва, Алгоритм, 2003.

105. КПРФ отвечает на вопросы. Москва, Газ. "Правда", 1999.

106. Образование — для всех: Основ. положения Программы КПРФ и нар. -патриот. сил в сфере образования. Москва, 2003.

107. Зюганов Г. А. И вечный бой! Отстоим русскую культуру — спасем Россию. Москва, ИТРК, 2007.

108. Из опыта работы Московского областного отделения КПРФ. Москва, Газета "Правда", 2006.

109. Все об отмене льгот. Москва, Правда-Пресс, 2005.

110. Политические партии, движения и организации современной России. Санкт-Петербург, издательство Михайлова В. А. , 1999.

111. Джохадзе Д. В. Буржуазный парламентаризм и слепое бернштейнианство как одна из основных причин кризиса современного российского и международного коммунистического движения. Москва, ЗАО 《РИГ-дизайн》, 2004.

二 论文

1. 刘淑春：《经受大选考验的俄共——俄共大选结果解读》，《当代世界与社会主义》2008 年第 3 期。

2. 李兴耕：《久加诺夫的"俄罗斯社会主义"评析》，《当代世界与社会主义》2006 年第 4 期。

3. 孔寒冰、田越：《俄共十一大修订党章透视》，《学习月刊》2005 年第 12 期。

4. 刘淑春：《从社会防御转向社会进攻——俄共十一大简介》，《国外理论动态》2006 年第 2 期。

5. ［美］斯蒂芬·韦格伦文，王军译：《俄共在农村的选举支持及其对俄罗斯政党体制的意义》，《当代世界社会主义问题》2005 年第 2 期。

6. 黄登学：《"一党制" + "议会制"？——后普京时代俄罗斯政治发展透视》，《俄罗斯中亚东欧研究》2009 年第 1 期。

7. 刘淑春：《21 世纪以来俄罗斯共产主义运动面临的危机与挑战》，《马克思主义研究》2007 年第 1 期。

8. 黄登学：《浅谈普京对俄罗斯第五届国家杜马选举的影响》，《国外理论动态》2007 年第 12 期。

9. 李兴耕：《新世纪初俄罗斯共产主义运动的嬗变及其内部争论》，《社会科学研究》2006 年第 5 期。

10. 戴隆斌：《当前俄罗斯的共产主义政党》，《当代世界与社会主义》2006 年第 6 期。

11. 唐莉、钟玉海：《冷战后俄共的社会主义理论与实践》，《合肥工业大学学报（社会科学版)》2006 年第 1 期。

12. 唐莉：《俄共的社会主义观》，《淮南师范学院学报》2007 年第 1 期。

13. 黄登学：《一党制还是多党制——俄罗斯政党制度简析》，《当代世界社会主义问题》2007 年第 1 期。

14. 王超：《浅论当代俄罗斯政党体制的变化及特点》，《西伯利亚研究》2008 年第 1 期。

15. 朱晓姝：《普京与俄罗斯政党政治：理念、做法及问题》，《当代世界》2008 年第 7 期。

16. 卢冠霖：《俄罗斯低效政党体系的成因及其发展趋势：一种前社会主义国家的比较研究》，《俄罗斯研究》2007 年第 2 期。

17. 洪伟：《俄罗斯政党制度的特点及其成因》，《云南行政学院学报》2007 年第 6 期。

18. ［俄］根·久加诺夫文，黄登学摘译：《十月革命的思想永存并将获得胜利》，《国外理论动态》2008 年第 2 期。

19. 柳达摘译：《俄共关于十月革命的评价》，《国外理论动态》2007 年第 6 期。

20. 柳达译：《俄共中央主席团〈纪念卡尔·马克思诞辰 190 周年〉的决议》，《国外理论动态》2008 年第 7 期。

21. 李兴耕：《第五届国家杜马选举前的俄罗斯政党基本态势》，《俄罗斯研究》2007 年第 2 期。

22. 蒋莉：《普京重新构建俄政党体制格局》，《国际资料信息》2007 年第 12 期。

23. 庞大鹏：《俄罗斯政党制度的发展变化》，《当代世界》2008 年第 5 期。

24. 柳达摘译：《久加诺夫论斯大林的历史地位》，《国外理论动态》

2005 年第 5 期。

25. 吴素娟：《十五年的风雨历程——俄罗斯共产党状况概述》，《俄罗斯文艺》2006 年第 1 期。

26. 刘金源，李义中：《久加诺夫的反全球化思想述评》，《探索与争鸣》2007 年第 10 期。

27. 李兴耕：《"公正俄罗斯"党的崛起及其"新社会主义"》，《当代世界》2007 年第 10 期。

28. 徐海燕：《俄罗斯政治版图的新变化——"公正俄罗斯"党》，《当代世界》2006 年第 12 期。

29. 王超：《公正俄罗斯党现状研究》，《西伯利亚研究》2007 年第 6 期。

30. 庞大鹏：《新一届杜马选举后的俄罗斯政局》，《当代世界》2008 年第 1 期。

31. 赵明义：《关于俄共重评斯大林问题的几点思考》，《当代世界社会主义问题》2006 年第 2 期。

32. 敖云波：《俄共兴衰探因》，《科学社会主义》2005 年第 1 期。

33. 周尚文：《俄共缘何衰落》，《俄罗斯研究》2006 年第 3 期。

34. 萧贵毓：《俄罗斯共产党的发展困境与前景》，《科学社会主义》2006 年第 6 期。

35. 吕薇洲：《俄罗斯联邦共产党：历史、现状与前景》，《广州大学学报（社会科学版）》2005 年第 5 期。

36. 愚君：《俄罗斯联邦共产党重建之路》，《党建》2006 年第 12 期。

37. 张陟遥、张惠玲：《俄共分裂的原因及其出路探析》，《俄罗斯研究》2005 年第 3 期。

38. 吕薇洲：《俄共现状透析与前景展望》，《教学与研究》2005 年第 6 期。

39. 卢敬利：《俄共未来走向令人关注》，《党建》2008 年第 3 期。

40. 胡昊：《俄罗斯政党形势大盘点》，《当代世界》2006 年第 2 期。

41. 李兴耕：《普京时代俄罗斯政党制度的基本特征》，《中共天津市委党校学报》2005 年第 4 期。

42. 刘淑春：《俄共领导人宣称：俄共仍是当局的反对派》，《国外理论动态》2001 年第 6 期。

43. 张建华、田桐桐：《俄共国家主义意识形态与"俄罗斯思想"》，《中共天津市委党校学报》2004 年第 4 期。

44. 苏雨茜：《俄共：如何走向未来》，《领导文萃》2004 年第 10 期。

45. 万成才：《俄共分裂及其对俄政局的影响》，《中国党政干部论坛》2004 年第 9 期。

46. 戴隆斌：《俄罗斯共产党的现状、问题与前景》，《当代世界与社会主义》2004 年第 6 期。

47. 刘淑春：《俄罗斯联邦共产党的困境与出路》，《科学社会主义》2004 年第 6 期。

48. 王晓玉：《俄罗斯第一大党——俄共将如何?》，《世纪桥》2005 年第 6 期。

49. 杨正才：《俄罗斯共产党：何去何从?》，《西伯利亚研究》2007 年第 4 期。

50. ［俄］古谢列托夫文，张晓东摘译：《苏联 80 年代末的政治改革和当代俄罗斯左翼力量的演化》，《国外理论动态》2007 年第 2 期。

51. 陈宪良：《俄罗斯联邦共产党的发展及衰落原因》，《黑龙江社会科学》2005 年第 6 期。

52. 赵静：《老骥骨奇心尚壮　青松岁久色愈新——采访俄共主席久加诺夫》，《当代世界》2007 年第 1 期。

53. 万成才：《"四驾马车"冲刺俄总统选举》，《瞭望》2008 年第 6—7 期。

54. 李向玉编译：《久加诺夫接受〈真理报〉采访谈访华观感》，《当代世界》2008 年第 3 期。

55. 陈宪良：《普京的政党政策解读》，《西伯利亚研究》2007 年第 3 期。

56. 任晶晶：《俄罗斯总统选举：回顾与展望》，《领导科学》2008 年第 5 期。

57. 邢广程：《普京这八年》，《当代世界》2008 年第 3 期。

58. 王伟：《王车易位——普京和梅德韦杰夫》，《当代世界》2008 年第 3 期。

59. 尹德慈：《国外政党现代化：表现、动向及其启示》，《哈尔滨市委党校学报》2002 年第 1 期。

60. 高放:《关于政党现代化与苏共兴亡的关系》,《太平洋学报》2002 年第 3 期。

61. 孙凌齐:《俄罗斯联邦共产党第七次代表大会纪实》,《国外理论动态》2001 年第 1 期。

62. 臧秀玲:《论当前俄共在理论与策略上的新变化》,《理论学刊》2001 年第 6 期。

63. 刘淑春:《后叶利钦时代的俄共——从俄共七大看俄共反对派角色的"微调"》,《当代世界与社会主义》2001 年第 1 期。

64. 周尚文、盛昊云:《对俄共纲领及其活动的评价》,《今日东欧中亚》1999 年第 1 期。

65. 关贵海:《俄共社会主义理论及其政治策略》,《理论视野》2000 年第 2 期。

66. 〔俄〕弗·吉托夫、李尚德:《当代俄罗斯的马克思主义研究》,《现代哲学》2003 年第 3 期。

67. 李兴耕:《俄罗斯国家杜马选举制度改革及其影响》,《当代世界与社会主义》2003 年第 2 期。

68. 郑异凡编译:《俄共拒绝普京改名"社会民主工党"的建议》,《当代世界与社会主义》2001 年第 5 期。

69. 李雅君:《俄罗斯共产党:发展历程及其势衰原因》,《东欧中亚研究》2002 年第 6 期。

70. 俞邃:《俄共当前的处境与可能的选择》,《国外理论动态》2003 年第 4 期。

71. 姜跃:《引人注目的俄联邦共产党》,《哈尔滨市委党校学报》2000 年第 3 期。

72. 王珏:《俄联邦共产党面临的机遇与挑战》,《当代世界》1999 年第 6 期。

73. 姜琦等:《俄共的现状与前景探析》,《今日东欧中亚》1998 年第 4 期。

74. 刘月华:《重新崛起的俄共在政坛举足轻重》,《党建文汇》1998 年第 11 期。

75. 〔美〕约翰·乌尔班、〔俄〕瓦列里·索洛韦伊文,范建中译:《苏联解体后俄罗斯的共产主义运动》,《当代世界与社会主义》1998 年第 1 期。

　　76. 郑异凡：《"俄罗斯思想"和俄共的社会主义观》，《当代世界与社会主义》1997 年第 4 期。

　　77. 毕达：《今日俄罗斯共产党》，《党建文汇》1997 年第 3 期。

　　78. 晁圣：《可怕而又有希望的俄国共产党》，《编译参考》1996 年第 7 期。

　　79. ［俄］根·久加诺夫文，潘军译：《十二条历史教训》，《国外社会科学》1996 年第 6 期。

　　80. 王守杰：《析俄共复兴与叶利钦当选》，《今日东欧中亚》1996 年第 5 期。

　　81. 钱乃成：《久加诺夫：站到总统大选起跑线上的第一人》，《当代世界》1996 年第 4 期。

　　82. 阎晓东：《俄共在总统选举中失利的原因及其前景》，《今日东欧中亚》1996 年第 5 期。

　　83. 王秋文：《俄共与俄罗斯议会选举》，《国际社会与经济》1996 年第 3 期。

　　84. 蒋莉：《俄共东山再起的背景与影响》，《现代国际关系》1996 年第 3 期。

　　85. 李靖宇、史晓平：《俄罗斯联邦共产党崛起因素与发展前景探析》，《世界经济与政治》1996 年第 2 期。

　　86. 韦姗：《今日的俄罗斯共产党》，《当代世界》1995 年第 1 期。

　　87. 詹真荣：《俄罗斯联邦共产党的现状及其发展趋势》，《江西师范大学学报（哲社版）》1995 年第 1 期。

　　88. 乔木森、陈晓旭：《俄罗斯关于土地所有制问题的争论》，《东欧中亚研究》2000 年第 5 期。

　　89. 刘淑春：《俄共：艰难选举之后的艰难选择》，《国外理论动态》2000 年第 10 期。

　　90. 柳达：《久加诺夫在俄共中央全会上总结大选失败教训》，《国外理论动态》2000 年第 10 期。

　　91. 胡昊：《俄罗斯共产党：命运多舛、斗争不辍》，《当代世界》1999 年第 11 期。

　　92. 黄军甫：《俄罗斯共产党的现状与前景》，《甘肃理论学刊》1999

年第 6 期。

93. 李兴耕：《俄罗斯的左翼和中左翼》，《当代世界与社会主义》1999 年第 1 期。

94. 章平：《俄罗斯左派政党的演变、现状及前景》，《东欧中亚研究》1997 年第 3 期。

95. 胡永琴、崔永华：《总统大选后俄共面临的机遇和挑战》，《西伯利亚研究》1996 年第 6 期。

96. 赵龙庚：《俄共在斗争中求生存谋发展》，《东欧中亚研究》1996 年第 1 期。

97. 康绍邦：《俄罗斯联邦共产党的组织重建与理论调整》，《当代世界社会主义问题》1995 年第 4 期。

98. 李永全：《俄共目前的状况及面临的困难》，《当代世界社会主义问题》1995 年第 1 期。

99. 王坚红：《重新崛起中的俄罗斯联邦共产党》，《理论前沿》1994 年第 11 期。

100. 于洪君：《俄联邦共产党的目前状况及其发展趋势》，《当代世界社会主义问题》1994 年第 2 期。

101. 朱晓姝：《斗争求生存，合作促发展》，《当代世界》2004 年第 5 期。

102. 李兴耕：《"统一俄罗斯"党的现状及其竞选纲领》，《国外理论动态》2003 年第 5 期。

103. 刘淑春：《夺回失地的战斗——杜马竞选中的俄共》，《国外理论动态》2003 年第 10 期。

104. ［俄］米·戈尔什科夫文，曲延明译：《俄罗斯社会经济和政治形势》，《国外理论动态》2003 年第 3 期。

105. 解建群：《俄罗斯的社会结构》，《国外理论动态》2003 年第 3 期。

106. 王秋文：《浅析俄罗斯的"政权党"现象》，《当代世界与社会主义》2003 年第 3 期。

107. 李兴耕：《俄共的危机及其出路》，《国外理论动态》2004 年第 10 期。

108. 郑异凡：《谢列兹尼奥夫及其"俄国"运动和"俄国复兴党"》，

《当代世界与社会主义》2003 年第 2 期。

109. 聂运麟:《普京的策略与俄罗斯共产党的困境》,《华中师范大学学报（人文社会科学版)》2003 年第 1 期。

110. 刘显忠、陈爱茹:《近年来俄共处境急剧恶化的两点原因》,《俄罗斯研究》2002 年第 3 期。

111. 郑异凡:《俄共中央副主席梅尔尼科夫谈苏共的教训》,《支部建设》2002 年第 5 期。

112. 王正泉:《普京执政两年来的俄罗斯政局》,《当代世界与社会主义》2002 年第 3 期。

113. 王正泉:《俄罗斯政党格局的新变化》,《东欧中亚研究》2001 年第 2 期。

114. 刘淑春:《从舍宁退出俄共看俄罗斯共产主义运动的分化》,《国外理论动态》2000 年第 12 期。

115. 范建中:《俄罗斯政党政治的现状和走势》,《当代世界与社会主义》2002 年第 6 期。

116. 王正泉:《俄罗斯多党政治发展的三个阶段》,《俄罗斯中亚东欧研究》2003 年第 1 期。

117. 田永祥:《俄罗斯政党与金融企业集团的关系》,《东欧中亚研究》1998 年第 2 期。

118. 孙凌齐:《第四届国家杜马选举对未来俄罗斯政局的影响》,《国外理论动态》2004 年第 1 期。

119. 韦清豪摘译:《俄共纲领中关于党的指导思想、社会主义的定义、党的性质和组织原则的表述》,《国外理论动态》1996 年第 6 期。

120. 唐莉:《俄罗斯的新保守主义》,《当代世界与社会主义》2004 年第 4 期。

121. ［俄］根·久加诺夫文,张国风、李天娇摘译:《久加诺夫论全球化》,《国外理论动态》2002 年第 12 期。

122. ［俄］鲁·瓦希托夫文,刘淑春译:《俄罗斯欧亚主义的社会主义是俄共的惟一选择》,《国外理论动态》2004 年第 7 期。

123. 刘淑春:《俄共中央全会提出将工作重心从议会内转到议会外》,《国外理论动态》2001 年第 11 期。

124. 李兴耕:《俄罗斯政党体制现状及其前景》,《国外理论动态》

2003 年第 8 期。

125. 刘世丽：《图新求变的俄罗斯联邦共产党》，《当代世界》2001 年第 4 期。

126. 李永全：《不是向"社会主义"倒退，而是向社会主义前进》，《当代世界社会主义问题》1996 年第 2 期。

127. 裴修碧：《俄联邦共产党宗教政策探析》，《东欧中亚研究》1996 年第 5 期。

128. 王宏伟：《苏联解体 10 年后的俄罗斯联邦共产党》，《求实》2001 年第 12 期。

129. 《俄罗斯联邦共产党纲领（摘要)》，《当代世界》1995 年第 4 期。

130. 王金存：《俄罗斯联邦共产党的新方针和新策略》，《国外理论动态》1995 年第 9 期。

131. 吴雄丞：《俄共是怎样总结历史教训的》，《当代世界社会主义问题》1996 年第 4 期。

132. 《"俄罗斯联邦共产党纲领"评析研讨会综述》，《科学社会主义》1996 年第 3 期。

133. 王立新：《试论俄罗斯联邦共产党的理论新探索》，《当代世界与社会主义》2003 年第 4 期。

134. 刘沛汉：《俄共的反对党策略选择》，《俄罗斯研究》1997 年第 4 期。

135. 李兴耕：《从俄罗斯最新民意调查结果看俄国政局的若干变化》，《当代世界与社会主义》2002 年第 3 期。

136. 周余云：《论政党外交》，《世界经济与政治》2001 年第 7 期。

137. 周尚文：《"俄罗斯思想"与俄罗斯社会转型》，《当代世界与社会主义》2002 年第 4 期。

138. 雷儒金：《全方位党际关系格局的形成及其特点》，《荆州师范学院学报（社科版)》2001 年第 6 期。

139. 范建中：《世纪之交的俄共：基本主张与策略方针分析》，《当代世界与社会主义》1999 年第 4 期。

140. 刘淑春：《俄共复兴社会主义目标的途径和手段》，《科学社会主义》2002 年第 1 期。

141. 谭斌：《俄共政治地位形成因素探析》，《今日东欧中亚》1999年第 2 期。

142. 王立新：《论俄罗斯联邦共产党变革中的困厄》，《湖北行政学院学报》2003 年第 4 期。

143. 宋德星、许智琴：《大俄罗斯主义思想体系及其政治影响》，《东欧中亚研究》2002 年第 1 期。

144. 张锡恩：《略论无产阶级政党的现代化》，《文史哲》2001 年第 5 期。

145. 谢方意：《政党现代化：执政党面临的重大课题》，《长春市委党校学报》2000 年第 10 期。

146. ［俄］瓦·朱可夫文，何梅编译：《俄罗斯的社会结构与人民贫富分化》，《国际观察》1996 年第 6 期。

147. 张树华：《转轨期俄罗斯社会的分层与结构转型》，《东欧中亚研究》1997 年第 4 期。

148. 粟瑞雪、谭武军：《今天仍然是工人阶级决定历史的进程》，《国外理论动态》2001 年第 5 期。

149. 李景阳：《俄罗斯：社会结构与政治格局》，《东欧中亚研究》2002 年第 4 期。

150. 戴隆斌编译：《俄罗斯人如何看待自己的十年改革》，《当代世界与社会主义》2003 年第 1 期。

151. 戴隆斌编译：《俄罗斯的社会分层》，《当代世界与社会主义》2003 年第 4 期。

152. 窦博：《俄罗斯政党政治的演变及其特点》，《当代世界》2004 年第 8 期。

153. 臧秀玲：《普京执政以来俄共的新探索及其困境》，《当代世界社会主义问题》2002 年第 4 期。

154. 王正泉：《独联体各国共产党对社会主义的新探索》，《当代世界与社会主义》1998 年第 4 期。

155. 武锐编译：《俄共第三次代表大会综述》，《国外理论动态》1995 年第 26 期。

156. 郑异凡摘译：《俄共纲领论苏联解体的历史教训》，《国外理论动态》1995 年第 27 期。

157. 蔡金培:《论党际关系四项原则》,《岭南学刊》1997 年第 5 期。

158. 王秋文编写:《久加诺夫和俄罗斯联邦共产党》,《国外理论动态》1999 年第 11 期。

159. 颜烨:《经济全球化对发展党际关系的影响》,《唯实》2002 年第 1 期。

160. Мельников И. И. Об итогах региональных выборов и о задачах по подготовке к выборам в Государственную Думу. http://www. kprf. ru/ 24. 03. 2007.

161. За власть трудового народа! Предвыборная программа Коммунистической партии Российской Федерации. http://kprf. ru/ 01. 10. 2007.

162. Побеждают коммунисты — побеждает народ! Доклад Г. А. Зюганова на XII (внеочередном) съезде КПРФ. http://kprf. ru/ 24. 09. 2007.

163. Модернизация партии—наша главная и безотлагательная задача. Выступление Г. А. Зюганова на XIII пленуме ЦК КПРФ. http: //kprf. ru/22. 03. 2008.

164. О новой ситуации в стране и задачах по выполнению решений X съезда КПРФ. Доклад Г. Зюганова пленуму ЦК КПРФ 23 октября 2004 года. http: //www. kprf. ru/23. 10. 2004.

165. Зюганов Г. А. Народный подъем в России и задачи партии. Доклад ЦК КПРФ XI (внеочередному) съезду партии. http://www. kprf. ru/ 29. 10. 2005.

166. Рябов А. В. Современное политическое развитие России. Свободная мысль—XXI, 2004, №3.

167. Малов Ю. Построить партию в России. Свободная Мысль—XXI, 2000, №1.

168. Верховский А. М. Власть и религия в современной России. Свободная мысль—XXI, 2004, №4.

169. Глазьев С. Ю. Давайте объяснимся. Завтра, 23. 07. 2003.

170. Осадчий И. О многопартийности в современном российском коммунистическом движении. Диалог, 1998, №4.

171. Лысенко В. Эволюция посткоммунистических организаций. Свободная мысль, 1995, №5.

172. Гаман-Горутвина О. В. Партия и власть. Свободная мысль—XXI, 2004, №9.

173. Егоров Е. Д. Общество, чиновничество, партии. Свободная мысль—XXI, 2004, №12.

174. Глазьев С. Ю. Период реформ завершен. Свободная мысль—XXI, 2004, №12.

175. Послание Президента России Бориса Ельцина Федеральному Собранию РФ: 1994—1999. http：//www. Intelros. ru.

176. Коргунюк Ю. Г., Заславский С. Е. Российская многопартийность: становление, функционирование, развитие. http://www. partinform. ru/ros_mn/rm_4. htm.

三　报纸

1. 《参考消息》
2. 《环球时报》
3. 《社会科学报》
4. Завтра
5. Коммерсантъ
6. Известия
7. Парламентская газета
8. Независимая газета
9. Советская Россия
10. Российская газета
11. Новое время
12. Правда

四　杂志

1. 《国外理论动态》

2. 《当代世界与社会主义》

3. 《俄罗斯东欧中亚研究》

4. 《俄罗斯研究》

5. 《当代世界社会主义问题》

6. 《世界经济与政治》

7. 《国际问题研究》

8. Свободная мысль- XXI

9. Коммунист

10. Новости

11. Итоги

12. Диалог

五　网站

1. 《新华网》

2. http：//www. kprf. ru

3. http：//www. vesti. ru

4. http：//www. gazeta. ru

5. http：//www. president. kremlin. ru

6. http：//www. duma. ru

7. http：//www. rpk-kpss. boom. ru

8. http：//www. politcom. ru

9. http：//www. strana. ru

10. http：//www. pravda. ru

11. http：//www. ng. ru

12. http：//www. newsru. com

13. http：//www. utro. ru

14. http：//www. levada. ru

后　　记

本书是 2006 年度国家社会科学基金项目《俄共理论与政策主张研究》（06CKS006）和 2005 年度山东省社会科学规划研究项目《俄罗斯联邦共产党的理论调整和实践变化》（05CZZ06）的最终研究成果。该成果的出版得到了山东大学外国语学院出版基金的资助，山东大学外国语学院的各位领导以及俄语系的全体同仁一直关注着本研究的进展，给予我大力支持，并提供了各方面的便利条件，在此深表谢意。

研究俄罗斯联邦共产党，始于 2003 年初。作为山东大学外国语学院俄语专业的一名青年教师，自然对俄罗斯问题研究很感兴趣。2002 年我有幸考入山东大学政治学与公共管理学院攻读博士学位，师从于王韶兴教授。王老师结合我攻读博士学位专业（科学社会主义与国际共产主义运动）和所从事的工作（俄语专业教学），为我量身定制了读博期间的科研方向，即俄罗斯联邦共产党研究。我的博士论文从选题到写作一直得到王韶兴教授的悉心指导。最后综合评价为优秀的博士毕业论文为课题的研究打下了坚实的基础，这其中凝聚着王老师的大量心血，在此向导师表示深深的敬意和感谢。

攻读博士学位期间各位老师的鼓励以及答辩评委对毕业论文的肯定，进一步激发了我继续研究俄罗斯联邦共产党的积极性。2005 年博士毕业不久，我申报的 2005 年山东省社会科学规划研究项目《俄罗斯联邦共产党的理论调整和实践变化》获批。在此基础之上，我又经过充分论证，以《俄共理论与政策主张研究》为题申报了 2006 年度国家社会科学基金项目，并有幸获得批准立项。与此同时，就在申报该课题前夕，国家留学基金委批准了我赴俄罗斯莫斯科大学为期一年的学术交流计划，这为该课题研究获取充足、准确的第一手资料提供了良好的条件。所有这些都激励着我在科研的道路上继续前进。

2007 年从俄罗斯访学回国后，我有幸到华中师范大学政治学研究院从事博士后研究工作，合作导师为俞思念教授。俞老师根据我的科研基础和课题研究要求，鼓励我继续深化对俄罗斯联邦共产党的研究，并把该项研究作为在站期间的主攻方向。两年的科研工作过程中，导师在学术上对我严格要求，生活中对我关怀备至，令我终身难忘。我能够以优秀的成绩顺利出站，主要得益于俞老师的精心指导，在此向俞老师表示衷心感谢。

我还要感谢中国社会科学院马克思主义研究院的刘淑春研究员。从我2003年开始研究俄共至今，她作为该领域的研究专家，给予我大量无私的帮助和指导。她那渊博的知识、敏锐的洞察力、对工作认真负责的态度，都值得我学习并受益终生。在课题研究过程中，中央编译局资深俄共问题专家李兴耕研究员也对课题的研究提出了许多宝贵的建议，在此一并致谢。

在研究俄罗斯联邦共产党的过程中，快速地获取准确、权威的第一手资料至关重要，要做到这一点，熟练掌握外语，尤其是俄语成为关键因素。为此我要感谢我的硕士导师丛亚平教授。她不仅传授给我丰富的语言学知识，而且十分关心我在学术上的成长。她不仅是知识渊博的学者，而且是和蔼可亲的长者。她那不断进取、认真做事的精神，将永远激励着我在学术的道路上不断前进。

在此我也要感谢课题最终成果的评审专家，他们在对课题给予肯定的同时，也提出了一些宝贵的意见和建议，这对于我今后的研究工作帮助巨大。由于是匿名评审，我无从知道他们的姓名，但对他们的辛勤劳动，我永远心存感激之情。

多年来，在我攻读各级学位及从事课题研究的过程中，我的妻子谭成与家人们一直在背后默默地支持，小女李奥更是激励我不断进取的精神动力。没有他们物质与精神上的支持，我的学业和课题研究不会如此顺利。我的所有成绩也有他们的一半。

最后需要指出的是，虽然我在研究过程中付出了极大的努力，本书仍存在一些不足和局限。一方面，这些不足和局限源自于客观原因：由于多种因素的综合作用，今天的俄共仍然处于不断变动之中。另一方面，这些不足和局限源自于主观原因：由于笔者理论水平和个人能力有限，本课题对一些重要的理论问题，如对俄共领导的群众组织、党的建设等方面，还未给予系统的阐述；对一些问题的分析，尤其是个人观点，难免失之偏颇；课题中个别内容有重复之嫌，等等。针对这种情况，笔者拟依据最新资料，尤其是2008年俄共十三大以来的新材料，继续对俄共进行跟踪研究，并进一步提升研究的理论广度和深度。在此笔者也期待着各位专家和老师的批评指正与建议。

李亚洲

2010年5月29日于济南